突破

新时代基础教育学校治理方略

张 芊 主编

吴幼颖 张怀忠 副主编

图书在版编目（CIP）数据

突破：新时代基础教育学校治理方略 / 张芊主编；吴幼颖，张怀忠副主编. — 北京：中国发展出版社，2022.4

ISBN 978-7-5177-1290-9

Ⅰ. ①突… Ⅱ. ①张… ②吴… ③张… Ⅲ. ①基础教育—教育管理—研究—中国 Ⅳ. ①G639.2

中国版本图书馆CIP数据核字（2022）第066302号

书　　　名：	突破：新时代基础教育学校治理方略
著作责任者：	张　芊
责任编辑：	王　沛
出版发行：	北京经济技术开发区荣华中路22号亦城财富中心1号楼8层（100176）
标准书号：	ISBN 978-7-5177-1290-9
经　销　者：	各地新华书店
印　刷　者：	北京市密东印刷有限公司
开　　　本：	710mm×1000mm　1/16
印　　　张：	22.25
字　　　数：	340千字
版　　　次：	2022年4月第1版
印　　　次：	2022年4月第1次印刷
定　　　价：	79.00元

联系电话：（010）68990630　68990692
购书热线：（010）68990682　68990686
网络订购：http://zgfzcbs.tmall.com
网购电话：（010）88333349　68990639
本社网址：http://www.develpress.com
电子邮件：330165361@qq.com

版权所有·翻印必究
本社图书若有缺页、倒页，请向发行部调换

编委会

主　编　　张　芊

副主编　　吴幼颖　张怀忠

编　委　　贾光辉　刘志杰

序 言

为贯彻落实党的十九大和全国教育大会精神，打造一支政治过硬、品德高尚、业务精湛、治校有方的基础教育校长、园长队伍，实现培养"拥有先进教育理念和成功改革实践的教育家型优秀校长、园长"的区域干部队伍规划建设目标，2021年4月，北京市石景山区教育党校组织了"聚焦新时代学校治理思想与治理经验提炼"校级干部专业表达培训，为区域校长队伍赋能。

培训直面校长的管理实践，坚持教育现象学"回归事实"的培训模式，坚持研究引领，聚焦真问题，围绕新时代背景下教育干部学校治理过程中的难点热点问题展开，关注校长治校行为与治校思想的追问与挖掘，引导校长发现自身管理中的"缄默知识"和"缄默技能"，打通校长培训中知识到能力转化的"最后一公里"，解决教育干部在学校治理中的"理论失觉"，实现校长深度学习与深度成长，培养校长学校治理的逻辑自觉，提高学校治理的科学化、精细化水平，促进学校治理体系和治理能力现代化。

本书作者是部分参与此次培训的学员，也是石景山区教育系统的校级干部。书中收录的文章反映了他们在新时代背景下的学校治理不同领域的思考与实践。作为此次培训的成果，本书围绕党建引领、队伍建设、课堂改革、学校特色建设、评价管理、学生管理等六个方面，对新时代区域学校治理实践进行了物化呈现。

希望此书能够从不同视角和维度，为各区同仁贡献石景山基础教育学校治理的经验与思考，吸引更多同仁共同研究、提炼新时代背景下基础教育学校治校方略，不断提升学校的科学管理水平，推动学校的可持续发展；同时，希望在不断反思与实践中，实现校长从经验型向研究型、教育家型转化。

限于编者水平，不足之处在所难免，希望各位同仁斧正。

编　者

2022 年 3 月

目 录

第一章 鲜明思想底色 …………………………………… 1

一体化学校师德建设中的党建引领 …………………………… 2

中小学党组织在德育工作中作用发挥的探索 ………………… 10

多措并举 构建区域生态文明建设的优质品牌 ……………… 19

基于初中学生学情的"五育并举"育人实践研究 …………… 27

德育无痕 育人有道——"微笑教育"理念下德育一体化的

实践与探索 ……………………………………………………… 37

新时代家校协同育人策略 ……………………………………… 47

加强学校课程顶层系统设计 丰富课程供给落实双减精神 … 55

九年一贯制合并学校办学模式的实践研究 …………………… 63

第二章 赋能队伍提质 …………………………………… 75

源于实践的小学教师课程领导力提升策略 …………………… 77

组织公平感研究对中职人力资源管理的启示 ………………… 85

"照镜子"策略促进教师专业成长 …………………………… 94

"三青"领航 学校更上层楼 ………………………………… 101

有效园本教研从研究"真问题"开始 ………………………… 109

实施对话式教研 提升幼儿教师教育智慧 …………………… 116

"学习故事"促进青年教师发展性评价能力提升的路径探析 ……123

在食育教研中促进教师专业成长……………………………………135

第三章 深耕课堂改革……………………………………141

"双师课堂"赋能城区集团化学校提质增效………………142

基于增值评价理念的学校教学改进策略初探……………150

"互联网+"背景下的融合课堂建设………………………159

依托任务群实现作业的补充学习功能……………………169

一贯制学校学生学科核心习惯培养实践研究——以语数英三

学科为例……………………………………………………176

让"学"最大化——项目化学习实践探索…………………184

幼儿园落实"双减"政策的路径探索………………………192

第四章 立足特色建设……………………………………199

立足国学经典实施亲子诵读策略 探索家校协同育人新模式……200

以实践活动为载体 完善学校生涯教育实施路径的研究……209

基于茶文化特色课程推动学校特色文化建设……………217

挖掘属地教育资源 开展生态文明教育…………………226

构建"劳动+"课程 培养学生创新能力的实践研究………232

冰雪运动特色学校创建路径………………………………240

"书香乐园"园本课程构建路径和内容初探………………249

第五章 优化评价管理……………………………………261

"1+1＞2"在提升教育集团核心竞争力中的应用——北京景山

远洋教育集团探究发展之路………………………………262

有效化解初中生心理问题的家校沟通策略………………270

班主任对初中生心理危机的预防性干预策略……………279

学校后勤文化建设的实践与探索…………………………286

微信群建立及运用促进家校协同助力学生成长 …………… 295

抓"双减"机遇　促学校教育质量提升 ………………………… 303

第六章　精细行为活动 …………………………………………… **311**

小学生行为习惯养成　多元化评价的实践研究 ………… 312

如何实现校园活动价值最大化——以 S 学校"跳蚤市场"

系列活动为例 …………………………………………………… 322

"双减"背景下学生行为习惯培养的机遇 ………………… 330

创新思维训练激发学生成长动力——古城中学改革德育工作

的实践探索 ……………………………………………………… 339

第一章

鲜明思想底色

一体化学校师德建设中的党建引领

内容摘要 城乡学校一体化的过程,也是城乡学校从异形、异构、异质走向同形、同构、同质的过程。利用输出校优质资源,进行文化融合、制度创新,将师德师风建设与党建工作充分结合,通过党建工作推动师德师风的建设,为打造输入学校高素质教师队伍、建立高质量学校奠定基础和提供保证。

关键词 城乡一体化;师德师风;党建引领

近年来,北京城乡一体化学校建设促进了优质资源的融通共享,输入学校在"形、构、质"等多个方面发生了巨大变化。

输入学校在建校之初,就要把师德师风建设放在首要位置、把教师队伍建设作为基础工作。2019年《关于加强和改进新时代师德师风建设的意见》中指出:加强和改进新时代师德师风建设要坚持党建引领,充分发挥教师党支部和党员教师作用。

充分利用输出学校资源,发挥党建引领带动本校师风师德的建设和养成。建设一支高素质专业化教师队伍,为一所新建学校生存、发展、壮大奠定基础。

一、遵循发展规律，明确师德师风建设模式

2014年，北京市京源学校莲石湖分校（从下简称莲石湖分校）作为城乡一体化项目学校北京市京源学校的输入校成立。莲石湖分校成立以来，采取"一个法人，一体化管理"的布局和管理模式，两校共享教育资源。

莲石湖分校作为新建学校，教师平均年龄较低（平均年龄34岁），教育经验不足，师德师风素养尚未养成，但是学历水平较高（博士研究生学历2人，硕士研究生学历31人，大学本科学历62人）。其中，党员教师47人，占教师总人数的51%；党员平均年龄35岁，最高年龄50岁，最低年龄26岁，党龄5~15年的27人；专业能力强（高级教师10人，一级教师17人）；学科组分布广泛（语文12人、数学9人、英语3人、政治2人、音乐2人、信息3人、体育5人、心理1人、美术2人、历史1人、生物1人、舞蹈1人、科学1人、后勤4人）。

依据这个特点，遵循教师成长发展规律和师德师风建设规律，莲石湖分校依托京源学校党委，从学校实际出发，注重高位引领与底线要求结合、严管与厚爱并重，坚持围绕中心抓党建，抓好党建促发展的原则，以"党风带师风促校风"，加强了党组织建设，充分发挥了师风师德建设中的党建引领作用，明确了莲石湖分校"融合与创新"的师德师风特色建设模式。

二、依托输出学校优质资源，融合学校内涵发展

（一）党员发挥文化引领作用，构建学校文化体系

城乡一体化学校的发展，成员学校需要在共同价值观之下。当行动者处于共同的文化氛围之中时，影响和改变更容易发生——在共同的价值观之下，教

育集团、各校区的决策者会有效地利用规则、价值观、规范等制度体系，使新的观念等与传统的管理架构要素进行创造性的结合，使行动者的实践本身影响力得以增强。

成员学校之间通过集团合作、重要活动，加强文化交融，促成总校和成员学校形成共同愿景与价值观，建立信任关系。最后尊重差异，建立信任、共享、共生的组织发展规范，形成"和而不同"的文化体系。党组织领导师生，将统一的核心价值观结合输入校特点进行学校文化的构建，是城乡一体化学校深度合作的基础，是学校师德师风建设的核心。

莲石湖分校秉承京源学校"以德为魂，育人为本，全面发展，办有特色，依法治校，管理有序，求实创新，志在一流"的办学指导方针和"为人的终身发展和一生幸福而工作"的管理理念，引领分校党员带领师生不断挖掘输出校京源学校"真、善、美"的文化内涵，体会"求真尚美、明德至善"的校训含义的基础上，反观自身在地文化特点，相互尊重，建构共同的文化语言体系，做到把输入学校的核心价值观转化为输出学校的学校文化。

莲石湖分校倡导"一切从学生（实际、需要、问题、个性）出发"理念，根据学生特点设计一体化学校课程；倡导"把整个社区变成学生的课堂"的课程理念，结合校区在地特点，充分利用永定河、莲石湖、园博园区位优势，开发在地自然四季课程和在地文化特色课程，致力于打造一所离自然最近的现代化标志性社区学校。

（二）党员发挥思想带动作用，建设学校精神家园

教师的职业道德是教师职业的灵魂。学校党组织帮助教师对自己的职业产生神圣感，热爱自己的职业，引导教师建立自己的教育理想，并为之奋斗，这是学校师德师风建设的基础。

坚持思想铸魂，使广大教师自觉用"四个意识"导航，用"四个自信"强基，用"两个维护"铸魂。

利用输出学校德高望重的党员教师，引领输出学校思想道德建设，有利于

新建学校优良师德师风的快速建立。例如：开设党员教师教育思想论坛，讲述自己的教育故事，展现党员教师群体对教育的理解与追求，创造良好的思想舆论氛围，引发输出学校年轻教师对教育的深入思考，提升积极向上的精神状态。同时开展党员青蓝活动——党员师徒结对活动。增强对新入职教师、青年教师的指导，通过老带新机制，发挥传帮带作用，使其尽快熟悉教育规律、掌握教育方法，在育人实践中锤炼高尚的道德情操。

在输出学校党员师傅带领下，输入学校建设学习型党组织，开展党员"示范课"，争创文明处室等活动，营造党风带教风促学风良好氛围，建立学习型年级组、教研组的创新长效机制，突出课堂育德，充分发挥课堂主渠道作用，将立德树人放在首要位置，渗透到教育教学全过程。

（三）党员发挥行动先锋作用，服务师生发展

依托京源学校党委，莲石湖分校党支部从学校实际出发，坚持围绕中心抓党建，服务师生促发展的原则，突出体现在对教师的引领与服务上，创造适合孩子的教育，引领师生有目标地学习与生活，突出了密切联系群众的价值追求和行动指向，这是学校师德师风建设的品质保障。

结合输入学校10个经典主题活动系列（开学第一课、走进少先队、远足卢沟桥、离队建团仪式、青春一封信、在英雄的旗帜下集合、电影课堂、学习型家庭建设、纪念日系列文化活动、毕业典礼）和11个经典综合实践活动系列（博览课程、教育戏剧课程、学雷锋志愿者活动、模拟法庭、游学、军训、社会大课堂、团代会、少代会、社团、跳蚤市场），莲石湖分校党员带领师生开展"在英雄的旗帜下集合"主题活动，让师生学习与挖掘英雄人物的先进事迹与崇高精神，树立起健康向上的"明星"形象，用英雄的名字给班级命名，形成雷锋班等，引领师生思考自己的人生。雷锋班开展"像雷锋那样的人"的志愿服务活动，真正将社会主义核心价值观融入行动中。

三、立足实际情况，创新党建形式

学校发展的最终动力来自学校内部，在向特色优质转变的过程中，利用"别人的"生成"自己的"，是参与城乡一体化建设的学校都应该思考的问题。在合作的最初几年，学习输出校的先进理念、实践以及优秀经验在所难免，但是依托优质资源、借鉴先进理念与做法、结合本校特色、抓住核心工作、关注学生成长，走一条适合本校的发展之路是最切实有效的。

莲石湖分校立足实际情况，创建了"一五六"党建工作法。所谓"一五六"：成立一个坚强的班子坚持党的全面领导，围绕中心抓党建，以党支部为中心，党建引领校园各部门工作。抓好五种精神，树立六个意识。充分利用党员的先锋模范作用，做好学校的师风师德建设，为学校的良好有序发展奠定基础。

（一）以党支部为中心，党建引领学校发展

党组织是学校的政治核心，党建是学校发展的基础，夯实基础才能促进学校发展。莲石湖分校党支部立足学校实际，将学校工作的开展定位于"围绕中心抓党建，抓好党建促发展"这个宗旨。

首先，莲石湖分校班子具有坚强的领导力和向心力。通过每年寒暑假集中培训学习和例会学习，提高政治理论水平和思想道德水平，提升谋划全局、出色执行和统筹兼顾的能力，深入开展批评与自我批评，不断加强党性修养，重大问题认识一致，保证班子整体有序发展，每个成员认真贯彻执行决策。随着分校党员的不断增加，已经成立的四个党小组，加强基层党组织建设，保障党建工作顺利进行。

其次，莲石湖分校坚持把党建工作与学校中心工作紧密结合。先后开展了《形成学习型学校党支部途径的探索》《基层党组织党员教育活动形式创新研究》《学校基层党组织党建科学化评估》和《党员体验式教育活动的实践性研究》等课题研究。积极推动学习型学校建设。创新党员教育活动形式，采用教育论坛、教育故事会等活动方式，增强党员教育活动的实效性。

针对莲石湖分校教师特点，开展有针对性的思想政治工作，安排中年骨干教师承担教科研等重担，使他们突破"职业高原期"，取得新进步；引导新教师规划自己的教育人生，为迈好入职第一步做好服务准备。

再次，党支部在发挥党员模范作用的同时，多形式吸引骨干教师向党组织靠拢。莲石湖分校召开了党风廉政建设工作会及党风廉政建设宣传教育月等系列活动。在党风廉政建设工作会上，学校各级领导均做了履职承诺，并和中层干部签订了"一岗三责"责任书，全体教师也做出了集体承诺，进一步增强了全校教师的使命感和责任感，营造风清气正的良好氛围，推进学校各项事业健康快速发展。

（二）发扬创始人"五种精神"，打牢师风师德基础

莲石湖分校作为新建学校，物质资源、人力资源和信息资源都较为缺乏。在这种条件下，学校号召党员教师充分发挥先锋模范作用，用创始人"五种精神"引领学校发展，即不分你我、尽职尽责的"主人翁精神"；志同道合、人际简单的"团队精神"；自力更生、艰苦奋斗的"创业精神"；积极向上、主动发展的"专业精神"；精益求精、互帮互助的"乐业精神"。从建校之初就打牢师风师德基础，努力建设一支结构合理、爱岗敬业、素质精良、积极奉献、争创一流的教师队伍，为培养"四有好老师"奠定思想基础。

首先，坚持价值导向，将创始人"五种精神"融入教育教学全过程，体现到学校管理及校园文化建设各环节，进一步凝聚起师生员工的思想共识，使之成为共同价值追求。健全学校教师志愿服务制度，鼓励支持教师参加志愿服务活动，在服务学校、社会的实践中厚植教育情怀。

其次，构建扁平化管理体制，减少学校管理层级。校级领导开展"一牵手+两走进"联系制：牵手一个年级组和教研组参加活动，分年级组进行汇报交流的方式，让学校领导更容易走进群众中去，帮助老师们有效掌握工作计划的制订，走进班级一线坚持听课交流制度，了解教师的思想工作情况。将教务处、教学处、教科研处职能合并，成立学生服务中心，为师生和家长提供一站式服

务。成立学生发展促进中心，组建党员教师志愿者，举办家长沙龙等，为师生家长心理健康成长服务。

再次，树立一个党员就是一面旗帜的意识，突出典型树德，持续开展优秀教师选树宣传。形成榜样在身边、人人可学可做的局面。搞好党员服务群众公开承诺活动。党员发挥"六带头"作用——带头学习理论、带头学习先进典型、带头投入课改、带头学法守法、带头联系群众、带头开展正面舆论，以务实的举措搞好服务。以"五个一"为载体，开展党员"结对帮扶"活动：帮一名特殊关怀学生，带一名入党积极分子，联系一名群众，为群众做一件好事，参加一次学校为社区群众举办的教育服务活动或其他社会公益活动。

（三）树立工作"六个意识"，为学校可持续发展创造条件

京源学校提出了"十四五"发展新蓝图，建设新型高品质学校——"学术型学校"。莲石湖分校为了可持续发展也提出了树立发展"六个意识"的理念：规范化意识、学习意识、先锋意识、服务意识、安全意识及和谐意识。

首先，突出规则立德，强化教师的法治和纪律教育。以学习《中华人民共和国教师法》、"新时代教师职业行为十项准则"系列文件等为重点，提高全体教师的法治素养、规则意识，提升依法执教、规范执教能力。

党支部全面推进党的政治建设、思想建设、组织建设、作风建设、纪律建设，把制度建设贯穿其中，强化规范化意识。莲石湖分校建校之初就修订了学校基本章程，并且逐年完善。制定《京源学校莲石湖分校管理制度体系》，对德育、教学、科研、学生管理、人事、后勤、资产与财务等各个方面进行规范化管理。以"党风带师风、促学风、创校风"，以"五气"凝聚正能量，党员在平安校园、依法治校工作中发挥旗帜作用。

其次，支部利用建设"学习型党组织""服务性党组织"的平台，利用四个党小组开展建设"学习型教研组""服务性年级组"活动。开展党员"示范课"活动，强化学习意识，建立学习型年级组、教研组的创新长效机制。

再次，利用主题党日活动，增强支部凝聚力，强化先锋意识和服务意识。

通过召开"使命在肩，奋斗有我"主题党日活动，号召各位教师向优秀教师、优秀党员看齐；通过开展"诵读红色经典 献礼祖国华诞"朗诵活动，支部党员通过诵读经典作品，抒发自己的爱国情怀，用自己的声音为祖国华诞献礼；通过开展党员政治生日主题党日活动，使党员既感受到组织的温暖，也意识到党员的担当和先锋作用。

四、结语

城乡学校一体化的过程，也是特色优质模式发展复制的过程。输入校在一体化管理过程中，充分借助一体化平台，整合自身发展需要的资源，在系统学习输出校厚重的办学理念、先进的教育教学方法和系统的管理模式的基础上，构建适合自身发展的文化理念和思考方法，从而形成适合输入校自身特点的"和而不同"的校园文化体系。

输入学校要在党组织的领导下，借助自身与输出学校的一体化管理优势，提升自身办学水平的同时，也要将本校建设成为所在地区优质教育资源共享基地，使优质资源能辐射到整个学区或地区，让一体化管理的优质资源辐射实现从"点到点"到"点到面"的转变，从而实现输入学校走上一条"援助融合—合作共进—创新发展"的提升之路。

王国强　北京市京源学校莲石湖分校

参考文献

[1] 黄伟. 育才必先育师 [J]. 中小学管理，2018（10）：10-12.

[2] 张爽. 基础教育集团化办学的模式研究 [J]. 教育研究，2017（6）：87-94.

[3] 陈丹. 城乡学校合作型一体化管理模式研究——基于北京市 7 所城乡合作型一体化管理学校的数据 [J]. 北京教育学院学报，2019（3）：33-40.

中小学党组织在德育工作中作用发挥的探索

内容摘要　新形势下要加强中小学党组织在学校德育工作的领导力，学校在德育工作中从重构组织架构、完善工作机制、增强工作实效进行了探索。

关键词　党组织；德育工作；作用

《关于加强中小学校党的建设工作的意见》（以下简称《意见》）强调，党组织要把抓好德育和思想政治工作作为重要任务……要建立由党组织主导、校长负责、群团组织参与及家庭社会联动的德育工作机制；《中小学德育工作指南》（以下简称《指南》）也要求，要加强党对中小学校的领导……保证中小学校成为坚持党的领导的坚强阵地。

由此可见，发挥党组织在德育中的领导作用是党和国家对中小学基层党组织的基本要求之一，落实好相关的工作则是中小学基层党组织的重要职责。

一、重构适应新形势的德育工作组织架构

结构是功能实施的基础。依据《指南》和《意见》，学校党支部对标文件梳理学校的德育工作，深入分析学校德育工作现状，重新架构了学校"德育工作组织机构图"：

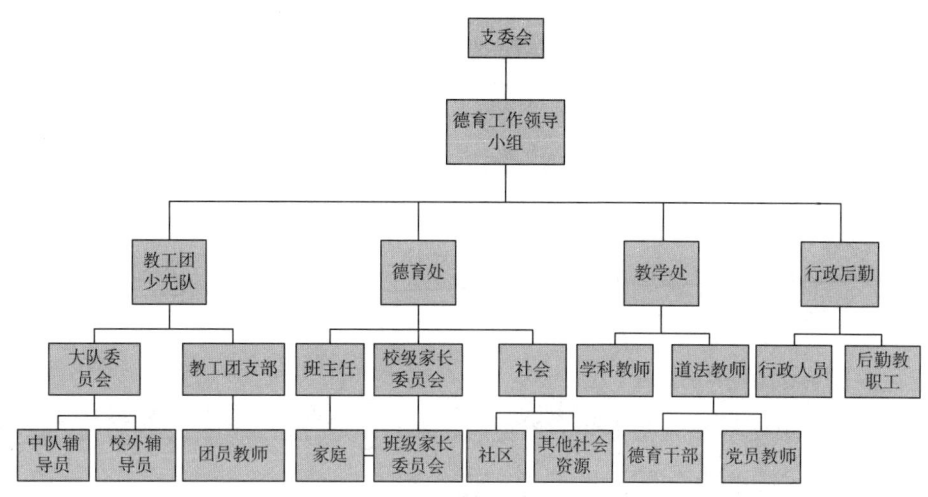

德育工作组织机构图

从上图可以看出,德育工作领导小组是在党支部委员会领导下开展工作,成员包括书记、校长、中层干部等,校长是领导小组组长。学校德育工作机构制定遵从了"三全德育"的教育理念,更好地加强党的领导,牢牢把握学校思想政治工作和德育工作中党组织的主导权。

二、完善党组织领导下的德育工作机制

(一)建立领导小组

根据学校德育工作组织架构,成立了德育工作领导小组,具体如下。

组长:校长、书记

副组长:德育处主任

成员:教学干部、大队辅导员、教工团支部书记、教研组长(年级组长)、行政后勤负责人。

德育工作领导小组要商讨、决定、完成德育工作的规划、计划、方案等相关工作。

（二）明晰工作职责

1. 支委会

遵循立德树人、德育为先的思想，从意识领域的角度审核、把关所有的德育规划、计划、方案及德育工作和实践活动等，引领学校德育工作突显社会主义核心价值观教育，把握学校德育工作的政治方向，真正把"牢牢把握党在学校思想政治和德育工作的主导权"落在实处。

2. 德育工作领导小组

商讨、决定学校德育工作的规划、计划、方案等，并负责组织实施、检查和评价、考核等相关工作。

3. 德育处

德育处是学校德育工作的核心部门，负责从起草规划、制订计划、拟订方案到组织实施、总结、评价等一系列管理工作。

4. 教工团、少先队

中小学德育工作离不开共青团和少先队的支持。少先队是贯彻执行德育教育思想，落实德育规划计划、进行儿童思想教育的主要助手。在上级少工委和学校德育工作领导小组的指导下，培养少年儿童的优秀品质等。教工团支部做好学校少先队工作的协作、志愿服务等工作。

5. 教学处

在德育工作领导小组指导下，紧紧抓住学校学科教学课堂主渠道，对学生进行政治思想教育；同时做好道德与法治（简称"道法"）课程教学的管理、指导和评价工作。把思想政治课堂和课程思想政治的管理工作有机结合，做好过程性管理工作。

6. 教研组长（年级组长）

在德育工作小组领导下，协助德育处做好相关工作的布置、验收等，协助教学处做好教学工作中的德育工作。

7. 行政后勤处

为学校德育工作做好后勤服务的同时，也做好学生的德育教育工作。

（三）梳理工作流程

在新的形势下，学校德育工作领导小组对德育工作进行了重新梳理：德育处制订方案初稿—德育领导小组商讨决议—支委会审核、把关、指导—德育处组织实施—德育领导小组评价—德育处总结—德育领导小组考核，支委会履行全过程的指导、意识把关、纪律监督等职责。

三、增强党组织领导下的德育工作实效

（一）"四抓"奠定德育工作基础

1. 抓"战斗堡垒"

党组织在中小学德育工作中，要充分发挥其"战斗堡垒"作用，把党在学校的思想政治组织优势转化为学校教改的发展优势，强化党员先锋模范作用，以辐射、影响、带动整体教职员工队伍，努力为党培养合格的接班人。

2. 抓思想引领

在学校工作中充分发挥党组织的思想引领作用，多渠道、多方式对教职员工进行政治思想教育，随时让党的声音引领学校的学风教风，引领教职员工的发展。领导学校德育和思政工作，坚持育人正确政治方向，推动学校健康发展。

3. 抓引导监督

学校党组织要全面贯彻执行党的教育方针，加强师德师风教育，引导监督治校、执教依法而行，遵守国家的法律法规，确保正确办学方向。

4. 抓队伍建设

（1）教师队伍建设

教师是学生行为的标杆，潜移默化影响着学生的成长，故党支部把师德师风建设作为学校教育工作的重点来抓。由党支部牵头，抓日常、抓细节、抓法规学习、抓教师的教育教学行为，规范教师执教行为，树立师德学习榜样。定期对骨干队伍进行培训，召开学校德育工作专题研讨会，把德育骨干力量协调进年级组、进班、进家庭，充分发挥德育骨干的引领和辐射作用。其间，党员的榜样示范作用尤为突出，学校党支部积极开展"四有好教师"评选活动，为孩子树立模范榜样，培养先进精神。

如2018—2020年，已过五旬的老党员积极参加新疆支教并受到嘉奖的事迹，在师生中成为大家敬佩学习的典范，甚至于学生在班会发言谈及理想脱口便是"未来要做一名优秀的支教老师"。

再如面对2020年肆虐的新冠肺炎疫情，学校德育骨干力量充分发挥了先锋模范作用，带领学校所有教师从寒假到暑假，基本处于无休状态，形成了党员干部带头、班主任为中坚力量、其他教职员工各负其责的全员参与工作模式。大家深入家庭，联线家长、孩子，或为孩子答疑解惑，或对家长孩子进行心理疏导，或为化解家长孩子间的小摩擦而忙碌，大家上下一心、众志成城，为打赢疫情战而默默地努力、悄然地奉献，很好地发挥了德育骨干力量的榜样示范和引领辐射作用。

（2）德育骨干队伍建设

小学德育工作的骨干力量一般是团队干部、思品道德与法治教师、班主任，学校根据《意见》要求，从学校工作安排到人员协调，由党支部统领，组成了德育干部、法制副校长、团队干部、校外辅导员、班主任、思政教师、家长、社区志愿者等的德育骨干队伍，党员在这支队伍的关键岗位发挥重要作用，为推动党组织领导下的德育工作奠定了基础。

（二）"两课"探索德育工作创新

1. 党建引领，聚焦思政课堂

按照"思政课是落实立德树人根本任务的关键课程"的要求。明确了学校思想品德（简称"思品"）和道法课教师必须是党员教师，近两年一直由德育干部为主、其他党员教师为辅的师资承担教学任务，且每学期每位党员做一堂校内思品或道法公开课，同时结合党组织的主题教育进行，比如2021年便结合"学党史、悟思想、践行动"党员主题教育，开展"听党史故事，悟红色精神，做新时代好少年"党员献课活动。真正落实"为党育人、为国育才"的教育目标。

2. 协同育人，做实课程思政

（1）加强课堂研究，注重德育渗透

学校德育工作中，学科教学课堂是对学生进行思想观点、政治准则、道德规范潜移默化渗透的主渠道，用好这一主阵地尤为重要。新形势下结合新的德育工作目标，要求教师必须以全员育人的理念，深挖教学中对学生进行思想品德教育的知识点，力求最大限度发挥课堂的育人功能。德育处定期组织教师学习《德育指导纲要》及德育教育的其他纲领性文件，为老师课堂教学时德育教育提供理论依据。学校每学期进行的教学大赛中，"德育教育"也是评价标准中的一个重要的评价要素。

（2）立足学校特色，开发德育课程

开设学科工作坊，绽放党员风采。学校一直重视传统文化教育，结合学校特色，针对《意见》中新的任务要求，通过锻炼培养年轻党员的组织领导力，党员带领自己的教师团队开设了"语文、数学、英语、科学、体育、艺术"六个工作坊，由党员教师担任坊长，六位坊长带领本学科教师在不同时段各自学科领域开展各项活动，培养学生学科核心素养的同时，也培养教师的领导力。例如：以语文学科为骨干的国学工作坊，结合学校整体工作安排，在坊长的带领下开展了亲子经典诵读、亲子游学、经典诵读展示等活动，让孩子们在经典诵读中温润心灵、陶冶情操、涵养精神，深受家长的欢迎。科学工作坊，工作思路清晰，和少先队工作结合共同开展的知识竞赛活动效果很好。同时，拓宽思路，与综合实践活动结合，在永定河森林公园开展定向、植物识别、制作小报的展示等活动，培养了学生的科学素养。体育工作坊开展了丰富多彩的体育活动，第二届篮球嘉年华活动，学生积极参与，在趣味欢快的气氛中身体得到了锻炼。英语工作坊每天的英语音乐广播，楼门厅学生的英语小报，《英语持续默读》课题研究等，为学生营造了良好的语言环境。

探索非遗课堂，传承传统文化。近三年来，学校每年由一名年轻党员牵头，利用节日前半天时间，组织、策划、实施引进优秀的非遗项目，开展"非遗课程进校园"活动。此活动让学生接受到不同的传统文化课程，近距离接触不同项目、不同地域、不同层级的非遗传承人的精湛艺术，加强了学生对传统文化的保护、传承意识，培养了学生热爱传统文化、将传统文化发扬光大的情怀。

开发校本课程，培养优良品质。学校地处原燕山水泥厂，西临莲石湖，南靠永定河及永定河森林公园、园博园和园林博物馆。党支部带领班子成员，深入分析学校的资源优势，围绕办学理念，依据国家课程设置标准以兴趣—梦想—合作三个主题，制定校本课程建设体系，分层设计，整合推进。历经两年多时间，《小石头的梦想》一至六年级编纂出版，在课堂上实施。2021年，与《爱我家乡石景山》区本课程紧密结合的《永定河的传说》校本教材、《剪纸集》教材已经编辑完毕，正在试行。校本课程的发展，满足学生成长需求与学生个体差异，让学生在学习的过程中体会兴趣、梦想与合作的重要性，培养学生良好的道德品质，促进学生真正的可持续发展。

（3）丰富实践活动，促进学生发展

实践活动是实施课程思政的另一途径。

①社会实践活动：学校党组织充分利用整合市区级教育资源，围绕学校德育目标和年段教育主题，研讨活动方案，做好政治把关，将社会主义核心价值观融入主题教育活动中。比如以纪念日、节日和特定时间为契机，围绕社会主义核心价值观，结合学生实际开展国防教育、法制教育、礼仪教育、养

成教育等主题教育，开展"我是雷锋小榜样""清明诗会""感恩教师""艺术进校园""非遗进校园""我是节约小达人"等活动；开发和挖掘并充分利用周边的教育资源，莲石湖、永定河森林公园、园博园、园林博物馆等，开展生动的学科综合实践活动，遵循学生的身心发展特点，融学科知识、爱国教育、意志品质教育、身体锻炼为一体，提高学生爱国、爱校、爱家乡、尊老爱幼、文明礼仪、崇尚科技、积极运动等综合素质。同时利用校园网、微信公众号、红领巾广播站、国旗下教育、班级板报等阵地，形成良好的育人环境和氛围。

学生们在多种活动中参与、学习、积累、实践，不断开阔知识学习的领域，逐渐学会学科知识在生活实践中运用、结合，提高了解决问题能力和创新、实践的能力。

②主题教育实践活动：主题教育活动是德育教育很重要的途径，从活动策划、研讨方案到组织实施，党组织始终发挥着思想引领、政治把关、抓理想信念教育的重要作用，在各环节发挥党员的榜样示范作用，注重对师生政治思想的引领，将社会主义核心价值观真正植入学生内心深处。

学校开展的"回顾历史 丹心向党"党团队旗飘起来活动，全校党团员、所有教职员工、所有少先队员均参加了此系列教育活动。活动以"故事共情，了解历史"开篇，向师生讲述了《红岩》和长征路上的感人故事，让学生懂得我们今天的幸福生活是无数革命先辈的流血牺牲换来的。更是对师生进行寓意教育：创造、奋斗、团结、梦想是我们的民族精神。我们正是凭借这伟大的民族精神，才取得今天的成就。

以"党徽闪耀，引领成长"对师生进行党的先进性教育。优秀党员、团员老师对党、团、队徽，党、团、队旗的知识和关系进行讲解，让全校师生进一步了解：共青团、少先队是青年和少年儿童学习共产主义的学校，共产党是我们最终紧紧追随的先进组织，是带领我们实现中国梦的领导核心，在学生幼小的心中埋下一颗闪耀光芒的中国共产党的种子。

最后以"同绣党旗，丹心向党"对师生进行体验教育。全体党员面对党旗，重温誓词，让孩子们看到党员老师们永远跟党走的决心。

这一系列活动，遵循了"党组织主导、校长负责、群团组织参与、家庭社会联动的德育工作机制"，围绕着"培养什么人、怎样培养人、为谁培养人"的教育目标而进行。党组织对德育工作的引领是全方位的。

总之，进一步发挥党组织在学校德育工作中的领导、政治把关作用，全面贯彻执行党的教育方针，把德育教育贯穿于教育教学的各个环节，以高质量的党建工作，落实立德树人的根本任务。

戴晓鸿　北京市石景山区水泥厂小学

参考文献

[1]《关于加强中小学校党的建设工作的意见》中组发〔2016〕17号：四 –12.

[2]《教育部关于印发＜中小学德育工作指南＞的通知》教基〔2017〕8号：二 –（一）.

多措并举　构建区域生态文明建设的优质品牌

内容摘要　生态文明学校的创建,为学生的发展提供了更多的选择可能,搭建了更丰富的成长平台,提升了学生校园生活品质。近年来,北京市石景山区积极推动生态文明学校建设,打造绿色生态的校园文化。本文将以构建区域生态文明校园的有效做法以及产生的成效作为切入点,介绍石景山区通过多年的持续努力,分享在绿色生态学校创建过程中取得的一些经验和成果。

关键词　绿色校园；生态校园；资源利用

在"十四五"时期建设美丽中国的时代背景下,通过开展生态文明教育,引导中小学生从自身做起,共同做绿水青山的守护者,是各地区、各学校在提升治理效能的过程中应该思考的重要命题。近年来,北京市石景山区教育系统通过持续努力,将生态文明学校创建工作作为推进全区生态文明建设的重要内容,引领各中小学、幼儿园全面开展绿色生态学校创建活动,全力拓展宣传教育工作的广度,从班级到家庭、到社区；努力夯实生态教育的深度,进入课堂、纳入课程,做到生态文明科普教育常态化、主题特色活动形式多样化,取得了良好的育人效果,开启了生态文明建设新征程。

一、生态文明教育常态化，创设引导学生积极参与的文化氛围

（一）以主题特色活动引领，普及生态文明知识

石景山区生态环境局联合举办中小学生"我爱地球妈妈"生态环境保护主题演讲比赛，通过以"疫情下的绿色生活"为题，引导同学们在学习科学文化知识的同时，关心生态环境，关注绿色环保。在提升同学们自身生态素养的同时，带动家长亲友、同学伙伴、街坊邻里共同建立绿色生活理念，并在日常生活中养成绿色环保的生活习惯，积极投身美丽北京建设。

石景山区教委与区城管委为该区中小学生编发了《垃圾分类知识学生读本》（以下简称《读本》）三万余册。根据中小学生不同的年龄阶段、认知特点和实际需求，分为小学低段、小学高段、中学阶段三册，内容为垃圾分类相关通识性知识，为学校校本课程的开发与实施、向家长和家庭普及垃圾分类知识，提供了素材和依据。

以《读本》为基础，在暑假期间，全区三千余名小学四年级学生，共同完成了以"垃圾分类 从我做起"为主题的《中小学生暑假生活实践手册》家庭生活实践作业，将垃圾分类教育延伸到学生暑假生活中。

区域夯实基础，学校做出特色。例如景山学校远洋分校参与八宝山街道的"垃圾分类小达人"宣传教育活动。学校组织前期活动中评选出的"垃圾分类小达人"和学校的"景远志愿军"代表参观了鲁家山循环经济园区。在这里，孩子们为各种垃圾经过高新技术的再处理过程惊叹。认识到了科学技术是改善人们生活环境的重要途径。

（二）融合学科课程，提升生态素养

截至2020年年底，全区所有中小学依托《道德与法治》《地理》《生物》等学科教学共开展垃圾分类教育637课时；组织中小学生观看北京数字学校、北

京市中小学数字德育网垃圾分类宣传教育专题微课近4万人次，根据不同年龄段学生的认知水平和成长规律，将生活垃圾分类知识融入相关课程，根据学校实际特点，结合科技小发明、艺术小创作等活动，鼓励班级、学生自主创新、推广生活垃圾分类与减量的科技发明，鼓励师生开展废物利用、资源可回收等创新项目和艺术创造。

（三）纳入德育活动，沁润生态理念

发挥共青团少先队组织作用，大力培育青少年生态文明实践学生社团或志愿者团队，充分调动广大青少年学生的积极性、主动性，开展形式多样、内容丰富、效果显著的生活垃圾分类综合实践活动。广泛采取讲故事、做游戏、知识竞赛等活动形式，利用挂图、黑板报、宣传橱窗、校园网站等宣传阵地，开展丰富多彩的生活垃圾分类主题宣传教育活动。以"垃圾分类"为题举办国旗下讲话、班（团队）会、知识竞赛、演讲比赛、征文、绘画、童谣、微视频、讲故事等活动422次，组织中小学生参加垃圾分类主题志愿服务和社会实践活动近三万五千人次。每校每学年至少组织一次生活垃圾分类工作动员部署会和以生活垃圾分类为主题的宣传教育活动，把生活垃圾分类知识宣传到每个师生。着力提高广大青少年学生的生活垃圾分类和资源环境保护意识，使学生从小养成勤俭节约、垃圾减量、低碳环保的行为习惯。区教委共评出石景山区中小学"垃圾分类标兵"974名，10所学校获得优秀组织奖。校园已经成为生态环境教育的主阵地。

学校垃圾分类主题教育与生活场景融合，多方资源整合，使学生的主体能力不断提升，社会责任感不断增强。通过系列教育，用"小手"牵动"大手"，将学生所在的家庭带入生态文明建设之中，将垃圾分类常识、节能减排意识植入每个家庭，让绿色可持续发展陪伴孩子的一生，让垃圾分类的生活方式成为家庭绿色生活的一部分。

二、融通内外资源，提供生态文明教育的专业化保障

石景山区在开展生态文明教育过程中，通过融通内外部各方资源，探索创新可持续发展新模式，确保生态文明教育的科学专业性。

（一）引进领域内优质资源，提供专业化支持

石景山区作为北京西大门，区内面积较小，资源相对集中，发展较为均衡。在生态文明建设上，石景山区以区教委牵头，区城市管理委、区发展改革委、区财政局、区市场局、属地街道办事处等多部门紧密支持。辖区内，各校、各单位的主要领导是第一责任人，学校内的德育分管领导、后勤分管领导是活动推动的主要负责人，形成了"小手拉动大手，班级带动家庭、学校牵动社区"的全民参与局面。在区教委的支持下，石景山区教委综合事务管理中心作为主责单位持续发力，借助社会资源，为学校开展绿色生态校园建设提供有力的支持，如与再生资源回收公司合作，免费给实验校安装矿泉水瓶回收机，同时接待学生到公司参观，进行"一物多用，物尽其用，非需勿用"的教育。在讲解员的指导下，学生了解到矿泉水瓶的回收机制，培养了节约资源的良好习惯。与生活垃圾收运企业合作，分批次组织各学校师生前往门头沟鲁家山循环经济园区参观考察。与餐厨垃圾回收企业合作，带领学生参观厨余垃圾集中处理中心。通过一系列的参观活动，通过现场讲授，直接体验，学生们了解了先进的垃圾处理工艺流程，认识了科技的发展对于实现废弃物回收、垃圾减量化处理的意义。更重要的是通过活动，让师生们切实感受到了一个城市一天所产生的垃圾总量如此巨大，如果我们不进行精细化分类，我们的城市、家园很快就会被产生的垃圾所吞噬。所以垃圾的源头分类、源头减量化工作已经迫在眉睫，提升了师生主动参与垃圾分类的意识。

(二)挖掘内部资源,实现可持续发展

为了扩大宣传覆盖面,进一步提升垃圾分类工作的关注度,把该项工作提升为系统生态文明建设的组成部分,石景山区在依靠外部专家资源科学提升专业性的同时,还以各教育集团为基础,组织建成了教职工垃圾分类宣传讲解团队。宣讲队伍的结构化组成非常均衡,由道德与法治教师、小学科学教师、中学生物教师、高中化学教师等教师组成,这些教师经过专家专业指导培训后,在环保教育和垃圾分类工作中已具备高度的专业性,他们各自发挥学科特点,以垃圾分类工作为中心,多学科课程相融合,为学生、家庭、社区组织了多场寓教于乐、形式多样的宣讲活动。例如石景山区实验幼儿园的志愿服务分队,与所在社区进行共建,利用休息日期间,讲解垃圾分类、节能减排方面的知识。景山学校远洋分校更是将学校的行动做法与科普知识制作成宣传片,除在北京电视台北京新闻栏目中节选播出外,还在远洋山水社区中循环播放,扩大了影响面,取得了较好的社会意义。讲师的参与积极性非常高,教师凭借自身的职业优势,对普及垃圾分类知识起到了事半功倍的作用。我们在享受社会各界对学校垃圾分类工作的同时,依靠这支团队,以及衍生出来的各校支队,将垃圾分类的重要意义及相关知识反馈给社会,大手拉小手、小手拉大手,共同促进该项工作的深入开展。

(三)细化源头减量措施,让资源循环利用

石景山区在倡导垃圾源头分类减量工作中,做出了自己的特色,使教育宣传工作常态化。在活动开展过程中,结合"光盘行动",在食堂和就餐区域醒目位置摆放或张贴节约标识,引导学生适量点餐,在师生中开展节约粮食活动的同时,显著减少餐厨垃圾的产生,从营养餐的受众主体层面进行源头减量。另外,从后勤管理角度,以"'营'在校园"等活动为载体,调研分析餐厨垃圾产生环节中,营养餐制作企业的原因。在菜品口味、样式的选择制作上,是否存在有待改进的空间。用更有营养、更丰富的菜肴来吸引学

生、引导学生健康用餐，避免偏食引起的浪费。从营养餐的制作端加强源头减量。

除常规宣传教育工作外，石景山区还在垃圾分类工作中使用新技术、新手段，逐步向"零产生"方面努力。2017年，在首都师范大学附属苹果园中学安装了北京市教育系统中首座餐厨垃圾就地化处理设备，实现了餐厨垃圾的全部就地化处理，每日学生营养餐制作、用餐中产生的各种有机残余物，全部可通过生物降解的方式变成植物肥料。经过多年的综合评价，确实实现既定效果后，石景山区又先后在九中、景山远洋两所超2000名师生的中大规模学校配备了该套设备，并以餐厨垃圾就地化处理设备为硬件基础，建成了生物降解餐厨垃圾示范教育基地。为师生学习实践生物降解技术，提供了试验环境。

三、实施评价反馈，让生态文明教育发挥育人实效

随着生态校园建设的不断深入开展，一套评估校园生态程度评价体系，可以为全区教育系统生态建设规划者、管理者、实施者提供标准化信息支持。从而推动区域性生态建设平衡发展。石景山区教育系统按照《国家发展改革委关于印发〈绿色生活创建行动总体方案〉的通知》《教育部办公厅、国家发展改革委办公厅关于印发〈绿色学校创建行动方案〉的通知》和《北京市教育委员会、北京市发展和改革委员会关于印发〈北京市绿色学校创建行动方案〉的通知》等文件精神，制定了《石景山区绿色学校创建工作方案》和《石景山区绿色学校创建量化考核评价标准》。

工作方案中，一是明确要求了各校要加强组织领导，要提高政治站位，牢固树立绿色发展理念，高度重视绿色学校创建工作，切实加强对创建工作的组织领导。各校要建立本校绿色学校创建工作领导小组及办公室，负责加强对此项工作的组织领导及日常工作，建立工作机制，明确责任分工，将创建工作目标纳入学校绩效考核，以首善标准落实、落细创建各项工作。二是强调全面推

进落实。在实施中各校要加强顶层设计,将绿色学校创建纳入本校整体工作中统筹推进,研究制订本校绿色学校创建工作方案,层层落实、层层细化,合理安排工作进度,确保按期完成各项目标任务。三是组织评估检查。依据《量化考核评价标准》相关要求,按照"成熟一批、评估检查一批"的原则,区教委负责对所辖区域内中小学的评估检查;评估检查方式包括查看相关材料、实地查看、召开座谈会、调查问卷等。

石景山区制定的《石景山区绿色学校创建量化考核评价标准》的指标框架在与北京市教委发布的《北京市绿色学校创建标准》保持一致的基础上,重点增加了石景山区的地域特点和中小学校教育特色相关的指标,使得指标评价更具区域定位特色,条文更具有可操作性和指导性。

例如,在"运行管理"一级指标下的"合理设置绿化用地,提升校园绿化质量"子指标中,结合石景山区在首都中心城区中率先成功创建"国家森林城市"的总目标,加入了"创建森林式单位"的三级指标。具体评分标准为:达到树冠覆盖率≥30%。主要以单位入口绿化、庭院绿化和道路绿化为主。入口处栽植冠大荫浓且观赏性较强的树种,融合校园文化,配置层次丰富的立体植物群落,形成校园特色景观,同时与外部绿化风格相协调,入口处及临街的围墙尽量做到通透,也可用攀缘植物绿化。庭院绿化以常绿树和花灌木为主,并合理配置绿篱,同时结合一些台阶设置花台、花坛,摆放盆栽,利用攀缘植物进行墙体绿化,对符合技术条件的单位,采取屋顶绿化等,营造精巧美观而富有秩序的绿化环境。道路两侧采用行道树或绿化带的种植形式,行道树选择分支点高的乡土乔木树种,形成连续的林荫空间。

考核评比的目的在于督促各校有计划、有措施地科学开展创建工作,并在考核阶段性结束后积极宣传报道绿色学校创建的典型经验,总结可复制、可推广的经验和模式,不断创新绿色学校创建的新理念、新思路、新做法,探索学校绿色发展的长效机制。

高　进　北京市石景山区教育委员会综合事务管理中心

参考文献

[1] 北京市石景山区人民政府关于印发《石景山区国家森林城市建设总体规划（2018—2035年）》的通知（石政发〔2019〕6号）.

[2] 北京市教育委员会北京市发展和改革委员会北京市住房和城乡建设委员会关于印发《节约型中小学校建设指导意见（试行）》的通知（京教勤〔2010〕2号）.

[3] 石景山区教育委员会关于印发《北京市石景山区教育系统生活垃圾分类工作实施方案》的通知（石教发〔2020〕8号）.

基于初中学生学情的"五育并举"育人实践研究

内容摘要　《关于深化教育教学改革全面提高义务教育质量的意见》是中共中央、国务院印发的第一个聚焦义务教育阶段教育教学改革的重要文件,首都师范大学附属苹果园中学分校在分析本校初中学生学情的基础上,结合时代背景和学校实际开展了的"五育并举"课程育人研究。从实践层面看,研究提出"五育并举并不是将五个方面独立推进,更多的是融合推进"的重要观点;梳理出"单学科实施""多学科联动""家校协同衔接课程"的具体育人实践途径,从而确保实施横向联合和纵向衔接;提出了"加强队伍建设""德育一体化推进""构建多元评价"是"五育并举"育人实践的保障。

关键词　学情分析;五育并举;实践研究

《关于深化教育教学改革全面提高义务教育质量的意见》是中共中央、国务院印发的第一个聚焦义务教育阶段教育教学改革的重要文件,提出了全面提高义务教育质量的主要任务,其中坚持"五育并举",突出德育实效、提升智育水平、强化体育锻炼、增强美育熏陶、加强劳动教育,已经成为新时代教育热词之一。"五育并举"是新时代育人标准,也是新时代育人方式。

相关研究发现,不少中小学积极构建"五育并举"的课程体系。这为本校推进"五育并举"提供了重要的借鉴;还有研究对"五育并举视域下的学校课程融合的形态与方式"进行了详细的梳理,其中"学科间融合课程、领域间融合课程和活动融合课程的课程形态"对本校开展深有启发。在诸多研究中，大多数都具体通过学校课程或活动渗透了"五育并举"精神，但是从具体设置来看，没有明显的深度融合特点，还需要学校结合校情、学情制定更为具体的实施方案和特色课程体系。为此，我们希望，能够基于初中学生学情开展"五育并举"课程育人实践研究，进而促进初中学生发展成长，提升学校教育质量。

一、初中学生"五育"发展需求调研反馈

学情、校情是学校育人实践、课程设置的依据之一，紧贴初中学生的实际需求，学校在开学初开展课程调研，问卷和访谈涵盖初中三个年级学生，涉及德育、智育、体育、美育、劳动教育五大领域。

通过调研发现：德育板块学校大力开展理想信念、社会主义核心价值观、中华优秀传统文化、生态文明和心理健康教育；学生提出结合时政热点、重大纪念日、区域发展、校园成长而设计的建议。智育板块学校着力培养认知能力，促进思维发展，激发创新意识，严格按照国家课程方案和课程标准实施教学，确保学生达到国家规定学业质量标准；学生更多需要在新的情境下发现问题、分析问题、解决问题，阅读并提取信息。体育板块学校坚持健康第一，实施学校体育固本行动，严格执行学生体质健康合格标准，健全国家监测制度；学生则提出课程设计兼具趣味性和专业性相融合，提高身体素质和心理健康教育，提升团队意识等。美育板块学校实施美育提升行动，严格落实音乐、美术、书法等课程，结合地方文化设立艺术特色课程，广泛开展校园艺术活动，帮助每位学生学会 1~2 项艺术技能、会唱主旋律歌曲；学生认为能够接受到高质量、普及化的美育教育，感受美育魅力，培养审美情感和审美观念，提升审美能力十分有必要。劳动教育板块学校充分发挥劳动综合育人功能，制定劳动教育指导纲要，加强学生生活实践、劳动技术和职业体验教育，优化综合实践活动课

程结构，确保劳动教育课时不少于一半，建议家长要给孩子安排力所能及的家务劳动，学校要坚持学生值日制度，组织学生参加校园劳动，积极开展校外劳动实践和社区志愿服务；学生认可发挥参与劳动的主观能动性，提升为生活服务的意识，提高动手能力。

由此可见，学生对于课程兼具共性需要与个性需要，聚焦生活、趣味与专业兼顾、重视实践创新成为学生发展需要，特别是对于综合深入的学习发出了呼唤。

二、学校"五育并举"育人实践途径

苏霍姆林斯基曾说，没有单独的智育，也没有单独的德育，也没有单独的劳动教育。这再一次提示教育工作者，"五育"之间的关系绝不是分割的、独立的，而是彼此有机融合的。因此，结合时代对未来人才的需求和学生实际，学校正在探索并适应"五育并举"推进的课程实践途径，进而促进学生德智体美劳全面发展。

（一）单学科实施"五育并举"的育人实践途径

"五育并举"实践离不开学科课程的系统实施。因此，学校教学部门依据课程标准、教材、学情分析等，对学科课程实施"五育并举"的整合进行顶层设计和推进。在实施中，并不是说一堂课关于"五育"都要涉及，它应该是"五育"的最大融合。学科课堂除了本学科知识、技能、素养外，学科德育渗透、综合素养提升、实践创新能力培养也是重要的要求。

单学科实施"五育并举"的设计，关键之一是知识生活化，借助学科实践活动建立学科与生活的联系，真正让知识为生活服务，激发学生学习热情、潜力，发自内心认同学科价值。

学校以教研组为核心，深挖学科核心素养，结合身边教学资源，设计本学科有特色的学科实践活动，以"美好生活"为主题落实"五育并举"要求。

> **案例1：初一数学"物美超市学方程"**
>
> 　　数学课需要什么？黑板、例题。能正确计算，似乎是大多数人对数学课的印象，甚至有学生会问老师"学数学有什么用？会计算费用吗？"为回应学生的问题，学校将数学课与数学学科实践活动搬到了超市。
>
> 　　母亲节前夕，初一年级在班主任和数学老师的带领下分拨分批走进物美大卖场，上了一堂不同寻常的数学课——列方程解应用题。数学老师：初中孩子普遍对列方程解应用题感到困惑，其原因之一是找不到等量关系，原因之二是没有生活经验，不能理解题目所描述的事情。列方程解应用题有各种各样的实际背景，为了尽量让学生感受其中的过程，经过数学老师们的深思熟虑，大胆地将学生带出课堂，走进生活，感受列方程解应用题的购物情景。由此，同学们迎来了一堂别开生面的数学课。在两位数学老师的精心策划下，同学们走进超市，带着家长们给的任务和20元钱，为晚餐购买食材。学科实践活动环节：精挑细选，购买食材；开动脑筋，合作比价；寓教于乐，明确任务；意外收获，大厨诞生；共享晚餐，学会感恩；自编应用题，学以致用；回顾总结，畅谈收获。

校本课程是由学校自主开发实施的课程，可以说是本校某类学生的"私人订制"，有助于学科特色拓展，针对学生特长进行更全面培养和特色、主题教育。

单学科实施"五育并举"的设计，关键之二是情景校园化。通过校本课程为本校学生量身打造，突出浓重的"校本"味道。学校要充分挖掘资源，结合学校办学理念和育人目标，德育上突出爱校教育，实践类的校本课程重在实践创新，同时结合劳动教育十分适宜，了解校园、美化校园也是美育的切入点。

> **案例2：初中特色生物校本课程"大美苹中——博物校园"**
>
> 作为学校课程系统中的一个重要构成内容，不仅是"美好课程"的建设需要，也是初中学生个性化拓展科学视野、启迪科学灵感、培养科学兴趣、感受严谨科学态度的特色平台。学校围绕疫情防控和线上、线下教学工作要求开展了丰富的教育活动，"大美苹中——博物校园"校本课程作为生物学科拓展课程，无论对学生线下在校学习还是线上居家学习与生活发挥了积极作用。同时也是生物教师突破生物课程原有模式，机动灵活地组织实施生物科学探究教学活动，助力学生自主参与科学探究活动的有效途径，所以"大美苹中——博物校园"生物校本课程对教师而言是激发教师自身专业发展的现实抓手。此外，就课程的具体研发而言，是学校生物教师在了解了学生的需要和喜爱后，在挖掘和运用教材的基础上，以生活实际中的生物科学问题为抓手，结合学科中的探究实验活动进行重新整合与实施，并利用家中室内生态、学校自然生态及学校实验室资源，从乔木草本，到水生土壤，再到鸟类昆虫，打造独属于学生的"大美苹中——博物校园"校本课程，作为学校特色校本课程之一。

单学科落实"五育并举"，要立足本学科课程标准和学科核心素养进行设计，充分挖掘教学主题在育人方面的作用，着眼于生活需要、情境等关乎学生成长的需求，通过学科实践活动、校本课程等多种方式，力争做到"麻雀虽小，五脏俱全"。

（二）多学科联动实施"五育并举"的育人实践途径

多学科联动，建立穿越多种边界的资源共享体系、多种形式的学习共同体，让资源在更大的平台上实现共享，有利于拓展学生视野。每个学科都会带给学生不同的收获，通过学生们主动地探索现实世界的问题和挑战，在这个过程中领会到更深刻的知识和技能，形成更深刻的感受和感悟。

开展项目式学习过程中注重在"自然情境"中领悟价值，弘扬精神；强调在"活动探究"里多学科整合，解决实际问题；鼓励在"项目驱动"中继承并创新。

案例3：建党百年看中国——创新发展之科技中国

环节	内容	设计意图	负责教师
引入	播放视频："2020中国十大科技进展"	激发学生兴趣，增强爱国情感	理化生教研组长
生物技术——杂交水稻	生物技术成就，重点介绍杂交水稻	通过学习老一辈科学家刻苦钻研、奋发图强的精神和热爱祖国、无私奉献的崇高品德，使学生树立正确的人生观、价值观，培养尊重科学的态度	生物教师
国防科技——"两弹一星"	国防科技成就，重点介绍"两弹一星"的历史背景，引导学生分析其历史意义	通过开国大典上的"万国兵器展"到"自主研发"达到世界领先水平，体会社会主义制度的优越性以及老一辈科学家刻苦钻研、奋发图强的精神	化学教师
航天科技——飞天探月	航天科技成就	通过对航天科技成就的回顾——从无到有、由落后到领先，激发民族自信和自豪感	物理教师
信息技术——计算机	信息技术成就	标志着我国在这个领域跨入世界先进行列，加速国家信息化发展	信技教师

项目式学习成果：科技发展绘本、科技建言（用于科技类论坛等）

聚焦创新，通过科技的发展历程和突出成就激发学生科研志向和爱国情怀，"科技"这个话题单学科实施不足以全面展现，多学科联动优势明显。通过项目式学习等方式，学知识、重体验、明榜样、完成项目成果，在解决问题的过程中让学生形成对创新学习的认同，是一个完整的学习链条。

学校闪亮课程旨在让学生体会一次登台、掌握1~2项技能，是学校实施"五育并举"评价指标之一，并纳入学生综合素质评价。

案例4：闪亮课程之"展校园风采，谱体艺华章"

时间及项目	内容与参与人员	负责人
13：00开幕式 颁奖仪式 开幕式表演	颁奖：线上运动会奖状、2019年冰雪运动会、足球联赛奖状、初一（4）班个人奖杯 表演：啦啦队、合唱团、花式篮球队、绘画社团	德育处 教研组 外聘教练
13：30~14：30 体育之星	篮球区域：技巧区、投篮机娱乐区、弹弓投球器、篮球娱乐区 足球区域：击退大白鲨、任意球靶场、足撞球、巨型飞镖 新型项目区域：自行车、射箭	体育组、 年级组
14：30~15：30 艺术之星	百人绘画、墨香书法、童声合唱	艺术组、 年级组

我们可以把闪亮课程比喻成一个筐，能装进来的资源、课程异常丰富。我们设置的目标很多元，让学生畅享校园生活，唱起来、玩起来、画起来、动起来都可以实现，在玩中学、玩中悟，学知识、乐生活、促成长。这类课程需要教研组、年级组通力合作，征集学生建议，基于学科特色、年级特色设计，在课程实施中树立学生自信，找到个人兴趣、特长，让学生拥有成长的话语权。

多学科联动落实"五育并举"。此类设计需要首先组建教师团队，由主要负责教师带领团队进行研讨，寻找到一个共性主题，采取项目式学习、闪亮课程等形式进行动态的学习，其关键在于贯穿课程的核心主题。参与的学科教师都应该围绕核心主题进行设计，通过概念、主题、现象和方法等整合方式，形成融合课程实现"五育并举"、融合育人。

（三）家校协同衔接实施"五育并举"的育人实践途径

衔接课程是将已学课程和将学课程中的知识、技能、情感等建立联系，或者是弥补脱节的相关课程，有利于"五育并举"的延续性、层次性、完整性。衔接课程不仅面对学生，更应为家长进行设计，通过家校协同提升"五育并举"

的育人实效，为学校教育培养"合伙人"。

转学段是学生和家长既兴奋又紧张的过程，衔接课程的设计尤为重要。对于学生，结合转学段学生身心发展规律，转学段前后学习生活特点，不是仅仅聚焦在知识，而是方法和各种关系的处理，德育、智育、体育、美育、劳动教育在衔接课程中都起着关键作用。

在新时代，教育需要更多合作力量，家庭教育是学校教育不可或缺的一部分。对于家长，通过衔接课程，让家长认同学校教育理念，了解育人目标，学校提供方法、经验激发家长育人潜力，与学校在"五育并举"的育人道路上同向同行。

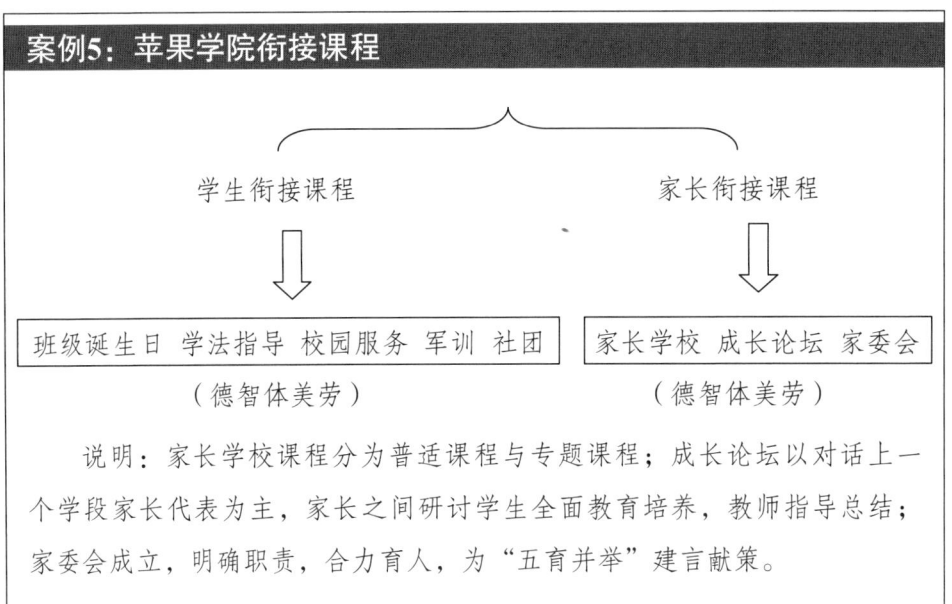

三、学校"五育并举"育人实践保障机制

（一）加强队伍建设是"五育并举"育人实践的组织保障

"五育并举"的推进是一个稳定的、持续的教育形式，因此必须有相应的队伍建设以保证其实施。为此，学校队伍构成主要由主管校长、书记、德育副校

长、德育主任、教研组长、科研中心主任、年级组长、班主任共同构成；其中，教研组长是确保学科与"五育并举"相融合的关键桥梁，因此，这是学校以教研文化打造优秀教研团队，也是鼓励教师积极开发、探索，提升"五育并举"课程育人效果的重要举措。此外，从广义上来说，"五育并举"包括所有教职员工。这是因为我们深刻认识到，做好这项工作是一个人在影响另一个人的过程，每个人都有教育的责任和义务。

（二）德育一体化推进是"五育并举"育人实践的文化保障

以习近平新时代中国特色社会主义思想为指导，贯彻党的教育方针，落实立德树人根本任务，牢记为党育人、为国育才使命，坚持德育为先，不断完善幼小初高德育工作有机衔接的长效机制，努力形成全员育人、全程育人、全方位育人的德育工作格局，建设不同学段循序渐进、有机衔接的德育课程体系，着力打造系列主题教育品牌活动，为"五育并举"创设浓厚氛围。

（三）多元评价机制是"五育并举"育人实践的动力保障

"五育并举"育人实践必须有评价。与单一学科课程评价不同的是，其评价更多元、更动态，其中包括阶段性评价和过程性评价。对于"五育并举"育人实践来说，这种多元动态、过程与结果相统一的形式，能够看到学生在学习后的全面、综合、立体的成长，是在具体实践中的动力保障。

在过程性评价中，学校会通过整体设计评价内容引导学生对学习的过程进行积极反思，从自我、他人的认识中发现自己的进步和不足，用发展的眼光看待自己的成长。

在阶段性评价中，学校根据市区级相关评选办法，制定了基于学校实际情况的《校园之星》《学校榜样》的评选办法，在保证公平公正的基础之上，汇总优秀学生的事迹材料，弘扬"五育并举"之星，让更多的学生通过德智体美劳的培养提升自身综合素质。

骆晶晶　首都师范大学附属苹果园中学分校

参考文献

[1] 陈宫. 坚持"五育"并举助力学生阳光成长 [J]. 宁夏教育，2020（6）：8-10.

[2] 祝旭. 构建"五育"并举的"自主课程"体系 [J]. 贵州教育，2019（1）：30-33.

[3] 郝志军，刘晓荷. 五育并举视域下的学校课程融合：理据、形态与方式 [J]. 课程·教材·教法，2021（3）：4-9.

[4] 贾金元，荆孝民等. 完善"五育并举"育人体系 推进育人方式变革的思考与实践 [J]. 中小学校长，2021（2）：3-7.

[5] 高凌飚. 关于过程性评价的思考 [J]. 课程·教材·教法，2004（10）：15-19.

德育无痕　育人有道
——"微笑教育"理念下德育一体化的实践与探索

内容摘要　学校秉持着"微笑教育"的核心理念,结合"培养优雅自信、乐学善思、大气包容的和悦少年"的育人目标,通过目标一体化,引领"和悦少年"成长方向;内容一体化,规划"和悦少年"成长内容;途径一体化,搭建"和悦少年"成长平台;评价一体化,促进"和悦少年"全面发展。在实践的过程中,营造良性德育氛围,推进学生道德认知、行为养成、实践体悟,形成了微笑教育下的德育一体化体系。

关键词　微笑教育；一体化；和悦少年

学校德育一体化建设应以立德树人为根本任务,以学校的育人目标为根本统领,以课程体系为核心内容,以开放的、多样的活动为途径,以良好的德育评价体系为激励和保障,全面提升德育工作的效果和质量。

石景山区古城第二小学提出"微笑教育"的办学理念,将"培养优雅自信、乐学善思、大气包容"的优秀"和悦少年"作为学校的育人目标,希望每一名学生能够拥有优雅自信的精神面貌,乐学善思的学习品质,大气包容的生活态度,这样才能使学生微笑成长,教师微笑成功,学校微笑发展。

一、目标一体化，引领"和悦少年"成长方向

学校的育人目标的落脚点是培养优雅自信、乐学善思、大气包容的"和悦少年"，它表达了一种目标导向，期待我们的学生都能以一种积极、平和、愉悦的心态面对生活和学习中的成功与挫折，在生命中散发出一种古雅新韵的从容气质、城纳众山的宽广品格，从而实现自我成长。

了解学校的特点，确定本校的育人目标，找到适合自己并具有自己特色的育人途径，是学校德育工作的要务。依托学校育人目标，学校制定了《古城第二小学和悦少年评价标准》（以下简称《标准》）。《标准》以培养全面发展的"和悦少年"为核心，培养过程划分为低、中、高3个学段，培养内容从优雅、自信、乐学、善思、大气、包容6个维度，分别梳理了18项评价目标，分解为56个具体评价要点。《古城第二小学和悦少年评价标准》的内容针对本校学生的行为表现的突出问题，减少约束性要求，强化正面倡导。

二、内容一体化，规划"和悦少年"成长过程

在微笑教育理念的指引下，学校将理想信念教育、社会主义核心价值观教育、中华优秀传统文化教育、生态文明教育、心理健康教育等内容融入学校教育的各个年级段。

低年级段，重点培养行为习惯。杰克·霍吉在《习惯的力量》中指出："行为决定习惯，习惯决定性格，性格决定命运。"也就是说行为习惯是一个人性格的起点。学校以年级为单位，将低年级的行为习惯用孩子们喜闻乐见的儿歌形式编写、传唱出来，然后指导学生日常行为、学习、交友过程，用有效的措施，去约束调整，帮助学生优化他们的行为，并养成习惯。

中年级段，重点形成价值观。学校在教育学生践行某项行为规范的时候要求学生对此有一个价值的判断，明确为什么要这样做，这样做的意义是什么？

要让他们知道这样做是立足于社会的一种基本规范,是大众的共识,应当自觉遵从。当这种意识潜移默化地形成在学生的大脑中,就成为他们看待这些行为规范、习惯的一种价值体系,也就是他们个人的价值观。它不会因环境的变化、突发的变故导致行为习惯的轻易改变。

高年级段,重点确立理想信念。学校将理想信念教育与爱国主义教育、道德教育、自我管理教育结合,在课堂与实践活动中,形成良好的品质和行为习惯,最终促进崇高理想的实现。

理想信念是小学生道德教育的旗帜。学生确立了理想,人生就有了目标,就会产生动力,对自己的成长有较高的要求,从而树立正确的世界观、人生观和价值观。

三、途径一体化,搭建"和悦少年"成长平台

学校将德育、教学、少先队、后勤等部门联合,横向融通课程、文化、活动、实践、管理五大校内育人途径,多管齐下;根据学段育人目标要求,用好相同模块、相近题材、相关内容,开展全方位、多载体同步育人、联动育人实践,形成合力,提高育人实效。

(一)课程育人

学校从基础性课程、拓展性课程、研究性课程三个层面整体打通梳理,让"微笑教育"始终贯穿于课程实施全过程,落实"五育并举"。

学校充分发挥课堂教学的主渠道作用,将《古城第二小学和悦少年评价标准》内容细化,落实到德育课程的教学目标之中,融入渗透到教育教学全过程。强化学科教学德育渗透,充分挖掘不同学科教学中的德育因素,采取学生易于接受的方式糅合在课堂学习活动中,让知识习得、能力获取和情感态度价值观的教育有机融合,达到意识形态教育润物无声的状态,凸显学科

的德育价值。

1. 国家课程

利用班会、校会等课堂使学生全面了解《古城第二小学和悦少年评价标准》；抓住落实立德树人根本任务的关键课程道德与法治课，结合其他学科课程特点，根据学科的教育教学任务、学科特点、学生的年龄、心理特点和该学科特有的知识体系编排，发掘学科德育因素，有机地渗透德育内容。

2. 地方课程

学校将市区两级地方课程，如《中华优秀传统文化》《我爱家乡石景山》和专题教育，与国家课程相融合，弘扬中华优秀传统文化，凸显地方特色，对学生进行爱国主义教育。统筹安排开展法治教育、廉洁教育、文明礼仪教育、心理健康教育、劳动教育、环保教育、毒品预防教育等专题教育。

3. 校本课程

开发《海棠宝宝话安全》安全教育读本，通过预防和应对社会安全、公共卫生、意外伤害、网络、信息安全、自然灾害以及影响学生安全的其他事故或事件六个模块，帮助和引导学生了解基本的保护个体生命安全和维护社会公共安全的知识和法律法规，了解保障安全的方法并掌握一定的技能，逐步形成安全意识，养成在日常生活和突发安全事件中正确应对的习惯，最大限度地预防安全事故发生和减少安全事件对学生造成的伤害，保障学生健康成长。

开发《海棠宝宝好习惯》文明礼仪读本，根据学生年龄特点和认知水平确定文明礼仪教育的内容体系，从学生基本的谈吐、举止、服饰等个人礼仪，以及在家庭、校园、公共场所等社会生活领域的交往礼仪入手，通过名人名言、海棠宝宝讲故事、案例分析、好书推荐等形式，重在培养学生良好文明习惯。让学生掌握基本的礼貌、礼节规范，在学习、生活实践中初步养成讲文明、讲卫生、讲秩序、讲公德的良好习惯。

4. 实践类课程

通过项目式学习，以社团课程、红领巾广播、七彩阳光电视台等为载体，将爱国主义、法治教育、身心健康、卫生安全、生态文明等内容融入学生学习生活；

通过社会大课堂等研究性课程，习得知识，养成习惯，拓展能力。

（二）活动育人

精心设计、组织开展主题明确、内容丰富、形式多样、吸引力强的教育活动，在学生中开展理想信念教育、社会主义核心价值观教育、中华优秀传统文化教育、生态文明教育、心理健康教育等，教育和引导学生热爱中国共产党、热爱祖国、热爱人民，爱亲敬长、爱集体、爱家乡，了解中华优秀传统文化和党的光荣革命传统，理解日常生活的道德规范和文明礼貌，形成规则意识和民主法治观念，养成良好生活和行为习惯，具备保护生态环境的意识，形成诚实守信、友爱宽容、自尊自律、乐观向上等良好品质。

1. 理想信念教育

利用中国共产党成立100周年重要纪念日，开展"红心向党，少年先行"主题教育活动。通过规范升旗仪式，少先队员与党员教师共升旗、和党员教师共讲故事、入队仪式、阅读红色经典文艺作品、邀请革命先辈进校讲座、参观抗日战争纪念馆等综合实践活动等，了解中国共产党团结带领全国各族人民进行革命、建设、改革实践的光辉历程，不断增强对党、对祖国、对人民、对社会主义的热爱之情，传承红色基因，坚定理想信念，磨炼坚强意志，努力成长为社会主义建设者和接班人。学校选拔36名优秀少先队员，组建了"古城第二小学国旗护卫队"。在周一、重要纪念日、重大活动时，学生迈着整齐的步伐，伴着铿锵的口号，在雄壮的国歌声中，护卫着鲜艳的五星红旗冉冉升起。

2. 社会主义核心价值观教育

用好"疫情"这本时事教科书，开展"团结就是力量"主题教育活动。从医护人员和研究人员的身上，学习敬畏、珍惜生命，明白责任、担当和奉献是人生的价值；养成日常防护习惯，增强自我防护、保护生命的能力，以及防疫应变能力。学习平凡人的抗疫故事，培养学生热爱生活、关爱他人，做一个对社会有贡献、以实际行动报效祖国的人。学习疫情全球蔓延之时，我国的担当和责任，深刻理解人类命运共同体理念。

结合2022北京冬奥契机，开展"北京冬奥，你我同行"主题教育活动，通过"伴冬奥""画冬奥""话冬奥""知冬奥""滑冰雪""舞冬奥"等系列活动，使学生积极参与奥林匹克教育，学习奥林匹克知识，感悟奥林匹克精神，体验冰雪运动的魅力，享受体育带来的欢乐，用自信、友善、包容的精神面貌结交更多朋友，展现"冬奥小小东道主"的良好形象。

3. 中华优秀传统文化教育

学校开展"传统文化嘉年华"活动，并设计开展了星空夜读、儿童版飞花令、二十四节气连连看、创意书签、制作书中人物等19项趣味传统活动，充分体现了学校丰富多彩的学生文化，激发了学生的阅读兴趣，营造了校园的书香氛围，增强了学生传承中华优秀传统文化的意识。

"墨香留古韵，雅颂谱新曲"传统文化展示活动，以学生在校学习生活片段为线索，通过致知格物、明仁见礼、笃实力行、传习斯文四个篇章，带领学生寻踪传统文化之源、学习礼仪规范、传承传统美德，生动地展示了古城第二小学探索传统文化的研究与创新中培养学生发展所取得的成果。

4. 生态文明教育

结合石景山区创建文明城区工作，扎实落实《古城第二小学和悦少年评价标准》。在每个楼层设立学雷锋志愿岗，学生在垃圾分类、环境卫生、楼内秩序、节水节电节粮、文明礼仪等各方面进行提醒、检查、纠正。结合"奥森健步走，环保我先行"社会大课堂，寒暑假期社区报到，做好"小小社区志愿者"等实践活动，培养学生生态文明习惯，建立生态文明意识，将保护生态环境的思想扎根在学生们的心里，培养学生的社会责任感和使命感。

5. 心理健康教育

学校依托《和悦少年微笑发展》成长手册，学生围绕育人目标，记录自己的成长历程，感受自己的成长变化，每学期开展自我评价，通过了解、实践、感悟、评价，建立起认识自我的意识，提高自主自助和自我教育能力，发现并发扬自身优势，客观看待自身不足，并勇于克服，既赏识又悦纳，逐渐树立自信，形成积极的自我概念，培养良好的心理素质，促进身心全面和谐发展。

（三）文化育人

1. 打造"微笑教育"文化格局，优化育人环境

学校秉持"微笑教育"赏识与悦纳的核心内涵，在校园文化建设中，给予学生充分展示的空间。悦尚楼设计为学校艺术博物馆，将日常社团学生的编绳、陶艺、纸工、剪纸、衍纸等作品完善布局，进一步提升学生的鉴赏和审美能力，感受祖国优秀文化的传承。悦知楼将四组楼梯设计成"悦爱祖国""悦尚文明""悦动健康""悦展风采"四大主题，组织学生用自己的建言、摄影、书画、小报等作品进行布局，全面对学生进行爱国、文明礼仪、健康成长的教育。学生在参与校园文化建设的过程中，塑造共同的价值观念和共同遵循的行为准则，使学生的行为方式逐渐养成习惯，再变成稳定的行为模式，让他们浸润在愉悦和谐的校园文化中，达到和谐校园，美美与共。

2. 形成文化志读本，浸润育人理念

随着学校校园文化的理念体系和实践体系逐步完善，并深入人心。学校对文化石、校徽、校花、校训、吉祥物等校园文化重要标识进行内涵解读、成果梳理提炼，最终形成《微笑古二文化志》读本。让学生了解其独有的特色景观，理解学校文化内涵，感受办学思想，进一步达成自我教育的实效，成为优雅自信、乐学善思、大气包容的和悦少年。并通过家校协同，让家长理解学校文化，达成对学校办学理念的认同度，提升学校的"微笑教育"办学品质，发挥教育的最大功能，扩大社会影响力，提高关注度和认可度。

（四）协同育人

学校组织、协调家庭、社会各方面力量共同参与学生发展的全过程，创建学生行为习惯培养的教育环境，形成教育的合力，为学生的终身教育打下坚实的基础。

1. 挖掘学校发展的共同决策人

学校组建一支注重奉献、沟通、责任、有格局的校级家委会队伍参与学校建设。作为学校发展的共同决策人，在学校"十四五"规划、营养餐、操场维修、新生分班、校服等工作中，提出合理化的意见和建议，共同创建学生全面成长的环境，达到家校教育和谐统一。

2. 鼓励班级特色的共同建设者

指导组建每个班级的家委会，倡议充满智慧和奉献精神的家长积极投身到这个公益群体，分别组建班级活动部、安全部、宣传部、资源部。他们主要参与班级建设，跟班主任老师共同建设、管理、协调班级事务，促进班级特色的形成与发展，营造和谐的育人氛围。

3. 学生教育导师的共同践行者

家长作为学生《和悦少年微笑发展》成长手册的评价者，和老师一同关注学生行为习惯、学习习惯及交往习惯养成。帮助孩子自我定位，引导孩子自主选择，带领孩子成长探索，发现成长过程中的优势与劣势，做孩子行动的榜样，共同陪伴孩子健康、快乐地成长。

4. 家校共育课程的共同实施者

邀请在某一领域有所研究，有所建树，有所思考的优秀家长走进校园，走上讲台，为学生传道、授业、解惑，既为家长和学生之间架起了一座传递文化与爱的桥梁，同时为家长提供了一个广阔的平台，发挥各自优势填充学校教育资源的空白。提升家长主人翁意识，参与班级与学校的建设。增进家校两极的沟通了解，最终实现教育的合力最大化。

学校还会通过家长会、家长志愿者、家长学校等多种形式，帮助家长积极主动地学习家庭教育方面的知识、方法，有效提升家长科学育人的教育水平。针对幼升小、低年段升中年段、毕业年级等不同家长的需求，举办多种形式的学习研讨交流活动，满足家长的个性化需求，有针对性地对学生进行家庭教育。

四、评价一体化,促进"和悦少年"全面发展

德育一体化建设需要改革德育的评价方式,发挥德育评价的导向、激励和矫正的作用。学校依托《古城第二小学和悦少年评价标准》,研发和制定了"'海棠花开'和悦少年发展评价平台"和"和悦班级日常行为规范评比表",以促进学生和班级全面发展,共同成功。

1. 平台助力和悦少年成长

"'海棠花开'和悦少年发展评价平台"充分利用现代化信息教育技术,它以"点亮海棠花开"为激励手段,探索学生、家长、教师参与评价的有效方式,客观记录学生品行日常表现和突出表现,从尊师守纪、学习进取、身心健康、科技艺术、环保节约、社会实践、阅读成长、献计献策等八个方面对每个学生的成长过程进行观察、记录与分析,借助数据的动态量化和真实描述,多元化、多角度地进行激励性评价。

平台了解学生的过去,重视学生的现在,着眼学生的未来,体现了对学生发展的关怀,发现了学生的潜能,帮助学生认识自我,建立自信,使每个学生更加热爱自己,悦纳自己,超越自己,从而促进学生全面而有个性地发展。

2. 评价助力和悦班级成功

学校制定"和悦班级日常行为规范评比表",对学生日常行为习惯进行督促、管理。德育处和少先大队组织大队委及中队干部进行日常检查。针对佩戴红领巾、公共秩序、垃圾分类、两操等情况对学生行为习惯进行检查、督促、评比。学校将"和悦班级日常行为规范评比表"进行每日公示,每周总结,每月表彰,同时将该班级的事迹进行宣传。和悦班级的评比过程就是在树榜样、学榜样、做榜样的过程中,发现并鼓励班级文明行为,树立年级榜样班级,促进"和悦少年"养成习惯和和悦班级的建设,逐步实现和悦班级的自我管理。

学校在德育一体化实践过程中,确立了"微笑教育"的德育目标,营造良性德育氛围,通过多种途径推进学生道德认知、行为养成、实践体悟、创新德

育评价体系，形成了微笑教育下的办学特色的德育一体化体系，达到了美好的教育效果：

> 古雅新韵微妙现，
> 城纳众山笑盈园，
> 二仪和谐教诲谆，
> 小微精进育英才。

郝晓娟　石景山区古城第二小学

参考文献

[1] 教育部关于印发《中小学德育工作指南》的通知,中华人民共和国教育部政府门户网站, http://www.moe.gov.cn/srcsite/A06/s3325/201709/t20170904_313128.html.

[2] 金钊. 小学德育课程中学生核心素养的培育 [J]. 新课程（综合版），2017（10）5-6.

[3] 朱永新. 明德至善, 绽放人性芬芳 [J]. 教育研究与评论, 2020（10）4-6.

[4] 李孝铃. 浅谈小学意识形态教育活动设计的思考与实践 [J]. 求知导刊, 2019（8）7-8.

新时代家校协同育人策略

内容摘要 新时代对教育提出新期待,学生的成长需要学校教育、家庭教育、社区教育协同发挥作用。共治分层协作策略,以三级和委会的管理模式,处理好家校分工与协作之间的关系;课程体系构建策略,以家长学校为载体提升家庭育人水平,处理好个体与系统之间的关系;打破壁垒融合策略,本着"我们共同的孩子"理念,建立一种以儿童为中心的新型伙伴关系,处理好合作伙伴之间的共生共享关系。家、校、社形成"1+1+1"之和大于"3"的教育形态,合作共育的"磁场效应"。

关键词 协同育人;学校和谐管理委员会;家长学校;新型伙伴关系

要办好教育事业,家庭、学校、政府、社会都有责任。全社会要担负起青少年成长成才的责任。学校教育、家庭教育和社会教育在时空上就要形成一个整体,同频共振,协调一致,取长补短,相互兼容,形成协同教育效应,取得最佳的教育效果。

学校教育是学生成长的重要组成部分;家庭教育是一切教育的沃土;社区教育是学生成长的人文环境。学校、家庭和社区在一定意义上都是不同的学习空间,必须处理好个体和系统之间的关系,处理好分工和协作之间的关系,处理好合作伙伴之间共生共享的关系,给孩子营造一个积极健康的学习环境。形成家校社合作共育中的"磁场效应",会让所有参与者产生精神共振,这将是一种理想的立体化、大教育状态，共同为学生的真实成长、终身发展营造良好环境。

一、家校协同育人背景

新时代对教育提出新期待，尤其强调学校教育、家庭教育、社会教育的协同育人功能。随着时代的进步，家长们对孩子教育的关注度明显提升，对家庭教育的重视程度明显增强。学校更应发挥好协同效应，协调家校协作方式，调动家社资源，营造更有利于儿童健康快乐的成长大环境。

二、家校协同育人策略

（一）共治分层协作策略

共治指的是多元主体参与的共同治理，它需要多方合作的体系结构，需要适当分权的治理系统。学校就以三级"学校和谐发展管理委员会"（以下简称和委会）的管理模式，组织构建家、校、社协同育人共同体，秉承共商、共建、共享、共赢的原则，处理好家校分工与协作之间的关系，助力学生成长、推进学校发展。

学校和委会的委员每学年伊始进行改选，设立班级和委会委员3人、选举出年级和委会委员3人（可兼任班级和委会委员）、推选出校级和委会委员1人（可兼任年级和委会委员）。家长们首先本着自愿的原则，在班级中进行申报，由班主任和家长们商量选定三位班级和委会成员。年级各班选出的班级和委会成员，在年级组长的组织下，再选举三位年级和委会成员，并从其中推选出一位校级和委会成员。"1+3+3"的三级和委会工作模式分层协作，架起了学校与家庭之间、家庭与家庭之间、学校与社会之间沟通合作的桥梁，也形成了家校之间的双向互动，对学校的大情小事进行通报，集中话题大家讨论，日常事务共同监督，形成了自上而下的共识，也打通了自下而上的渠道，建立起有助于学生成长的教育联盟，形成共治发挥合力共同育人。

1. 校级和委会，协调保障助力学校成长

校级和委会委员由每个年级推选一名家长和学校的领导干部组成。定期召开工作会交流学校工作，学校的育人理念、发展愿景、发展和改革进程中的重要举措，学校重要的活动和成绩，等等。通过联席会议的方式，家校共同完善了学生食堂的配餐制，在中学部实施选餐；共同商定了学校家长志愿者团队的工作内容，确保学生上下学交通安全；共同确定方案，丰富校服款式，满足学生在校参与各项活动的需求。

同时，校级和委会的几位成员又分别与校内相关工作部门组建"膳食委员会""校服委员会""医疗委员会""法务委员会"等，深入协同管理学校相关事务。膳食委员会的工作群里，学校的工作负责人会提前公示每周学生的食谱和营养配比量化表，会以拍照、小视频的方式实时呈现学生们在食堂就餐和餐点供应情况，家长成员们也会对就餐中口味改善提出建议，会及时地把广大家长们反映的问题进行沟通。校服委员会的成员们与学校的相关工作负责人一起，全程参与校服厂家的遴选、校服日常质量的监督，及时反馈学生和家长们在校服工作中的建议，与学校共同寻求解决问题的办法。

校级和委会成员们还积极调动社会资源，主动协调多方力量帮助学校解决实际困难。在"双减"政策背景下，学校积极组织开展课后服务，同时也面临巨大的交通压力所带来的安全隐患。和委会家长协同交管部门，进一步规范学校门前交通标志和安全提示，减少占道停车车位、增加临停车位，划设学生上学通道，分流机动车、非机动车和行人。和委会启动逐层管理机制，年级和委会每天安排家长在上下学高峰期值守协助学校管理，上学时的停车下车、放学时的有序排队，达成了"手递手"的目标，确保了学生的安全有序，也缓解了学校上学放学时门前交通对社会的影响。

2. 年级和委会，出谋划策推进年级发展

由每个班级推选的一位家长代表组成的年级和委会，不但在学校的各项活动中大显身手，更是积极策划组织召开各具特色的年级主题教育活动。

年级和委会组织的家长志愿者，参与到学校的校园周边环境治理，学生上下学高峰时期的安全保障等日常工作的服务；也参与到学校的运动会、校庆，各种演出、比赛等重要活动的协助。在参加志愿服务活动的过程中，家长们了解和认识学校的工作和活动，既是参与者，又是宣传员，而且得到了更多的家长、家庭其他成员及社区人士帮助，共同支持学校和学生的发展。

年级和委会成员在组织年级主题活动的过程中，与年级组长讨论制定活动主题，设计活动形式。年级组教师围绕主题，负责把控整体方向，组织学生参与活动；年级和委会家长根据活动需要，协助教师辅导学生，联系专家及校外资源围绕主题开展线上讲座、提供录制场景与设备等，形成年级范围内的家校社融合场域。学生在高水平活动平台中，充分参与，深度思考；家长在提供协助和认可学校教育的同时，丰富了教育资源，提高了学校主题活动质量；教师在组织设计中从家长、社会资源中不断学习，整合学校教育与社会资源的过程中提高育人水平。

3. 班级和委会，积极参与建设班级文化

每个班级有三位班级和委会成员，他们深入班级管理教育活动，引领家长积极参与班级环境建设，推进家长进课堂等活动，成为班级育人活动的组织者和参与者，在班级文化建设中起到了至关重要的作用。

班级和委会成员组织家长进课堂系列活动。家长们根据自己的领域专长，走进学校，走上课堂，为学生讲解各学科领域的知识。航天知识讲堂展示了我国航天技术的领先地位，中国高能物理所教授进行《宇宙与粒子探秘》的科普讲座，牙科医师为学生带来了爱牙护牙常识，热爱烘焙的妈妈带着孩子们制作小饼干……从优势领域带来的民族自信，到播下小小的职业梦想，从专业的学科知识，到动手操作中激发的热爱生活的情感，学校教育在家长的参与中激活了生命力，展现了社会不同领域的面貌。

在班级和委会的基础上，家长们还结成不同的家庭小组，对共同感兴趣的问题开展交流、组织活动。有的家庭小组一起带着孩子们到户外踏青锻炼，有的家庭小组定期组织孩子们体育锻炼，有的家庭小组一起组织孩子们参与社区活动、参加博物馆志愿服务活动，有的家庭小组就孩子在学习和成长中遇到的问题进行交流。班主任在各项小组中进行监督协调，符合班级教育需求的则直接升级为班级整体活动。家校互动不仅提高了频次，也在班级氛围内组成了信息沟通网，改善了原有家校单线单项信息疏通的模式。

家长与学校基于合作的态度、坚持信任的基础、本着支持的原则，建立起了一种有文化、有目标、可持续的合作伙伴关系，努力促进所有父母贴近并了解孩子，帮助孩子完成优质教育。学校和委会则以支持学生的教育工作为原则，支持学校在创造有利的学习环境方面所做的任何努力。三级分层的管理，使大家在各自的层级中发挥着作用，从而达成协同共治的目标。

（二）课程体系构建策略

身处大教育观背景之下的家庭，家庭教育的观念应该是更加系统和科学的。只有更多的家庭具有更加健康顺畅的亲子关系和科学的育人理念，家长与教师在沟通上才能达成一致，才能更为通畅，更为有效，才能整体提升社会的育人大环境。

家长学校纵向建立系列课程，自新一年级未入校之前的准备工作开始，到高三年级的高考前的家长陪伴，小学、初中、高中的起始年级如果顺利过渡，小学、初中、高中各学段的毕业年级要注意些什么，帮助家长在孩子成长的各个阶段认识孩子的身心发展特点，丰富有关家庭教育的知识，提升养育子女的技能，为各年龄段孩子的学习和发展创造良好的家庭环境（见表1）。

家长学校横向开设不同的板块针对普遍关切问题，心理教育、情绪疏导、亲子关系、家庭教育、青春期孩子的沟通等，为家长提供有需求的教育项目，解决遇到的实际问题和困惑（见表1）。

表 1　家长学校课程体系构建

		学段衔接	培养习惯	同伴交往	情绪疏导	家庭教育
小学	一年级	幼小衔接	如何培养孩子养成良好学习习惯	小学生人际交往	学习正面管教	家庭教育中父母的功能与职责
	二年级					
	三年级					
	四年级					
	五年级	面对初中			认识青春期的孩子	
	六年级	小初衔接	如何提升孩子学习动力	中学生人际交往		
初中	七年级					
	八年级					
	九年级	走向高中	父母善学习，亲子好沟通	高学生人际交往	生涯规划：点亮高中	如何与孩子有效沟通
高中	高一年级	初高衔接				
	高二年级					
	高三年级	面对高考				

表1简要呈现了学校12年家长学校的内容，其中既体现了各学段学生的特点，也体现了学段间内容的衔接。家长学校采用线下和线上相结合的方式开展，线下的教学，现场的代入感和互动性更强，内容更有针对性；线上的教学，时间和空间更灵活自由，内容适合相近情况的家长学习。家长学校的线上部分采用实名制注册，定期会对参与学习的家长情况进行反馈，对积极参与学习的家长进行表彰，也开设家长分享学习体会和育人经验的交流板块。

越是热衷于学习的家庭，与学校教育的同一性越高，学生在家庭与学校的共同努力下，目标越明确，行为更一致，特长更突出，成长越顺利。家长学校为家庭打开了一扇了解教育，认识教育，正确教育的大门，也为老师建立起稳定的后援支持团队，最终为学生创建出和谐的教育氛围。

（三）打破壁垒融合策略

学校、家庭和社区之间要淡化边界打破壁垒，本着"我们共同的孩子"理念，建立一种以儿童为中心的新型伙伴关系，通过发展学校、家庭和社区的合作伙伴关系来完善学校管理，增强家庭参与意识，帮助学生获得成功。

1. 大手拉小手，家校教育结合

学校、家庭和社区形成合作伙伴关系，对孩子的成长共同承担责任，形成围绕学生的关怀型共同体。

学校开展培养阅读习惯的主题教育活动，家庭根据孩子的特点与个人兴趣，开展家庭读书会，在亲子共读、亲子交流的过程中坚持每天定时阅读，进而提高学生在校参与阅读的积极性，将团体阅读辅导与个性阅读交流相融合，以学校目标与方法的指导为基础，家庭长效阅读活动为辅助，促进了学生阅读习惯的养成。同时，学校组织阅读展示活动，鼓励孩子用表演、亲子互动、小组齐诵等多种方式展示自己的阅读成果，固化了已有的阅读习惯，展现了家庭阅读成果，创造了家校协同背景下的良好阅读氛围。这样的展示活动，也为不同家庭提供了更为宽泛的阅读视野。与此同时，社区在硬件上配备了自助式图书借阅站，将区级图书馆的书籍下放到各个社区，方便居民随时借阅，有效丰富了家庭阅读的广度。

儿童处于所有互动和影响模式的中心地位，学校、家庭、社会建立起共同的目标并发挥合作、互补和支持作用时，更有利于促进学生的成长。

2. 小手拉大手，拓展教育空间

叶圣陶先生说，儿童不仅是家庭中的子女，学校中的学生，而同时更是国家的儿童。善待儿童，就是善待未来。家庭和社区应成为学校的教育合作伙伴，在教育中实现各自的角色，在协同的氛围中进行有目的的合作，以帮助学生更好地学习和发挥更大的潜能，达到可持续发展的结果。

学校组织的垃圾分类宣讲活动中，学生们在城市管理委员会专业老师的指导，带着掌握的知识，与家长一起准备宣讲内容和需要的道具，一方面带动了背后的家庭共同参与，补充素材，提高宣讲质量，另一方面也带动影响了家庭对垃圾分类的重视。宣讲团成员走进低年级课堂，用自己的行动，感召学弟学妹参与到坚持垃圾分类的活动中来，又带动了更多的家庭坚持在生活中进行垃圾分类。特别是在《北京市垃圾分类管理条例》颁布之后，学校以这种"小手拉大手，一点带多面"的活动形式，掀起了垃圾分类宣传教育的热潮。随后，在垃圾分类小调查、垃圾分类我来讲等多项假期活动中，引导学生在家实施垃圾分类，在社区中关注垃圾分类现状，并鼓励学生大胆提出自己的想法，把垃圾分类意识直线贯通到生活实践中。

3. 家校社融合，打破教育边界

合作伙伴关系是一种在相互信任和相互尊重的基础上建立起来的平等、健康的合作关系。有效的合作都是在大家的相互支持、帮助和理解中建立起来的，团队共同努力所获得的激情和斗志远远大于一个人所得。

学校聘请热心家长为校外辅导员，协助学校组建学生志愿团体，负责志愿活动的报名组织和提供校外公共场所志愿服务机会。这其中，校外辅导员根据不同学生的年龄特点与需求，寻找多元化的志愿服务活动，或是发起社区周边的志愿服务活动，同时在校内进行活动宣传与组织工作。志愿团体成员根据自己的擅长，有选择地参与校内外活动，不仅增加了参与社会的机会，更在活动中感受到志愿者精神。这样，志愿服务成为常态化活动，参与活动的学生人数日益增多，志愿服务的意识日益牢固，志愿服务的氛围日益浓厚，学校整体文化建设中又多了一抹亮色。消除了学校教育的壁垒，家庭和社会为学校教育提供了更宽广的平台，更高的视野，有力地补充和拓展了学校教育资源。

学校、家庭、社区是教育利益相关者，应以"我们的孩子"为共同原则，形成互相理解的教育合作伙伴关系，把学生放在第一位，产生协同效应，提升教育功能，形成"1+1+1"之和大于"3"的教育形态，在全社会营造一种共同教育的氛围。

范浯京　北京景山学校远洋分校

参考文献

[1] 赵澜波. 新加坡学校、家庭、社区协同教育组织概况及启示 [J]. 世界教育信息，2020（1）：33–36.

[2] 张志欣，张建波. 美国家校社合作的交叠影响域理论及启示 [M]. 王承渲，杜波译. 北京：北京师范大学出版社，2018：261–270.

加强学校课程顶层系统设计
丰富课程供给落实双减精神 *

内容摘要 课程是学校发展的内核,是学校核心竞争力,是培养学生德智体美劳全面发展的重要载体。为了更好落实双减精神,丰富学校课后服务课程供给,构建高质量的学校教育体系,就需要学校加强课程建设的顶层系统设计,只有将课后服务作为学校教育的重要一环,才能更好地发挥学校教育主阵地的作用。北京大学附属中学石景山学校课程建设在这方面做出了十分有益的尝试和积极探索,与双减工作精神完美契合,构建了以提升学生综合素养和能力的校本课程体系,极大丰富了学校课后服务的课程供给,较好满足了学生多元与个性发展需求。

关键词 课程建设;顶层系统设计;全面主动发展

2021年7月,中共中央办公厅、国务院办公厅印发了《关于进一步减轻义务教育阶段学生作业负担和校外培训负担的意见》(即"双减"),明确提出"提升学校课后服务水平,满足学生多样化需求"[1]。2021年11月26日,北京市教委刘宇辉主任在光明日报的文章《"双减"引发的新时期教育思考》对双减工作的意义和价值有了更加深刻清晰的认识:"双减"工作是贯彻落实习近平

---

* 本文系北京教育科学"十三五"规划2019年度一般课题《集团化办学背景下学校课程改革与发展的实践研究》(课题编号:CDDB19256)的研究成果。

总书记关于教育的重要论述的生动实践,是贯彻落实新时期党的教育方针的必然要求,是教育发展理念的回归、教育生态的重塑和教育治理的创新,必将促进基础教育领域的深刻变革,最终实现去功利化、回归公益化,去应试化、回归素质化,去焦虑化、回归理性化,让孩子全面发展、健康成长[2]。

为了真正实现"双减工作"要求,增加校内教育教学吸引力,发挥学校教育主阵地的作用,构建高质量学校教育教学体系,关键在于学校课程,丰富课程供给,增加课程吸引力[3]。北大附中石景山学校始终致力于学校的课程建设,通过构建"基础学科类课程、学校特色类课程、综合实践类课程、学生成长类课程"四大类课程,逐步形成能够"满足学生发展需要的、可供学生选择的科学的、丰富的"校本课程体系,既与双减工作精神完美契合,又较好地促进了学生全面而有个性的主动成长,也实现了学校由基础薄弱校到优质校的跨越发展。

一、以基础学科类和学校特色类课程建设为契机,增强教师课程理解力,提升课堂教学质量

学校课程建设不能一蹴而就,是一个循序渐进过程[4]。基于校情,学校首先推进课堂教学变革,通过各种方式方法不断改变提升教师的教学理念和教学方式,随之课堂教学持续推进,基础学科类课程建设也就水到渠成。可以说,课堂教学变革,改变的是教师的教学理念和方式,而教学内容构建和丰富取决于学校课程建设。学校教学变革促进了学校课程建设,学校课程建设又反哺于课堂教学变革,让课堂教学变革更加深入持续进行。

学校课堂教学变革的初衷和目的是让学生学会思考,学会学习,学会规划,全面主动发展,不断提升核心素养,成为德智体美劳全面发展的建设者和接班人。

课程建设伊始,就我校大部分教师而言,对课程理解还停留在课程即教材,或课程即活动。随之学校课堂教学变革持续深入进行,课堂教学不断要求教师

从"目标,内容,实施和评价"等维度,评价和反思课堂教学效果。这样,也就极大地促进了教师对课程四要素"目标,内容,实施和评价"的理解,从做学科学案做起,在实践中不断提升课程理解能力,不断加强教师培训和实践,收效较好。学校在基础学科类进行了如下工作:

(一)完善、固化学案和学科课型成果

学案撰写和课型梳理持续推进,不断修改完善,固化成果,有效支撑学校课堂教学变革。继续完善修改第一版本"学案范例",完善不同课型的教学范式,使其更加科学合理化,同时便于实施和操作。组织教师努力探索、开发不同课型的课例或课程,案例或课例更加丰富。学校语文课型分类及其流程图如下:

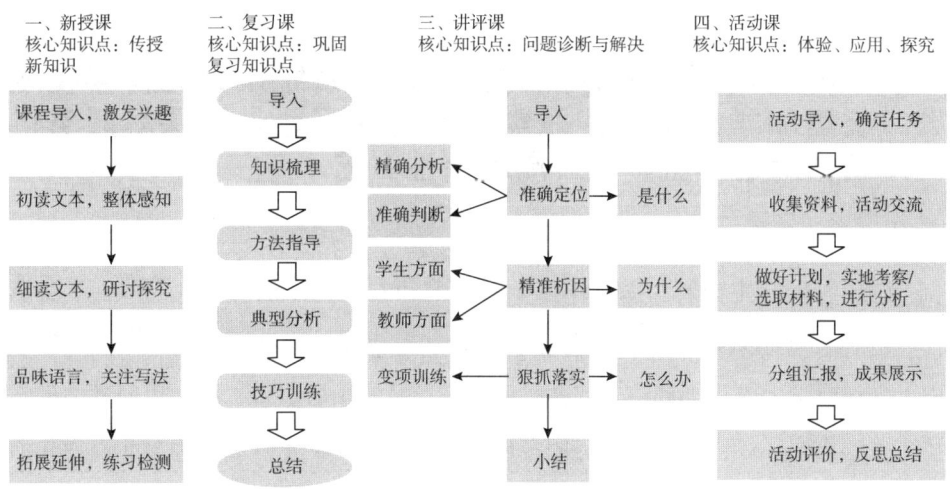

图1 北大附中石景山学校语文教研组的四种课型流程图

(二)各学科阅读工作探索和建设

阅读是各学科进行教学的起点,教会学生学科阅读,掌握学科阅读技巧,是每个学科必须高度重视的事情,每学期各学科不断探索学科阅读方式方法,在上一轮的基础上总结梳理完善新一轮的成果,形成学科建设的成果。

（三）学科资料的整理和各年级各学科题库和错题库的建设

各年级各学科教师每周及时将教学过程中的经典题目和学生经常出错的题目进行整理上传，形成本班级本年级的题库，既方便自身今后复习，又为其他任课教师提供素材，将有利于我校教学成绩的提升。

（四）着力推进各学科特色课程建设

依据各学科活动、任务需求整合知识与技能等内容，根据学生认知层次和学习层次分为初级、提高和研究三个层级，整合各学科知识，进行融合课程，重点开设人文和学科两大实验类课程，例如物化生学科以"主题实验"教学为主线，系列设计课堂教学，极大促进学生探究和动手操作能力。

二、以开阔视野和提升能力为基点，系统设计完善学校成长类和学校综合实践类的课程体系，丰富课后服务供给，满足学生多元发展和个性需求

为了开阔学生视野，激发学生学习兴趣和爱好，让他们学会学习，学会选择，选择自己的兴趣和爱好，选择学习的方式和习惯，直到选择未来的发展方向。学校对学生成长类和综合实践类课程进行系统顶层设计，将课后服务纳入学校工作的重要一环，在丰富课后服务课程供给的同时，重点以学生多元发展和个性发展需求作为课程设计和实施的出发点，以学生参与积极性和反馈作为课程评价的基点，以提升课程对学生的吸引力和影响力，真正发挥课程的育人功能。

（一）以学生成长类课程，健全学生人格和培养学生良好心理品质

学生成长类课程，重点是对学生世界观、价值观和人生观的养成教育，遵

循孩子成长规律，建立适合不同年龄特点的学生成长教育系列体系，各年级确立了德育工作的关键点和科学的活动安排，旨在培养学生形成积极健康的人格和良好心理品质，强化学生的社会主义核心价值观，培养学生面向未来的综合素养。例如结合我校德育工作特色"三大法宝"中的追忆，参加课后服务的学生，都能认真独立完成当天所学课程的"追忆"，真正实现了在学校扫清知识障碍，夯实落实基础知识，真正实现了减负增效。

（二）以综合实践类课程，开阔学生视野，提升学生综合能力，增加课程吸引力

综合实践类课程旨在培养学生的人际沟通能力和综合研究能力，打破年级、班级限制，以课题组的方式组建，用项目方式进行开展，以成果为导向，充分体现学科育人价值，注重学生个性和兴趣的培养。综合实践类课程的选修课和俱乐部课程极大促进了我校课后服务工作开展，逐渐成为区域课后服务工作的一大亮点和特色。

1. 丰富多彩选修课程供给，不仅开阔了视野和提升了能力，更满足了学生个性需求和发展

到目前为止，我校选修课形成了5大系列：文化类、体育类、艺术类、科技类和军事类，每学期每年级大概40多门选修课，力争让"学生养成一项不以此为谋生手段的爱好和特长"。

体育、艺术和技术（劳动）课程对学生发展有着独特育人价值，体育不仅强健体魄而且磨炼精神和意志，艺术熏陶学生气质，技术（劳动）培养学生科技意识和能力，提升学生对问题的认识。鉴于此时，学校从开始就着手体育、艺术和技术类课程建设，打破年级、班级限制，以项目的方式组建。目前基本形成了必修+选修+俱乐部的体系。俱乐部课程在选修课程的基础上，选拔在某些领域有专长的学生进行深入的探究学习和特长培养，目前学校有将近20个俱乐部供学生选择。体育、艺术和技术课程体系构建如图2所示：

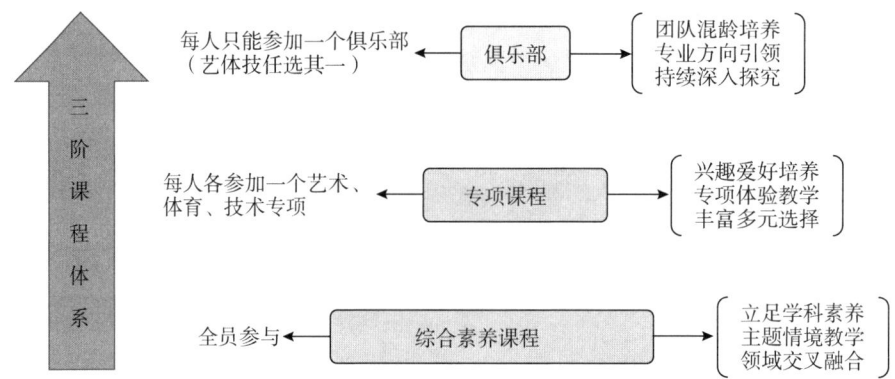

图 2　北大附中石景山学校艺术、体育和技术学科三阶课程体系

学校根据学生发展需求设立综合实践处，与北大附中集团成员校联合，开展自然之翼、文化魔方·少年行、文化魔方·面面观等多学科融合的研学活动。综合实践类课程以主题、专题的形式对课内、课外的资源进行有效整合，搭建起学校与社会贯通的平台。通过综合实践类课程的选题、开题报告、小组开展研究、论文答辩等环节，学生既能了解和掌握科学研究的思维和方法，也能将学科学习与社会实际联系，有效地培养、发展和提升学生自主发现和解决问题的能力、科学探究精神和综合实践能力。学校综合实践课程体系见图3。

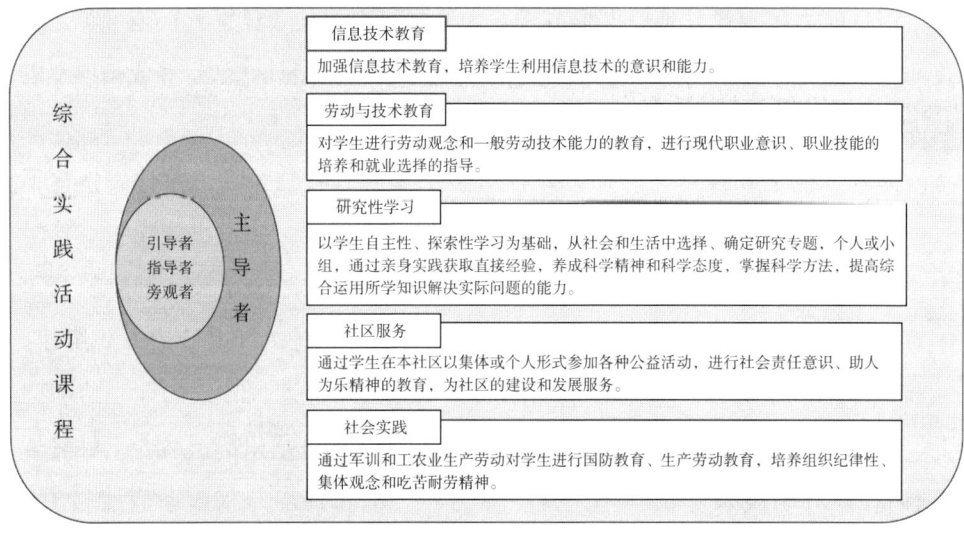

图 3　北大附中石景山学校综合实践活动课程体系

2.自主专业俱乐部课程供给，提升了学生专业自信，培养团队精神彰显个人风采

俱乐部课程在选修课程的基础上，为在某些领域有专长的学生提供更加深入的探究学习和特长培养。根据学生特长发展需求，学校目前成立了20门多俱乐部课程，深受学生喜欢。许多学生在俱乐部课程培养下，在市区级比赛中获得系列荣誉，部分学生在俱乐部课程中明确个人发展方向，考上了相关知名专业院校，由此走上科技、体育和艺术专业发展道路。

表1　学校俱乐部课程，活动时间 17:00 ~ 18:00

序号	体育类俱乐部	艺术类俱乐部	文化/科技类俱乐部
1	轮滑俱乐部	合唱俱乐部	编程俱乐部
2	女篮俱乐部	舞蹈社团	机器人俱乐部
3	啦啦操社团	流行乐队	3D打印
4	足球	管乐团	单片机俱乐部
5	旱地冰球	毛孩子设计社	颗粒艺术俱乐部
6	男篮	戏剧表演俱乐部	集邮阳光俱乐部
7	抖空竹	点今画室	生物探究俱乐部
8	羽毛球俱乐部		模拟法庭

双减时代的双减工作，减掉的是"机械重复的繁杂无意义学习"，不是减掉学生的成绩，反而是对学生能力、思维和创造力的发展提出了更高的要求。学校只有必须牢牢抓住课程建设这一法宝，加强学校课程顶层系统设计，以学生多元发展和个性需求为基点，加强丰富高质量课程供给，才能真正发挥学校教育主阵地的作用，才能真正实现立德树人，培养出更多"德智体美全面发展的建设者和接班人"。

徐文博　北京大学附属中学石景山学校

参考文献

[1] 中共中央办公厅 国务院办公厅印发《关于进一步减轻义务教育阶段学生作业负担和校外培训负担的意见》[EB/ OL].（2021-07-24）.（2021.11.26）. http：//www.gov.cn/gongbao/content/2021/content_5629601.htm

[2]《"双减"引发的新时期教育思考》[EB/ OL].（2021-11-26）（2021.11.26）. https://epaper.gmw.cn/gmrb/html/2021-11/16/nw.D110000gmrb_20211116_1-15.htm

[3] 崔允漷.学校课程建设：为何与何为[J].中国民族教育，2016（21）：8-10.

[4] 王本陆，汪明.学校课程建设的三大趋向[J].天津师范大学学报（基础教育版），2016，17（02）：1-5.

九年一贯制合并学校办学模式的实践研究

内容摘要 九年一贯制合并学校涉及中学和小学不同学段的合并,这种合并学校面临的问题除了学校文化和人员的融合,还面临课程的整合及如何放大九年一贯制学校的优势。笔者所在的学校通过重塑学校文化,凝聚人心;构建九年一贯的德育体系,贯通育人;优化教师整体发展,助力成长衔接等方面的探索与实践,逐步形成了学校的发展特色,促进了学校优质、可持续的发展。

关键词 九年一贯制;合并学校;德育体系;小初衔接

九年一贯制学校把义务教育的小学和初中阶段整合为一个连续、系统的整体,有利于学校整体资源的配置、课程和培养目标的制定以及学生的稳定发展。因此,近些年来,全国各地不断加大九年一贯制学校建设,在北京就有上百所,占全部初中校的五分之一强,而这些九年一贯制学校中相当一部分为合并校。中学和小学不同学段的合并,除了具备相同学段的学校合并的融合问题,还有管理模式、课程整合、教师流动、评价机制等诸多需要解决的问题,能否寻找到恰当的发展策略是影响学校发展的重要因素。基于上述问题,笔者所在学校在探索九年一贯制合并学校办学实践中,逐步形成了一体化发展新模式,促使学校不断提升办学质量,逐渐形成鲜明的办学特色。本文主要从以下三方面介绍我们的思考与实践。

一、集优统整思想聚力，文化融合凝聚人心

合并的学校情况分很多种，但其中中学和小学强强联手的相对较少，多是一强带一弱，亦或是两所薄弱校进行组合。合并的初衷是借合并之机，以优带弱，或者通过调整领导班子，改革薄弱校的校风校貌。不同的学校在发展中形成了本校的一些校风和习惯，具有不同的文化底蕴，有各自的优势，也具备不同类型阻碍发展的问题。特别是薄弱校，还可能存在制度不完善、教师观念落后、内部矛盾等问题。如何将合并校的干部、教师凝聚在一起，形成一支善于创新、敢于担当的干部队伍和师德高尚、积极向上的教师队伍，是合并校的最大挑战。笔者所在的学校就是由三所薄弱中小学合并而成。学校合并，首先是人心的凝聚，而人心的凝聚，则依赖思想的统一。

（一）"优势成长教育"——对文化的传承与发展

合并之初，学校领导班子认真梳理和厘清整合前三所学校数十年发展的文化脉络，总结三所学校不同的精神内涵和办学特点，从而系统规划新学校的整体发展，提出"优势成长教育"的文化定位，描绘出全体教职工共同追求的蓝图。

在系统研究三校合并之前历史的过程中，我们发现有一条"追寻办学特色，构建优势领域，激发学生潜能"的发展思路。无论是中学创办体育传统学校、创建计算机网络特色班，还是小学发展全国具有影响力的管乐队、提出追求卓越的办学理念，都是希望通过特色项目的打造来建立学校的办学优势，形成教师队伍的专业优势，促进学生多元潜能的培养。

而追求卓越的理念也从另一方面揭示了学校以优势育人、以优势治学、以优势提质、以优势增效、以优势制胜、以优势引领的决心。应该说，学校一直在寻找建立优势、实现领先的路径和方法。在此基础上，学校关注教育改革发展的政策，中考改革的出发点归根结底就是真正做到以人为本，把学生放在中

央,发现个人强项,突出个体优势,尊重个性发展;充分挖掘北方工业大学的国家级实验教学示范中心、多个省部级重点实验室等优势,结合我校师生自信心偏弱的不足和勤恳付出的优点,提出"优势成长教育"的文化定位。"优势成长教育"指的是:在"学生的自信和教师的唤醒"中去发现优势、在"学生的自主和教师的引导"中去发展优势、在"学生的自立和教师的激励"中去发挥优势。"优势成长教育"倡导双动力发展模式,通过双轮驱动、双翼齐飞,实现师生优势的协同发展。

（二）通过举办全校性大型品牌活动,让学校文化深入人心

"优势成长教育"是全体教师的共同创造和智慧精炼,明确了学校的文化定位、办学思想、育人理念和品牌形象。为了让顶层设计真正发挥凝聚人心、共识思想、统领发展、辐射区域的强大作用,学校开展"一校一品"全员运动会、电影节、安全教育嘉年华等一系列全校性大型活动,不断增加干部教师之间的交流,振奋精神,凝聚人心,让学校文化深入人心。

学校引入"一校一品"体育教学改革项目,从做好常态教学、组织竞赛活动、丰富教育载体、彰显育人特色四个方面开展体育教学改革工作,以点带面全面提高学生的身体素质和综合素养。为了让师生、家长广泛参与学校管理和活动,落实社会主义核心价值观,学校召开"爱祖国强体魄,做自己赢未来——北方工业大学附属学校系列'金未来杯'微电影节",为师生家长搭建平台,展示自我。在全校性大型活动中,学校不但全方位展示了在体育教学改革、体育与德育、美育整合育人方面的创新性尝试,同时让"优势成长教育"的文化理念在教师队伍、学生和家长心里生根发芽。

二、系统建构德育体系,实现贯通育人

九年一贯制学校相对于小学和初中分开的学校,在育人连续性方面具有极

大优势。每所学校都有自己明确的德育教育目标，并围绕教育目标着力打造本校的特色活动，使得学生向着培养目标不断发展。在非一贯制学校中，学生因为升学的原因，走进了不同文化和培养目标的学校。这个过程虽然让学生接触了更丰富的思想，但其发展的连续性也很可能受到很大影响，能否适应和接受新学校的理念和活动，则对学生未来的身心发展有着关键的影响。

相对于学科课程体系，德育教育更容易在九年一贯制合并学校形成"一贯"，突出"一贯"的优势和学校的特色。笔者所在的学校在"优势成长教育"文化定位的基础上，构建"i优势"德育教育体系。该体系旨在让每个学生都具有悦、律、恒、志、识、技、善、责、合九个方面的核心素养，具备适应终身发展和社会发展需要的必备品格和关键能力，最终完成立德树人的根本任务。学校以"一月一素养，一班一专题"为活动建构思路，以核心素养的个性发展与社会性发展两个维度为活动线索，开展九年一贯的德育教育活动，形成学校德育教育一体化的长效运作机制。学校在德育教育体系、活动的设计及评价方面进行了有益的尝试和探索，形成了较好的发展经验。

（一）以"一月一素养"为思路，聚焦核心素养培育，明确九年一贯德育培养的目标

"一月一素养"，就是将12个月对应"九字诀"（其中1-2月、6-7月、8-9月分别指向一个素养），使每月的活动有鲜明的素养培育导向，避免以往活动随意性的现象。第一学期（指8月至次年2月）注重学生的个性发展，正所谓"人之初，性本善"，个性发展从人的本性出发，关注"我的道德""我的梦想""我的才艺""我的意志""我的行为"的发展，8月至次年2月分别对应善、志、技、恒、律五大核心素养。第二学期（指3-7月）注重学生的社会性发展，正所谓"以天下为己任"，社会性发展从人的道义出发，关注"社会责任""全领域知识""多方合作""众乐乐"的发展，3-7月分别对应责、识、合、悦四大核心素养。学生只有实现个性和社会性的协同发展，才是一个全人，既有对自我理想的追求，也有对社会责任的担当。

学校"九字诀"核心素养及内涵指标,从养成教育明确提出的思想情感、生活卫生、学习求知、文明礼仪、遵纪守法、健康安全、勤俭环保和志愿服务8个方面入手,自主研发德育校本课程——《小未来养成记》,设计相应课程内容,课程实施和课程评价,遵循由浅入深的原则,把"小未来"的养成落实到一个学年的10个"成长教育月"中,从基础培养做起,让学生自我认识、自我管理、自我提升、自我完善,逐步过渡到学会与人沟通与合作,学会让自己的内心走向世界,让自己的行动拥抱未来,明白自己承担的责任和义务,并能够影响他人和建立良好的人际关系。

表1 《小未来养成记》德育校本课程内容框架

核心素养	核心素养内涵	成长教育月	养成教育主题	养成教育活动
善	仁爱,正义,家国	8-9月建德月	思想情感 遵纪守法	市区活动:"学规范·正行为·养习惯"主题教育,"传承中华传统美德"系列教育 学校活动:教师节主题活动
志	立梦,追梦,圆梦	10月铭志月	思想情感 学习求知	市区活动:理想信念教育,"少年说"主题教育校级活动 学校活动:重阳敬老活动,励志传记读书活动
技	思考,实践,探究	11月术攻月	学习求知 健康安全	市区活动:"少年说"主题教育区级活动,"时事论坛时事竞赛"活动 学校活动:科技节活动
恒	认真,执着,拼搏	12月持恒月	学习求知 遵纪守法	市区活动:"迎冬奥会,做文明人"主题教育,"少年说"主题教育展示,阅读工程展示活动 学校活动:"一二·九"长跑活动,诺贝尔主题教育活动
律	自理,自为,自省	1-2月律己月	生活卫生 勤俭环保	市区活动:"少年传承中华传统美德"系列教育 学校活动:贺新春活动,"三节"活动

续表

核心素养	核心素养内涵	成长教育月	养成教育主题	养成教育活动
责	孝亲，助人，乐善	3月职守月	文明礼仪 志愿服务	**市区活动**："学规范·正行为·养习惯"宣传教育月，维权知识竞赛 **学校活动**：公益志愿活动
识	博览，博识，博见	4月博雅月	学习求知 生活卫生	**市区活动**："少年传承中华传统美德"系列教育，环保演讲比赛，"绘画、书法、篆刻、工艺"作品四联展 **学校活动**：书香节活动
合	理解，交流，合作	5月尚合月	思想情感 健康安全	**市区活动**：模拟联合国大会，校园武林大会 **学校活动**："我爱北京"系列活动
悦	悦己，悦人，悦心	6-7月从心月	文明礼仪 志愿服务	**市区活动**："少年传承中华传统美德"系列教育，"美德少年"评选，"文明礼仪"教育实践活动，国防教育与学生军训 **学校活动**：端午节文化活动

（二）以"一班一专题"为途径，落实核心素养培育，推动九年一贯德育活动螺旋上升

"一班一专题"，就是围绕每个月的核心素养，挖掘本月与核心素养在内涵上比较接近的学校节日、社会节日和国际节日，将其作为实施的教育主题群。按照适应性原则，9个年级分别选择主题群中的某个主题开展活动，从而形成各个年级专属的德育活动专题。例如：三年级在9月的进德月，根据仁爱、正义、家国的核心素养内涵，设计了"我爱你，老师"的活动，在12月的持恒月中，依据认真、执着、拼搏的核心素养内涵，设计了《与时间赛跑》的活动……每个年级在同一个月中开展不同内容和形式的活动，不仅营造出百花齐放的发展景象，也丰富了德育活动的实践，为全体教师建立起可供参考的活动资料包和教育资源库。

表 2　北方工大附校德育月主题与活动一览表

德育教育月	核心素养	核心素养内涵	德育活动名称								
			一年级	二年级	三年级	四年级	五年级	六年级	七年级	八年级	九年级
8-9月进德月	善	仁爱正义家国	学好价值观，不负新时代	善待小动物，关爱小生命	我爱你，老师	与人为善	国防知识早知道	老师，我想对你说	铭记历史，砥砺前行	告别战争，拥抱和平	世界和平的使者
10月铭志月	志	立梦追梦圆梦	DIY拼画：保卫祖国	多彩国庆节	知感恩，惜幸福	敬老爱老度重阳	为中华之崛起而读书	小小方寸，志在天下	传承家风家训，拥抱暖暖亲情	读传记，铭宏志	职面未来
11月术攻月	技	思考实践探究	小小纸飞机，承载科技梦	玩转科技，炫酷童年	我是消防小标兵	开启科技之门	我的科技中国梦	生活中的智慧	好记者讲好故事	共话科技促成长	探寻我自己的吉尼斯
12月持恒月	恒	认真执着拼搏	21天=1个好习惯	家庭"毅力"小档案	与时间赛跑	温暖无声世界	一生专注一件事	西行路漫漫，执着铸我心	"遵纪守法，人人有责"法律知识展	爱与自由	缅怀"一二·九"，长跑练意志
1-2月律己月	律	自理自为自省	生活自理我能行	健康饮食助成长	欢天喜地写春联	张灯结彩闹元宵	健康运动强体魄	家乡因我更骄傲	生生不息跨新年	绿色消费我倡导	秀出新年新气象
3月职守月	责	孝亲助人乐善	我是小小螺丝钉	我的绿色班级	春夏秋冬年年至，一生耕耘安己责	小蜜蜂，大能量	我爱大美森林	污水变清的秘密	真诚为人，诚信做事	志愿服务，人人有责	超越自我，创造辉煌
4月博雅月	识	博览博识博见	小小希望播种记	书香润童年	诵诗品词，春和景明	知规则，懂文明	话苍穹，观航天	认识地球，关爱家园	重温历史，缅怀先烈	朗读者	
5月尚合月	合	理解交流合作	争做小先锋——少先队队前教育	小小玫瑰献妈妈	我用歌谣唱北京	合力共建文明社会	我用彩笔画北京	我用对联写北京	我用戏剧演北京	"青春绚丽，追梦砥砺行"——我们的十四岁集体生日	

续表

德育教育月	核心素养	核心素养内涵	德育活动名称								
			一年级	二年级	三年级	四年级	五年级	六年级	七年级	八年级	九年级
6—7月从心月	悦	悦己悦人悦心	多彩笑脸，欢乐童年	诚实守信，绽放快乐之花	小小"糖弹"，快乐你我	美丽眼睛，愉快心灵	品味端午，传承非遗	更高、更快、更强	"欢乐粽"漂流记	释放心灵，赢得健康	
共78个			9	9	9	9	9	9	9	9	6

从开学典礼到社会实践活动，从少先队入队仪式到共青团入团宣誓仪式，从社会大课堂活动到青春印记拍卖会——学生发展中心在开学初设计了"青春印记"成长评价手册，从学业、同伴、家庭、社会多个层面设计对学生的评价，给予青春印章……丰富多彩的一体化德育活动和仪式让孩子们在参与的过程中潜移默化地接受着熏陶和教育。

三、以成长衔接为抓手，优化教师整体发展

九年一贯制合并学校一般会具有更丰富多样的资源，如不同的校区、专业教室、硬件设备等等。对于笔者所在的学校，中学和小学的教师团队，是学校发展的最大资源。如何对教师团队优化配置、培养，是关系到学校发展的关键。

笔者所在的学校有三个校区，通过调整，将三个校区分为低年级部（一二年级）、高年级部（三四五年级）和中学部（六七八九年级）。学校围绕六年级合并到中学部的调整，积极动员中小学教师共同任教六年级，通过互相听课、协同备课、专项学习和开展小初衔接的课题研究等方式，助力学生的成长衔接。

（一）以小初衔接为突破口，优化配置中小学教师资源

中小衔接阶段是统筹中小学段教师资源的切入点，在小初衔接的年级，教师最容易形成交流和互补，学校围绕小初衔接年级的师资配备和培养做了一些

有益的尝试，通过中小学段教师共同执教六年级、共同教研、专项培训，提升小初衔接工作的实效性，收到了较好的效果。

学校安排教学经验丰富、师德素养较高、有强烈责任心及爱心的中小学部教师，共同从事六年级教学工作。在工作中，中学部老师们不断向小学部任课教师学习，不断积累小学学科实际教学经验，更好地适应小学教学的实际需要。中学部的学科教师的教学水平、课堂管理能力、负责敬业的工作态度，深受小学部同学科老师和广大家长的充分认可，得到了学生们的广泛喜爱。同时，随着新中考改革中"把九年的积累考出来"要求的不断落实，中学部的老师也会更好地认识、理解并结合具体的教学内容，逐步提升学生的学科素养。

在这一过程中，为了加强中学部教师交流，进一步了解不同学段的教学特点，学校结合市区各级各类培训项目，统整中小学部教师培训项目优秀资源，助力交流教师的专业提升与发展，帮助他们参与更多培训项目中。"走出去"帮助他们进一步开阔教学视野。不止是实践学习，更要加强理论学习，通过为老师提供更多教育教学专业书籍，加强老师们关于小学《心理学》《教育学》、班级管理等相关内容的学习，了解小学生心理特征和学习规律，特别还要注重学生的德育管理，行为习惯的养成教育。

在日常的备课中，学校组织中小学部教师共同协同备课研究，共同参与区级、市级教研及培训工作，引导老师在交流中互相帮助、促进提升，我们组织老师们进行中学课程标准与小学课程标准的比较学习。由于知识体系是螺旋式上升的，中学的有些内容小学也有接触和了解，由于年龄不同，孩子对事物的认知能力不同，各学段对学习的要求也有所不同。老师们通过互相听评课交流研讨，进一步加强了彼此对于教材、教法的深入认识，特别是能够更好地从学生成长的角度纵向的思考学情特点，帮助学生更加顺利平稳地完成小初衔接的过渡。同时在这一过程中注重"引进来"，积极与市区学科专家联系，通过聘请小学和初中同学科教研员，站在中小学段不同特点的基础上指导老师们的日常教学，特别是开展"同课异构"活动，一节课分别由来自中小学部的老师共同设计、在不同班级实施，通过课例研讨寻找中小学教学中的不同点、思考教学中的共同特征，促进中小学教师教学交流的有效性提升。

（二）以小初衔接课题研究为引领，提升教师整体素养

教师的成长离不开团队教研和课题研究，对于九年一贯制学校来说，有关小初衔接的课题最适合中小学学段的教师一起来研究。教师通过对学生的学习内容、学习方式、认知规律和生涯发展等多方面的研究，逐渐能够站在整个义务教育阶段的宏观角度看待问题和研究问题，从而大幅提升教师教育教学的理念和效果。

六年级和七年级，虽然只有一年的时间，但是在传统中，却是小学和初中的分界线，从学习内容到学习方式都有很大的不同。为了促进小初衔接工作，学校在六年级和七年级开展多项研究课题，其中既有学科类的研究，又有学生生涯发展类的研究，例如：《小学与初中数学由具体运算到形式运算衔接的研究》《九年一贯学校小学高段数学教学与初中有效衔接的实践研究》《九年一贯制背景下英语学科渗透生涯发展的实践研究》等，老师们以课题为引领，系统开展研究，不断积累小初衔接的经验。

以数学为例，六年级到七年级是学生由具体运算到形式运算阶段的过渡阶段。如何让学生顺利实现从算术到代数，从常量到变量，从直观形象的实验几何，向逻辑推理的论证几何的平稳过渡，是数学学科小初衔接亟待解决的问题。数学团队通过查找资料、分析教材、学生访谈、问卷测评等研究方法，确立了由"算术数"发展到"有理数"、由"数"到"式"的过渡、由列算术式解应用题到列方程解应用题的过渡、从"实验几何"到"论证几何"的过渡等衔接点，课题组成员积极开展研究并进行课堂实践。

在研究教学内容的同时，教师团队还在教学方法和学习方式上进行研究。例如英语的听力教学中，六七年级最大的区别是六年级是在视听情境中导入，首先调动学生对故事的阅读兴趣，感知课文，然后带着问题在视听双重背景下进行听力训练。在七年级，是以听为主，让学生感知故事的细节，培养学生的听力水平。为此，英语教学团队根据北京版英语教材的特点制定了适合小初衔

接的导学案编写原则。导学案的使用与传统的教学方式相比较，突出了学生的主体作用，突出了学生的自学行为，注重了学法指导，更有利于学生能力实现小初的衔接和过渡。

老师们通过理论研究和带题授课工作，在实践中研究，在研究中实践，通过"同课异构"课例研究、学业监控评价、教师学生家长访谈等不同形式，及时总结阶段性研究成果。同时，老师们通过课题研究积极思考，撰写相关内容的多篇实践论文，积累小初衔接工作中的宝贵经验，在提升教师个人素养的同时，促进了学生的成长。

崔铁成　北方工业大学附属学校

参考文献

[1] 李建华. 对于九年一贯制学校教育管理的实践探究与思考 [J]. 华人时刊·校长版，2019；30.

[2] 鲁斌. 基于九年一贯制德育目标的小学德育课程的建设 [J]. 科普童话，2019(10)：164.

[3] 敬仕勇，张学敏. 九年一贯制学校一体化办学的实践路径 [J]. 中国教育学刊，2018(12)：60-64.

[4] 钟广杰. 九年一贯制学校的管理模式探讨 [J]. 考试周刊，2016(65)：159.

[5] 包赞甲，聂兴贵. 九年一贯制学校教育管理的对策 [J]. 吉林教育·教研，2017(16)：35.

[6] 李成效，康义文. 九年一贯制学校教师资源管理的实践探索 [J]. 名师在线·教学管理，2019(03)：94-95.

第二章

赋能队伍提质

源于实践的小学教师课程领导力提升策略

内容摘要　在新课改背景下,需要教师不断拓展课程视野、学科视野,以适应在课程参与过程中作为设计者、研究者、评价者等多重身份的挑战,也就意味着教师要具有课程领导力。教师的能力提升要基于实践经验,本文主要阐述如何基于学校课程实践经验促进教师课程领导力提升,选取课程实施中的实践案例,聚焦教师课程实施领导力、课程设计领导力和课程评价领导力三方面,从实践反思与经验总结的视角,梳理形成源于实践的教师课程领导力提升策略。

关键词　教师;课程实施;课程设计;课程评价

在新课程改革的背景下,需要教师不断拓展课程视野、学科视野,具备更完备的专业知识和技能,以适应在课程参与过程中作为设计者、研究者、评价者、执行者等多重身份的挑战,这也就意味着教师要具有课程领导力,成为课程领导者。

教师课程领导力具有丰富的内涵,它不是单一的某种能力,而是一个综合几项能力而形成的体系,具体包括教师课程设计领导力、教师课程开发领导力、教师课程实施领导力、教师课程评价领导力几个维度。在体系中,不同维度的能力有着各自的地位作用和具体含义,每一项能力都对应着在课程活动的不同领域中教师所发挥的引领和指导能力,其中,课程实施、设计和评价是教师课程领导力体现最为集中和突出的三个方面,分别对应着课程实施领导力、课程设计领导力和课程评价领导力。因此，关注上述几项能力的培养和锻炼，对于提升教师的课程领导力就显得尤为重要和迫切。

上述丰富的内涵，说明教师不仅是课程的执行者，同时也是设计者和决策者，在课程的设计、实施、评价等过程中发挥着不可替代的作用与优势。因此，作为课程活动的主角，教师的能力提升一定要基于实践经验，通过对学校课程实施经验和典型案例的理性思考，形成源于实践的教师课程领导力提升策略，也会更具说服力和借鉴性。

一、让变革教与学方式成为教师课程实施领导力生成的基础路径

教师对课程理解深入，具有足够的课程理解和实施能力，才能在教学中持续改善教学方式，同时，教与学方式的改进与变革，也能帮助教师探索课程整合，提升课程领导力。

具有课程实施领导力的教师，善于促进学生有效学习、深度学习，能够创设良好的学习环境与氛围，提供丰富学习资源，激发学生学习兴趣，善于合理优化教与学方式，并通过启发式、探究式、讨论式、参与式等多种方式有效实施教学。

（一）引进课改项目，聚焦课堂实践

课堂实践是衡量教师课程实施领导力的重要方面，也是教师课程领导智慧的具体体现。因此，依托课堂实践改革项目引导教师积极探索尝试教与学方式的变革，指导教师通过自身学习和反思来提升课堂实践研究能力是教师课程实施领导力生成的基础路径。

课程实施成效取决于教师的课程实施领导力。这就需要教师深刻理解和把握学科的育人价值，对教学内容进行科学的设计，才能提高课堂教学的实效性，

从而达到促进学生有效发展的目的。为了帮助教师具备课程实施领导力，学校应积极引进并参加课改项目，以理念奠基、目标指引、统筹推进三位一体方式推进课堂教学改革。

在此方面，学校目前采取的做法是以课堂实践研究为载体，引导教师在课堂教学中扎实开展多样化教学模式探索，转变教与学方式，现结合其中一项课堂实践研究为例来具体说明：以可持续教学模式课堂实践研究为载体，启发教师深入思考如何将核心素养落地学校、融入课堂，并在实践中得到丰富和完善。将"可持续学习效果评价量表"作为课堂教学评价的重要参考之一，结合"可持续学习课堂常规"的落实开展研讨课观摩活动，组织教师进行经验分享，资源即力量，相互学习、探讨落实的有效途径及方法。

（二）多样学习方式，夯实能力基础

实践中，可以通过组建课改小组、组织线上学习夯实理论基础、教研组内共享学习成果等方式，以"点"到"组"，辐射发散至全校，带动全校教师进行高效的理论学习，深刻领会、及时更新课程理念并努力在课程领导活动中践行。下面选取两个来源于学校实践的具体做法，加以展开说明。

1. 以教研组研修为核心，将学习任务细化分解至每个学期的策略

各教研组聚焦教学中的实际问题，确定学期研修主题，制订工作计划，依计划，多角度、多形式地开展教学研究活动，围绕主题开展研究课观摩交流活动，提升教师理论水平和教学技能，提高课堂教学实效。学校管理层面，注重对教学各环节的指导检查，开展教研组学期工作总结汇报，使研修工作开展有目标、有计划、有落实、有反馈，有效激活教师对教学的思考。

2. 邀请专家引领，促进教师自我发展

在专家的引领下，教师针对日常课程活动中出现的问题不断进行反思，反观分析自己在课程领导实践中所运用的课程理念是否正确，助力教师通过课堂观摩、案例分析、撰写反思、教育叙事等多种方法达到自我认识和发展。

二、让丰富的课程实践经验成为提升教师课程设计领导力的多元视角

教师具有课程设计领导力的表现是多元的，具体包括以下三个方面：一是在面向学生个体进行个性化学习课程活动设计中的引领和指导能力；二是在面向集体学生进行普适性学习课程活动设计中的引领和指导能力，也就是通常意义下的备课或教学设计；三是在地方课程和校本课程设计活动中的引领和指导能力。

在深入理解其内涵的基础上，不难发现，教师要对课程进行设计，既包括对课程整体结构的设计，也包括在具体实施课程时的流程设计，与此同时，教师还要进行课程资源的开发，需要对整合哪些资源进行决策。基于学校丰富的课程实践经验，可以将特色校本课程作为载体，提升教师的课程意识，拓宽课程设计思路，从而为提升教师课程设计领导力提供多元视角。

（一）树立以生为本理念，引领课程设计方向

教师设计课程应以落实立德树人为主要任务，以提升学生核心素养为主要目标。教师在教育教学实践活动中要不断进行自我更新，持续提升专业素养水平和增加教育教学实践经验，在任何阶段都能够发光发热，具有终身成长的能力。

教师不仅仅是课程计划的执行者，同时还应成为课程的设计者。有学者认为"课程设计能力 = 课程设计知识 + 课程设计技能或技巧"，基本知识和基本技巧决定了教师课程设计力的水平。因此，教师进行课程设计前应了解必要的课程开发与建设的专业知识，关注是否满足学生的需要、是否为学生提供必需的素养。

基于此，"以生为本，寻找课程重难点和学生兴趣点之间的内在关联性及逻辑性，深入分析学情，以学生的最近发展区为落脚点，让课程在解决实际问题

中焕发活力"就显得尤为重要。接下来,通过介绍学校实际做法,说明其重要性并引发思考。

1. 将校本课程作为载体,设计课程活动

在实践中,结合校本课程内容,将课程活动设计成教师与学生共同探究解决问题的互动过程。如:设计课前任务单,发现并根据学生实际问题,设置课程重、难点,以任务单的形式清晰呈现学习任务及目标、指导学生开展实践研究并记录解决问题过程。

2. 聚焦实际问题的解决,设计课程活动

实践证明,以学生发现的真实问题为切入点去设计课程活动,更能激发学生的兴趣。如:引导学生结合疫情背景,从调研疫情期间校服在使用中存在的问题,延伸至日常健康防护,提出解决问题的建议和措施,并自己完成新型环保防护校服的设计方案。这种以问题推动课程设计和实施的案例,说明教师只有乐于且善于成为课程的研究者,才能在课程领导活动中成为主角。

(二)积累多样课程资源,丰富课程整合思路

为更好调动教师课程设计的积极性,体现教师的主体性作用,在学校课程实施中,应以教师对课程理念的理解程度为突破口,指导教师进行课程资源的开发、整合与实施。在实践中,学校一些特色的课程,可以为教师提供多样性的课程设计思路和实施手段,从而保证课程实践的效果。

教师想要提升自己的课程领导力,在面对课程时,就不能局限在自己的学科里,而是要整合各学科知识。每个学科的知识都要为解决一个真实问题而贡献力量,缺一不可。这就需要教师开阔眼界,在进行课程设计时,充分挖掘教学资源,不仅限于书本,积累课程设计的素材。如:结合学科特点,进行个性化作业设计的研究;课内外相结合,结合课内教学内容"果实的结构"精心设计学习任务单,开展课外垃圾分类实践活动,丰富课程的拓展内容。

学生学习资源的日趋丰富对教师提出了更高要求,这就意味着教师不仅要成为课程资源的开发者,更要成为学生利用课程资源进行学习的指导者。

因此，各学科教师均应重视课程资源的开发与利用，创造性地开展各类学习活动。

跨学科实践活动的设计可以作为课程内容整合及学习资源开发利用的有效载体和途径，以跨学科实践活动为载体，进行课程整合。但需注意的是，这类课程在实施中，应尽量坚持"主体探究、综合渗透、合作活动、知行并进"的原则；在教与学方法的选择上，提倡参观、调查、体验、制作等形式，以引导学生进行个性化、自主性的学习与探究活动为主。

（三）以特色课程为抓手，激活对课程的思考

教师课程领导力提升的关键在课程理念的转变。教师课程理念单凭个人的反思与学习很难突破课程思维发展的瓶颈，在课程实施中，学校应充分开发和利用各类特色课程资源，激活教师对课程的思考，指导其创造性地进行课程设计与实施。

教师课程领导力既是理论问题更是实践问题。从学校积累的一些课程实践经验入手进行分析，发现应开发多样的实践课程，为教师进行课程设计、选取课程资源提供重要参考和依据。下面，结合几门特色课程，从实践的角度加以分析、说明此观点。

1. 丰富多样的节日主题课程，为教师提供课程设计的载体

节日主题课程：将节日作为教育契机，设计相应课程，由课内延伸至课外，由校内延伸至校外。如："快乐七日"课程，每日一个主题，包含爱国日、礼仪日、学习日、健康安全日、实践日等七个主题，注重德育渗透，落实立德树人；传统节日课程，每逢佳节总有快乐活动相伴，元宵灯谜会，在上百种灯谜中学习传统文化，继承传统美德。

2. 实践性强的低碳小达人课程，提高教师课程设计的创新意识

低碳小达人课程：学生在校践行光盘行动，在家与家人共同设计分类垃圾桶，践行垃圾分类。将低碳小达人课程与地方课程资源相结合，指导学生探究首钢工业遗迹和生态文明的和谐共生，激发学生今后参与绿色社会建设的热情。

3. 多方参与的家庭小主人课程，帮助教师建立课程设计的多元视角

家庭小主人课程：参与者有学生、教师和家长，是家校共育的有益尝试。以形式多样的家庭实践内容，培养学生家庭责任感，养成良好的劳动自理习惯。疫情期间，拓展课程内容，引导学生争当"防控宣传员"、做家中"防控卫生员"，主动承担责任，培养社会责任感。

三、让评价方式的优化成为提高教师课程评价领导力的持续动力

课程评价是一个综合复杂的过程，它反映出教师对课程的理解程度、课程实施过程中的表现以及对于课程实施效果的判断与评估，通过教师对于课程的理解和分析、反思和改进，对课程建设进行诊断与重构，对课程实施进行监控和调整，从而在全局性地审视课程理念是否落实到位、课程实践是否符合需要的基础上进行改进。

想要具有良好的课程评价领导力，教师需要学会通过评价激发学生对于课程学习的热情和动力、学会客观分析自我优势与不足、学会不唯分数的多元评价，从而使课程评价真正达到促进和激励师生能力提升的目的。在评价方式的摸索与改进过程中，需要不断地积累经验与完善思考，现选取学校改进评价的几点做法，加以说明。

（一）激励性评价，启发教师思考评价的目的与意义

充分发挥评价的激励与正确导向作用，从多个维度对学生实行综合素质评价，评价采取争当"五星学生"的方式展开，同时评选"进步学生"，及时展示、更新学生的榜样事迹，让更多的学生得到他人认可，以激励促发展，关注学生成长过程及可持续发展。

（二）个性化评价，提高教师设计评价方案的能力

评价关注学生个体发展与变化。结合各学科特点制订学科实践活动评价方案。评价要素涉及参与态度、发现与提出问题能力、设计与操作能力、探究能力、合作与交流能力等方面，还可以通过建立小组成长记录袋的方式，帮助学生记录、表达学习过程与结果。

（三）评价主体多元化，完善教师对评价维度的认识

学生作为评价主体，对照自己参与课程学习的变化，进行自我评价，帮助其认识自我、调整学习过程。同时，让同学、老师和家长共同参与评价，从学习过程中的参与态度、情感体验、方法掌握、能力发展、成果展示多个维度给予适当评价，促进学生全面发展。

综上所述，围绕课程实施领导力、课程设计领导力和课程评价领导力三方面，梳理了学校课程实践中有关提升教师课程领导力的策略及方法，在此过程中，更加认识到有关教师领导力提升的研究工作需要不断寻找新的发展点，才能持续深入进行。

陆　楠　北京市石景山区金顶街第二小学

参考文献

[1] 黄云峰. 专业视域下教师课程领导力实践路径探寻 [D]. 重庆：西南大学，2015.

[2] 黄云峰，朱德全. 教师课程领导力的意蕴与生成路径 [J]. 教学与管理，2015（4）：1–3.

[3] 王淑芬. 教师课程领导力研究框架探析 [J]. 社会科学战线，2020（11）：274–278.

[4] 徐同涛. 提升教师课程领导力的校本实践 [J]. 生活教育，2020（3）：17–20.

[5] 胡佳怡. 小学教师课程领导力的现状及对策研究 [J]. 基础教育参考，2020（8）：3–5.

组织公平感研究对中职人力资源管理的启示

内容摘要 中等职业教育正处于管理体制和办学模式的改革，学校转型升级成为必然。人力资源管理作为学校管理的重要组织部门，在转型期更面临着如何盘活教师资源，为学校发展决策提供依据。本文通过分析组织公平感的内涵，探讨如何利用组织公平感实现学校组织管理优化，提高中等职业学校人力资源管理的效能。

关键词 组织公平感；中职；人力资源管理

2019 年 1 月国务院的《国家职业教育改革实施方案》和 2021 年的全国职业教育大会，明确了职业教育和普通教育是两种不同的教育类型，具有同等重要的位置；中等职业教育在整个教育体系中更加突出基础地位，需要进行工作重心调整。中等职业学校的转轨调整需要人力资源部门重新梳理学校的教师资源，按照新的要求、新的岗位、新的需求进行全面盘点，从而盘活教师资源、优化管理模式、提高管理效能。而中职人力资源管理的现状使得这项工作任重而道远，需要引进新的思想和理念。要满足中等职业学校对教师的新要求，使中职教师充分发挥其潜能，尽快适应新时期对中职教育、对中职教师的要求，组织公平是首当其冲要做的事情，因为组织公平感不仅能使教师有更强的职业获得感，而且能明显提高教师团队的竞争力。

一、中职人力资源的特点及管理现状

人力资源是学校管理工作中的重要组成部门，也是维系一个单位正常运转的人财物三大要素之一，是学校推进工作、提升效能的主体，是创造学校积极向上、富有凝聚力和吸引力团队的引导部门，也是实现资源科学配置的核心要素和实现可持续发展的重要保障。特别是学校发展方向、专业设置和定位受市场引导的中等职业学校，涉及教师职业规划、职业发展方向的人力资源管理部门作用更显重要。

（一）中等职业学校教师现状

《北京市石景山区学校教育工作满意度调查报告全区总报告（2021年度）》（以下简称"总报告"）调查数据显示，石景山区中等职业学校教师在薪资待遇、晋升进修、工作本身、领导关系、同事关系、支持认可、工作条件七个维度的满意度调查中，除工作条件分值为81.41分，其他六项指标的得分均在80分以下，其中薪资待遇、晋升进修、支持认可分值分别为64.54分、68.91分、64.07分，远远低于普通高中教师，有些数据甚至低于特殊教育的教师。对以上数据进行进一步分析，体现以下特点：

1. 教师年龄结构不合理，老龄化严重。51～60岁占比24.53%；41～50岁占比50.94%，31～40岁占比20.75%；26～30岁占比3.77%；没有25岁以下的教师。

2. 教师职业认同感差、社会认可度低。

3. 教师对薪资待遇、晋职进修满意度低。有30%以上的中职教师对薪资待遇不（太）满意；超过1/4的教师对晋升进修不满意。

（二）中等职业学校人力资源管理现状

目前，中等职业学校人力资源管理的主要工作内容包括：在职在编教师的工资核算、离退休教师的部分工资核算；在职在编教职工职称评定工作；岗位设置；人员档案；管理规章制度；和工资有关的统计报表；教师的通识类培训等。这七项内容几乎都与教师的个人利益直接挂钩，很自然的也成为教师和学校矛盾的集中点。主要表现呈现以下几个特征：

1. 重"人事"轻"资源"

人力资源管理部门常态的事务性工作内容多，宏观管理和调控内容少；具体执行多，管理内容少。多是倾向于人事处的职责，工作内容限定在普通的人事管理，只是对人的服务、管理与协调，不能充分调动团队成员的积极性，不能有效盘活学校人力资源，更不能兼顾公平与效率、为优化教师团队服务。

2. 重"通知"轻"解读"

学校的人力资源管理部门，受上级组织科的领导，最清楚相关文件精神。对相关通知有上传下达、解答文件精神之责，但是在实际执行过程中，往往会出现只负责通知不负责解释，导致很多教师对政策和制度的知晓度低、理解度不够，使教师感觉各项政策不公开、不透明，从而对执行结果不满意，产生消极情绪，造成各种矛盾出现。

3. 重"执行"轻"研究"

针对中等职业学校教师老龄化严重的现实，人力资源管理部门研究服务群体的特点不够，对退休人员的相关政策、工资构成及退休前后的联系研究不够，老教师的诉求和疑问不能得到有效解答，导致满意度低。

二、利用组织公平感提高中职人力资源管理效能

针对中等职业学校转型、教师和人力资源管理的现状，有必要引入组织公平感理念，提高教师的满意度，多方盘活教师资源，使中职学校更快更好地发挥基础教育作用。

（一）组织公平感的内涵和特点

组织公平感是指组织或单位内人们对与个人利益有关的组织制度、政策和措施的公平感受。通常我们把组织公平感结构分为：结果公平、程序公平和互动公平。结果公平是对显性的分配制度的第一反映，强调的是对决策的结果和内容的感知；程序公平是对组织决策程序与过程是否公平的主观感受，涉及分配制度的制定、执行和完善；而互动公平是指员工与上级的人际交往过程中所感受到公正待遇的程度，侧重于双向沟通中的尊重、真诚、平等等方面，互动公平包括人际公平和信息公平两种。结果公平、程序公平和互动公平三者相互影响、相互促进，程序公平和互动公平可以对结果公平带来的负面影响进行弥补和调整。

组织公平感的目标行为分为三个方面：①绩效效能：主要包括个人、工作团队、部门或组织生产结果的品质与数量方面的能力，如个人绩效、组织绩效等；②集体意识：主要包括为了组织的可持续发展和维持竞争力，个人同组织、部门、群体的状况，如员工的组织承诺、离职意愿、组织公民行为、与上级和同事的信任关系等；③个人价值：主要包括个人受尊重的程度、满意度、自我实现程度等。组织公平感与员工的许多积极的、有利于组织目标实现的行为都有关系。

组织公平感会直接影响个体及组织的活力，对工作推进有较大的影响力。如果一个人感觉分配公平，就会爱岗敬业，努力工作，工作的积极性就会高，否则就可能降低努力程度，消极怠工；而程序公平会产生信任，认同组织并以组织目标为自己的目标，团队凝聚力、执行力会增强；而互动公平感高则更能满足员工的情感、自尊和对组织的承诺执行度。

（二）从结果公平的角度，完善绩效管理制度，关注制度认同

绩效效能是组织公平感的目标行为最重要的组成部分，是影响教师活力和职业归属感的重要指标，也是学校人力资源管理的重要工作，关乎学校的发展动力。

1. 优化学校绩效方案，突出中等职业教育特色，增强教师工作活力

中等职业学校转轨过程中，学历教育是基础，大力开展就业培训和职业体验教育，体现职业教育的职业特性是发展方向。教师的工作内容也呈多元化发展趋势：一方面需要走出校园，融入企业、行业，加快专业知识的更新，把握专业发展方向，不断提升自我素质。另一方面，教师在完成基础的学历教育的同时，需要充分发挥专业特长，开展面向成人的就业技能培训、岗前培训、提高劳动力素养培训，为实现个人职业生涯发展规划服务；面向中小学生开展职业体验教育，进行职业启蒙、职业认知、劳动技术训练，指导他们进行职业规划、技艺传承，促进其全面发展、健康成长。

中等职业学校的绩效方案要突出职业教育的特色，打通学历教育、社会培训和企业实践的壁垒，制订互认工作量方案，突出过程认可。

2. 健全管理考核制度，提高政策和制度知晓率，推进学校和谐发展

考核制度的公平合理一直是团队矛盾的焦点，影响团队组织的战斗力。尤其是薪酬水平与教师价值比是学校面临的严重问题，考虑到目前学校分配制度的实际情况，人力资源要详细论证考核制度，在师德一票否决的基础上，把考核结果和团队梯队建设结合在一起，比如：后备干部的筛选方式、重点项目的参与、重点部门的挂职锻炼等柔性管理、参与式管理结合在一起，实现定性和定量相结合，提升团队公平性。

在实践的基础上进行汇总，最终形成《学校人力资源工作流程》和《人力资源政策及管理制度汇编》，提高事务性工作成效。对于政策和制度，通过建立政策学习专栏、微信、公众号、学校内网等途径提高宣传力度，通过特定人群的访谈、培训等提高认知度；通过学习原文件、思维导图、图片等形式形成各类资源库，提高知晓度。各项规章制度知晓率高、执行力强、绩效考核优秀人员能充分发挥其正能量引导作用，团队和谐、凝聚力提升，推进学校和谐发展。

3. 完善教师数据库建设，最大化成就教师个体价值，助力学校转型发展

在大数据迅速发展的时代，充分利用数据库可大力提升人力资源管理的效能，不再以现有岗位定义一个人，督促教师成为多面手、多角色发展，也使学校能够整体布局，为学校转轨进行人力资源重置提供依据。在人才数据库建设过程中，应分为常规档案和综合评价两部分。综合评价包括教师专业外成果、社会兼职成效、企业实践汇总、课题科研成果等，随时更新梳理，使得教师档案多样全面，实现人力资源管理档案从线性转化为立体，提升管理的科学性。

（三）从程序公平的角度，增加参与度，提升信任度，关注过程认同

程序公平主要指决策程序与过程的公平度，涉及教师的参与程度，在教师参与的过程中，及时关注教师的职业发展会取得事半功倍的效果。

1. 增强教师的参与度

中等职业教育，对教师的定位已经不单纯是传统意义上的教师，它既是教师，又应该是能胜任行业培训、就业前培训等工作的培训师，还要是具备企业实战能力的工程师。要实现三个角色并行发展，学校可通过和企业的深入融合、引企业入校、建立行业工作室、建立工程师学院等方式，让教师参与进来，不断提升专业技能；还可以通过聘请企业人员深入课堂，教师随堂听课等方式，丰富实际案例资源库，为教师的专业发展赋能，提升教师的职业幸福感，为中职发展助力。

2. 服务教师的职业规划

好的教师职业发展规划，能充分激发教师的工作兴趣，提高教师的工作动力。学校人力资源部门在对教师进行全面数据分析的基础上，引导教师制定科学的个人发展规划，并为发展规划的实现路径提供有力保证，使得每位教师的发展都有清晰的依据和路径。

学校可以根据教育部门人才要求，分别建立基于职称评定和专业技能的正高级、特级、高级、职业教育名师、专业带头人、优秀中青年骨干教师等为目标的人才成长规划，并在资源匹配上给予倾斜。建立基于管理水平提升的后备干部、紫金杯班主任、各级各类优秀班主任等为目标的班主任成长计划。形成专业和管理的双成长计划，提高综合能力，重构教师素质，优化团队构成。建立基于年轻教师成长的师带徒机制，发挥老教师甚至退休员工的作用，激发老教师的工作热情，为年轻教师成长保驾护航。

（四）从互动公平的角度，强化需求管理和情感联结，关注文化认同

教师作为学校发展的主动力，需要上级领导的尊重和关怀，也应该及时了解学校的各种信息、动向，学校应该关注教师需求，加强双向沟通和交流。

1. 强化师德师风，弘扬正风正气

加强理想信念教育，促进教师带头培育和践行社会主义核心价值观并融入教育教学全过程，提倡爱岗敬业、自尊自爱、为人师表的职业精神，引导教师树立立德树人的职业理想，担负起教书育人的神圣职责。加强师德教育和法制教育，将师德师风建设要求贯穿教师管理全过程。

2. 落实文化渗透，导向正确价值观

开展各种活动的最终目的都是发挥人力资源的最大使用价值和主观能动性，使得个人和组织的效能都最大化。因此我们还需要重视团队的文化渗透，形成合力，事半功倍。人力资源部门要注重学校文化价值观的宣传，提高老师对学校战略决策的认同感，要加强本校文化的宣传力度，创造良好的执行力文化氛围，逐渐把文化转变为学校可持续发展的助力。

三、加强中等职业学校人力资源部门建设

人力资源管理具有非常重要的地位和作用，人力资源部门的管理和建设就显得尤为重要了。

（一）加强学习，提升人力资源管理人员的理念和认知

通过学习，更新人力资源部门的管理理念，借鉴企业人力资源管理方式，结合事业单位政策导向，创新思维，提升认识。树立人才资源是第一资源，是最重要、最宝贵资源的概念，充分认识人才资源在事业单位改革与发展中的基

础性、战略性、决定性作用。

通过学习精细化管理理论，理解精细化管理的规范化、系统化、流程化、数据化、信息化的主旨；了解精细化管理要遵循的导向性、民主性、效益最大化、激励性等原则。

通过学习人本理论，理解事业单位的发展必须以人为本，以人为核心，以人为基础，不断地强化人本管理的思想，从人的本性出发进行管理，把促进人的健康成长和充分发挥人才作用放在首位。

（二）拓展知识面，提升人力资源管理的专业性

人力资源管理包括社保计算缴纳、劳动关系管理、招聘、培训、组织管理等基础工作，在对人性的把握基础上设计流程、制定制度，从而更好地服务学校工作，进行全局性把握、战略性思考、超前思维引领等，既是专业性问题，也需要经验的积累。另外，要拓展外延知识面，对内部工作中涉及的外部知识也要学会、弄懂，以满足教师的不同需求。人力资源管理部门要不断学习，及时更新，从而更好地为学校发展服务。

总之，人力资源管理是一项复杂、专业、重要的工作，它能够提高教师的工作积极性，提升其幸福感，而组织公平感能够为人力资源管理注入新的活力，为中职学校转轨和发展助力。

冯宏霞　北京市黄庄职业高中

参考文献

[1] 洪兆平.下属公平感的由来、类型及对策 [J].领导科学，2016（18）:36-37.

[2] 李晔；龙立荣.组织公平感研究对人力资源管理的启示 [J].外国经济与管理，2003（2）:12-17.

[3] 丁夏夏.基于公平理论视角下的高校教师管理 [J].人力资源管理，2018（6）:144.

[4] 刘建明.大数据时代事业单位人力资源绩效管理创新研究 [J].中国市场,2019(22):165-

166.

[5] 李冬梅.大数据时代事业单位人力资源绩效管理及其创新[J].企业改革与管理,2017(19):80+98.

[6] 柏继红.关于我国事业单位人力资源管理问题的思考[J].企业改革与管理,2016(18):81.

"照镜子"策略促进教师专业成长

内容摘要　教师是学校发展的关键,是优质教育的体现。培养教师队伍,加强教师专业发展,提高教师专业素养是学校教学的重中之重。学校采用"照镜子"教学策略,加强教师自我研修,通过教师与课改理念、教学实践、名优教师、自我发展相对照,自我发现,自我剖析,自我评价,在自我研究与组内研讨的互动过程中,促进教师的专业发展和自我成长。

关键词　"照镜子";教师;专业发展

古人云:"以铜为镜,可以正衣冠;以古为镜,可以知兴替;以人为镜,可以明得失。""照镜子"可以在生活中使用,也可以在工作中运用。"照镜子"教学策略,可以帮助教师发展专业技能,提高专业素养,更好地促进教学方式转变,构建高效课堂。优质教育离不开优秀的教师队伍,离不开教师高精尖的专业技能。如何提高教师专业发展,促进教师专业素养,身体力行,践行课改,让教师的教真正促进学生的学,如何让课堂精彩纷呈,呈现出灵动鲜活的教学氛围,这是学校研究与探索的课题。经过实践与摸索,学校采用了"照镜子"教学策略,逐步让教师在自我研修中走向成长、成熟和成功。

一、"照镜子"的缘起

学校教师的"老龄化",让多数教师都沉浸在自己多年积累的固有的教学模式中,用好一本书、一个课件、一支粉笔、一张嘴巴就可以完成教学任务,教学技能依然停留在教师的教,而忽略了学生主体和学习效果。造成课堂中还存在一些问题,如学生的积极性、主动性欠缺,语言表达不够完整流畅,相互补充和提出质疑的声音还比较薄弱,灵动鲜活的教学氛围还需要营造等。课堂上,学生总是处于被动状态,需要老师牵着手才能走一走,动一动。这样的教学现状与课改还有距离,需要改进,也需要突破,但同时对老师来说也是一种困难,更是一种挑战。怎样才能改变这种局面,让老师清晰地看到自己与课改存在的差距呢?

经过认真思考与实践,学校发现与其让授课教师被动地接受他人的评课建议,还不如想办法激发教师内驱力,让他们自主发现问题,加以改进更为有效。因为听他人评课是一种被动的接受,是一种单方接受信息的方式。"学习金字塔"告诉我们,这种听的方式有效率最低,只占5%。可见,改变被动的接受方式是极其必要的。这就需要教师自己"照镜子",通过回头看自己的教学视频,查找与课堂教学标准,与课改理念,与名优教师的差距,分析原因,加以改进,再经过教学实践,不断跟进完善,让自己在一个循环往复的教学实践中钻研业务,提高技能,发展自我。教师听取他人建议固然重要,但最为重要的是激发教师自主发展的动力,让他在自我发现、自我反思、自我评价中发展,只有这样教师才具有积极向上,勇于创新的干劲儿,更好地调动教师积极性,挖掘教师潜能,提高教师反思,促进教师自我成长。就像生活中照镜子那样,时常"看自己",才能让自己更加完美。

二、对教学理念"照镜子",发现成长基点

恰逢学校成为"当代好课堂"线上加盟学校,利用线上视频学习平台,组织全体教师开展网络通识培训,领会"当代好课堂"教育理念。让教师意识到为了学生的发展必须要进行教学方式的改革,创造适合学生发展的教育成为学校追求的目标,让教师做到心中有书本,眼中有学生,在尊重学生,教学相长的氛围中相互促进,相互成长,让课堂教学更加真实、活跃,让课堂生命力更加旺盛、持久。

"创造适合学生发展的教育"理念充实着教师的头脑,他们在网络通识培训中受到有效的启发,一点点改变自己坚守着的墨守成规的教学套路。这样的网络通识培训方式,既实用又便捷,教师可以反复听,反复看,用心琢磨,深刻领会,通过完成作业检测自己是否学懂悟透,是否化为己有,是否让自己有所思考、有所触动。对于课堂教学所体现的三个要素"问题、合作、合适",教师在学习之后都进行了思考与实践,将理论学习与实践教学紧密结合,尝试在课堂教学中呈现出一种变化,以体现教师打开的眼界,拓宽的视角,转变的思路。对照先进的教育理念,教师反思教学,观看自己的教学视频,一点点对照理念分析教学中需要改进的内容,让教师在头脑中将知行融合在一起,让课改理念不断充实自己,让陈旧的思想得以更新、替换。让教师在实际教学中,勇于挑战,大胆实践,促使教师具有改变自我的意识,让课改在现实中悄悄变化着。

三、对标名优教师"照镜子",发现教育智慧

市区骨干、特级教师等名优名师一直是教师心目中的崇拜者,他们身上所具备的专业能力和综合素养是教师可望而不可即的追求境界,他们课堂教学的

精彩纷呈、绚丽多彩、灵活自如是教师苦苦磨炼和学习的方向。名优教师身上所具备的优势，如师生的轻松融合，语言的精准到位，内容的深入挖掘，教法的自如发挥，育人的凝练提升已经成为教师对照与衡量自我的标准。虽然当前教师还未能做到，但是努力的脚步与追随的目标却是从没有过停止和改变。名优名师的教学视频，可以让教师沉浸、享受在教学带来的幸福、愉悦与满足中。为了提高教师专业技能与素养，找到自己的差距，学校安排教师试上专家的授课，通过自主备课、教学实践和课后反思等环节，让教师回看自己的教学视频，对比名优教师的教学资料，分析自己与专家在教学方式和教学效果等方面存在的差距，思考问题出现的症结，以及今后需要改进的措施，学习模仿名优教师灵活处理教学内容的应变能力。经过教师自己的研究与分析，再经过同组教师在教研时的指导帮助，让教师明确了改进方向，激发教师有主动学习名优教师课例的意愿，学习专家的方法与能力，向着更高的行业标准前行，努力攀登，不断挑战。

四、对学生主体"照镜子"，发现教学盲区

现实中，如果教师不通过"照镜子"策略是很难发现自己教学中存在的不足，以及被自己忽视的内容，形成未知的教学盲区。教师只有在对比和发现中，才会不断改进和完善。运用"照镜子"策略，更好地帮助教师在观察中发现，在自我反思、自我发现中自主发展、自我成长。

（一）"照镜子"，看学生参与数量

通过回看自己的教学视频，让教师观察课堂中学生参与学习人次的多少，其中，一人多次参与是多少，单人单次参与是多少，旨在让教师关注全体学生。当教师回看教学视频时，会惊奇地发现自己的关注点都在优秀学生身上，不知不觉中忽视了很多边缘化的学生，有的学生甚至都不在教师关注的范围内，这

是老师根本就没有意识到的。让教师通过"照镜子"审视自我，发现自我，就会让他明显地意识到自己教学中存在的问题与不足，需要重新调整，从而让教师产生了关注全体学生的意识，做到眼中有学生，心中有学生，学生是课堂上学习的主体，需要教师的引导和尊重，因为他们每一个人都需要学习、进步和成长，他们每一个人都渴望教师的认可与称赞。

（二）"照镜子"，看学生参与状态

课堂教学成功的因素之一是要充分体现学生学习的积极性和主动性，让课堂呈现一种轻松愉悦、积极开放的氛围，让学生体现出一个个灵动鲜活、跃跃欲试的状态，让他们在参与、倾听、表达、思考与合作的过程中学有所得，师生在课堂中营造的是一种交互与享受的氛围。然而当教师身处其中，却往往顾及不到学生的真实状态。当教师有机会回看视频，再次观察学生时，就会发现自己并没有调动起多数学生的积极性，主动性。虽然有热情高涨的，但也有平平淡淡、不理不睬的。面对这种情况，引发了教师的思考，他们开始重新审视自己的教学方式、语言魅力和评价手段，修改和调整教学策略，为再次开展教学实践做好充分准备。

五、对教学状态"照镜子"，发现改进方向

（一）"照镜子"，看师生时间分配

组织授课教师回头看，看师生时间分配的比例，是一种最简单、最有效的方法。在回看视频时，用时间累积的方法，记录下学生和教师分别所占的时长，来引导教师初步分析课堂学习的主体，观察学生发挥是否充分。通过计算时间，老师们惊奇地发现，原来看似学生发言很多，小组讨论也在进行，怎么所用时间会这么短，这么不禁推敲呢。坐下来细细分析，发现原来学生仅仅是回答老师的问题，表达小组合作的任务，而缺少了学生深度的思考，相互的补充，对

问题的质疑，课堂上没有让学生说透、说尽、说过瘾，课堂上不是教师引导学生互动、师生互动，而是简单的问答，这样的教学是有深度的吗？会有良好的效果吗？面对这种情况，教师开始苦苦思考与不断实践，怎样才能改变师生这种失衡的状态，那就是教师要了解学情，给学生创造充分表达的机会，调整教学设计，压缩教师的语言，梳理教师表述的主旨，要想方设法让学生多说，说透，说尽兴，多做，多动，做不够。这样才能把课堂学习还给学生，让学生支撑起课堂，体现出他们是主体，发挥他们的才华与智慧，活跃课堂。

（二）"照镜子"，看互动生成效果

课堂上的教学生成应该是教学效果的真实体现，也是最为精彩的瞬间。教师是否具有灵活应变的能力，能否抓住关键节点，因势利导，落实教学目标，突破教学重点，是教师专业发展与专业素养的集中体现。引导教师在回看自己教学视频时，有意识关注课堂中的教学生成是否有所体现，这时教师才会意识到自己往往都被设计所牵制，而忽略了很多现场生成的重要元素，意识到自身的应变能力不足，还有待提高。经过专家指点与帮助，就会恍然大悟，豁然开朗，原来可以这样灵活处理，临场发挥，感受到课堂教学的真实、灵活与多变，不是用手牵着一成不变。让教师理解了教学的真正价值，意识到学生的收获才是教学的硕果。教师在这样的研究中，发现着，分析着，思考着，成长着。

六、对个人规划"照镜子"，发现自我成长

每个学期末，都会组织教师开展专业成长鉴定会。让教师填写阶段性《教师个人专业成长记录表》，对其在专业领域发展的项目进行自评打分，通过分值累积，对照前期的状况比一比，分值是增加了还是减少了，就会发现自己本学期是否进步了，自己在教学设计、教学实践、论文案例、课题研究等专业方面是否有所发展，以此判断专业发展与自我成长的速度。然后教师再根据本人

的实际情况提出改进措施和努力的方向，为自己制定下一阶段的成长规划。通过"照镜子"，教师不用他人的评价和激励，自己就会被当前暂且停滞不前的状态所激发，重新规划未来的发展，为自己制定目标，督促自己更快地成长。

综上，"照镜子"教学策略，一方面应用在教师的自我研修，让教师通过随时回看教学视频，重新审视自己的教学，查找问题，分析改进，不断完善，让教师处在自主的状态下开展研究与实践，努力让自己的教学趋向于优质和高效；另一方面则应用在校本教研活动中，让教师在"照镜子"自我研修的基础上，先进行自我发现、自我剖析和自我反思等方面的阐述，以此带动组内教师展开积极的研讨，让大家在相互交流分享中凝聚智慧，碰撞火花。这样的方式，一改以往单向输入式的听取模式，变成了教师既有输出又有输入式的双向互动模式，让教师在主动的说与被动的听之间相互转化信息，获取能量。"照镜子"大大激发了教师的积极性与主动性，同时也带动了组内全体教师的一同发展和共同进步。教师的知行合一，螺旋攀升，让自己的教学方式永远处于正在进行时。"照镜子"策略，将作为学校提升教师专业发展的有效方式，进行持续推进与沿用。

刘小娴　北京市石景山区海特花园小学

参考文献

[1] 李刚刚. 聚焦新时代教师队伍建设　办公平而有质量的教育 [J]. 北京教育，2018（4）：9-10.

[2] 李希贵. 在发现价值中提升教师素养 [J]. 北京教育（普教版），2018（4）：30-34.

"三青"领航　学校更上层楼

内容摘要　教师是教育发展第一资源，是国富民强的重要基石。一个学校可持续发展需要一批有理想信念、有道德情操、有扎实学识、有仁爱之心的好老师。好教师的专业化发展是学校发展的重中之重。因此，2018年学校进行了针对性的规划与设计，启动了教师专业发展培养项目——"三青项目"，确立了"指向精准，实效为先"的教师培养方案。该方案基于学校教师成长真实需求，从整体设计项目框架，构建专业支持体系和评价体系。时至今日，"三青项目"完成了四期，有效提升了学校教师队伍的专业素养和育人质量。"三青项目"是学校三大特色（特色课程、特色班级、特质教师）的重要组成部分，也是学校特色文化的重要体现。

关键词　教师专业发展培养；"三青项目"；协议式项目培养

一、基于教师成长真实需求，关照每一个培养对象

当前教师队伍建设中普遍存在着师德师风建设有待于加强、学科结构不合理等问题。学校作为有60多年历史的老校，教师的年龄结构、专业技能、教学水平等参差不齐。专业发展中存在着学科教师实践能力不足、骨干教师发展乏力等突出问题。比如高中年级只有3～4个班，除语、数、外大学科有同头备

课组，其他学科几乎都是一位老师"抱"一个年级课程。没有同头备课组，缺少研讨机会，这是我们的"近忧"。

我们的"忧"还表现在教师年龄结构上不合理。一线教师中 50 岁以上的老教师约占 2/5，又几乎都是女老师，教师"老龄化"非常严重。近 5 年就会迎来教师集中退休的高峰期。加之，上了年纪的女性教师一般体弱多病，承担教育教学任务很有限。学校目前一些学科已经出现了严重"人荒"。地理学科 6 人中，有 4 人在 50 岁以上，占 2/3，除此以外，还有历史、物理、美术等学科也面临相似问题。若 2～3 年内学校再无进人指标或"借不来人"，个别年级某些学科的教学就可能面临着"揭不开锅"、无人上课的尴尬境地。雪上加霜的是一线教师中 35 岁以下的约占 1/5，此年龄阶段正好赶上生育高峰期，尤其二胎三胎时代，加剧了学校的"人荒"问题。这些年轻教师迫切需要专业发展，需要老教师的"传帮带"。但扎堆退休等问题又给我们带来了深深的"远虑"。

学校"近忧远虑"的困局催生了"三青项目"新鲜出炉。该项目旨在提升教师专业素养，解决学校教师队伍建设中的实际问题。

"三青项目"在培养对象上"全覆盖"，在培养时间上"全覆盖"。对年龄、职称、学科不设界限，没有要求。只要老师有实际需要，均可以根据自己所需，纳入到相应的培养体系。学员教龄既有刚参加工作的老师，也有工作二十多年的老教师，年龄跨度很大；既有实习生，也有高级教师，职称跨度也很大，"三青项目"向毕业年级和短板学科倾斜，优先考虑缺少同头备课的老师的需求；向资历浅的班主任、教研组长和年级组长抛出橄榄枝，扛起教育教学管理干部的培养重任。从开学到寒暑假，不间断、有梯度培养，不同时间节点，设计不同的培养内容。所以，"三青项目"是基于学校发展和教师成长的真实需求，关照每一个培养对象而设计的，是"因校制宜"和"因人制宜"的培养实践项目。

二、尊重教师发展规律，整体设计培养内容

"三青项目"包括青萍、青蓝和青云三个项目。它们的命名集中体现了项目分层设计的理念，充分考虑了教师的发展规律。

（一）青萍项目

该项目名称取自战国末期文学家宋玉创作的《风赋》。"风起于青萍之末"，原意指风从地上产生出来，开始时先在青萍草头上轻轻飞旋，最后会成为劲猛彪悍的大风。即是说大风是自小风发展而来。后来喻指大影响、大思潮从微细不易察觉之处源发。

青萍项目主要是对任教五年及以内的青年教师进行培养。通过学校推荐或自荐安排师傅。通过课堂导入、板书设计、口头表达、微格课等夯实教育教学基本功进行培养；通过青萍协议进行管理和考核。青萍项目是为了帮助青年教师尽快熟悉课程标准和教材，掌握课堂教学规律，在教学中少走或不走弯路，尽快站稳讲台而设计的项目。计划利用五年时间培养遴选一批校级骨干教师，正如"起于青萍之末的小风，迅速成长为劲猛彪悍的大风"一样助力教师快速成长。同时，老教师在培养青年教师过程中也可以不断更新自己的教育教学理念和方法，形成"以老带新，以新促老"的良好教育教学氛围。

青萍项目从第二期开始调整了培养方向，从最初重视培养结果逐步转向培养过程和效果兼备；第三期又根据老师们的需要，由教学培养拓展为教学教育管理干部的培养。

（二）青蓝项目

该项目取自先秦《荀子·劝学》。"青出于蓝而胜于蓝"。"靛青"是从蓼蓝里提炼出来的，但是颜色比蓼蓝更深。比喻人经过学习或教育之后可以得到提高。

青蓝项目主要针对有一定教育教学经验，在学校具有较高认可度的校级骨干教师。通过公开课展示、课题研究、论文撰写等方面进行培养；通过青蓝协议进行管理和考核。青蓝项目促进教师教科研素养提升和发展，成长为优质特色教学能手。项目助力其中一半以上的老师能够成长为市区骨干教师、学科带头人，真正实现"青出于蓝而胜于蓝"。

青蓝项目从第二期开始根据老师们不同的需求，调整为总协议和子协议两种情况分别进行培养。总协议整合学校教育教学平台进行培养，例如评估团教研活动。该活动由教研组长和年级组长构成专业指导团队，隔周三组织一次。评估团组织组长们听学员的推门课，评课时教研组长提出学科改进建议，年级组长提出课堂需关注的学情。"古中师说"邀请青蓝学员说课、做报告等，展示他们的教科研实践成果和理念，专家现场指导。总协议没有明确的师徒协议，主要靠学校搭建的各种平台实现培养。子协议有明确的师徒培养协议，除了学校优质的教师和教育资源，还引进区域优质资源协助完成。

（三）青云项目

该项目取自清曹雪芹《柳絮》。"好风凭借力，送我上青云"。指凭借外力，使自己青云直上，展露"青云"之志。

青云项目主要侧重初高中毕业年级教师及弱势学科，尤其是没有同头备课的老师。借助区域正高级和特级等名师资源进行一对一帮带；通过青云协议进行管理和考核；青云项目助力毕业年级教师向专长型和特色型发展。通过该项目持续多年的培养，我们期望毕业年级的老师们都能"凭借好风力，送我上青云"，实现"青云"之志；希望学校中高考质量稳步提升，学校品质再上层楼。

青云项目从2017年启动，早于其他项目一年。从第四期开始，因资金等问题，该项目进行微调，将本校精英教师纳入到指导专家团队，改变了以前完全依赖校外专家的培养模式，希望该项目可持续下去。

"三青项目"在充分尊重教师发展规律的基础上，顶层设计递进的培养内容与形式，成为推动教师专业成长的动力。我们从"2020年北京市石景山区学校教育工作满意度调查报告"结果反馈来看：学校有97.44%的教师对学校"队伍建设"满意度感知良好，有98.71%的教师对学校发展规划满意度评价在"比较满意"之上。说明大部分教师认为学校办学理念明确，发展规划贴合本校实际发展需求，科学合理的学校发展规划有利于凝聚人心，激励师生的积极性。

三、构建专业支持体系，实施协议式项目培养

为了切实落实"三青项目"培养效果，学校专门成立了项目管理部门——教师发展中心，构建了教师专业发展支持体系。

教师发展中心成立后，着手制定"三青项目"协议，确定协议式项目培养方向。协议中首先强调"师带徒"和"结对子"形式，除了教育教学帮扶，更要重视学员师德师风的培养。例如"青萍协议"中规定甲方（师傅）承担的责任要做到"三带"：带师魂——敬业爱岗，无私奉献；带师能——掌握教育教学基础知识与技能；带师德——育德之道，为人师表。相对乙方（徒弟）要承诺做到"三学习"。

其次，"三青协议"内容除了有定性描述，更有定量评价。例如"青萍协议"要求学员每学期完成2次汇报课、听30节课、至少10个听课笔记等，主要是侧重打牢基本功；"青蓝协议"更侧重教科研指导，要求学员每学期至少上1次公开课、承担1项课题、撰写论文等；"青云协议"侧重在毕业年级教学实践指导，每个月听师傅2节课、师傅指导2节课、开展专题研讨等。协议内容和形式有分层有梯度。

再次，协议规定"结对子""师带徒"一般采用一位师傅带一位徒弟的形式。徒弟的教学设计、授课、论文、课题等均采用师傅一对一、面批面改辅导模式，所以指导效果尤佳，非常有利于中青年教师的迅速成长。

最后，教师发展中心每期都主持学校、学员和指导教师三方共同签署三青

协议。协议期限一年。采用动态调节，一年一签。项目协议对三方均具有较强的约束力和诚信力，协议使得项目得以高品质运行。

教师发展中心统筹国家课程和学期主题教育活动整合项目协议，有序推进协议完成。如第一学期以区教育教学大赛为抓手，第二学期以区教育教学研讨月为契机，分别展开为期 1~2 个月的教育教学研讨活动。在项目协议的任务驱动下，"三青"学员们积极踊跃报名参加，届时会带动其所在的教研组和年级组开展热火朝天、一次又一次的磨课大研讨。不仅学员受益，其所在的团队也共同成长，项目引领惠及"四方"。在连续的三届区教育教学大赛中，选手中"三青"学员比例75%，85% 以上的一等奖都被"三青"学员包揽。

教师发展中心需要想办法利用区域的人脉资源，充分挖掘发挥区域教育资源优势，近水楼台先得月。诚聘区域正高级、特级教师，组建专家指导团队，高端引领"三青项目"朝着更高更快的方向发展。借力区域教科研部门支持学校发展项目平台，安排学员的课题、论文结对区教科研所专家，开展一对一针对性指导。

教师发展中心为协议式项目培养保驾护航。除了保障"三青项目"高品质完成，而且助力"三青"学员在教育教学上取得丰硕成果。在教师发展中心运筹帷幄下，"三青项目"已然成为学校齐抓共管的项目。

四、开展精准反馈，优化项目效果评估

为了保障项目的进度和效果，教师发展中心利用学校工作平台把学员的展示的内容及获得的成绩对外发布，极大地激励了老师们参与项目的动力。定期把学员协议完成的情况进行总结和反馈，起到了很好的督促效果。下表是2018—2019 学年第一学期期末协议总结报告部分。

2018—2019学年第一学期期末"三青项目"统计反馈表

青萍计划	总体：所有师徒按协议要求基本上完成 1. 徒弟听课30节，完成的有杨×、施××、李×…… 2. 交10个带有师父修改痕迹的教案，完成的有：王×师徒、邓×师徒、杨×师徒、施××师徒…… 3. 2次汇报课，所有师徒均完成，而且王×师徒、王××师徒……超额完成 4. 提交论文（自愿）的有：杨×、郭×…… 5. 参与课题（自愿）的有：郭×参与市级课题……	协议要求： 30节课 10个教案 2节汇报课 论文（自愿） 课题（自愿）

每期协议结束后，教师发展中心通过设计调研问卷形式了解学员的真实想法。问卷反映出的问题为完善协议内容和形式提供了依据，以便更好地服务下一期。

教师发展中心利用寒暑假给三青学员留做高考真题、创编试题等方面作业，开学组织测试和评价；每学年至少举办一次"青萍"基本功大赛；每学期对公开课、论文和课题获得"一、二类"奖的学员进行奖励等。

经过四年的摸索前行，"三青项目"四期培养近百人次，"三青"学员在项目培养下"茁壮"成长。他们获得了各种各样的荣誉和晋级机会，为老师们申报职称和各种荣誉提供了丰硕的教育教学成果。四年间，我们不仅遴选了适合不同教师培训的模式，还总结出不同的培训形式和内容。这一成果发挥了辐射作用，带动学科组、年级组共同研讨，同时学校还做着新的培训模式和内容的尝试工作。

"三青项目"是"学校有特色，学生有特长，教师有特质"办学理念的重要组成部分。项目在砥砺前行中也遇到了一些困难：内部困难是学校专家精英型教师（如正高级、特级教师）占比太小（不足1%），引领帮带效果非常有限，组建不起本校专家指导团队，需借力校外专家达成；外部困难是聘请校外专家需大量资金，若没有专项资金支持，很难维系。为了解决这些困难，学校积极寻求出路，例如连续两年申报"三青项目"的专项基金，希望获得区域教育部门的认可和大力支持，后续还会申请一些优质的网络课程等，推荐给"三青"师徒观摩学习。

我们明白未来只有提升学校教师队伍整体专业水平，才能组建自己的专家指导团队，为教师的专业发展源源不断地注入新的活力，形成良性循环机制，推动"三青项目"持续发展。

王丽荣　北京市古城中学

参考文献

北京市石景山区学校教育工作满意度调查报告——北京市古城中学（初中），石景山教育委员会（区政府教育督导室）、北京市石景山教育督导与教育质量评估检测中心，2020年，第3页．

有效园本教研从研究"真问题"开始

内容摘要 园本教研是提升教育教学质量和促进教师专业发展的重要保障。其中,研究问题建构起园本教研的基本框架,并直接影响其过程和实效。教研组织者需要在问题的选择、问题的研究到问题的解决等层面进行更多思考与探索。

关键词 园本教研;问题研究;教研实效

园本教研在推进教育教学改革、建立园本课程和引领教师发展中发挥着重要作用。问题研究是园本教研的主要范式。在整个研究过程中,发现并提出问题是起点,研究问题是过程,解决问题则是落脚点。多年来的教研实践促使我在"问"上下功夫,尝试从发现真问题、研究真问题、解决真问题三个层面探索提升教研活动的实效。

一、发现真问题,是有效开展园本教研的起点

发现真问题是有效开展园本教研的前提。反思教研实效,很多时候是在问题的选择上出现了偏差,或缺少在实践中对于问题的追本溯源,或对问题解析不够,或简单呈现问题,直接影响了教研的方向、过程和实效。

1. 基于实践去明晰问题

园本教研强调以园为本，研究问题一定来源于教学一线。作为教研组织者，可以通过日常进班指导、教师访谈、个别交流等形式搜集问题，但更需要教研组织者对问题的"去粗取精"，从教育问题的外在表现中进行选择和提炼，找准关键，抓好主要矛盾。对于搜集来的问题，一方面，可以从普遍性、迫切性、发展性等多个角度确定选择与否；另一方面，对于确定的选题，教研组织者也需要在实践中进一步观察和分析，梳理总结其中的共性问题，形成教研主题，制订教研方案。

实践链接：老师提出问题之后？

上学期，围绕玩具区的"师幼互动"，我和几个老师一起交流实践困惑。年轻教师杜老师问我："齐老师，我读了'三研究'获奖案例，感觉精彩之处是孩子们发现问题和解决问题的过程。可是班里孩子们玩得挺好的，好像都没有什么问题。"旁边的杨老师说："我发现了问题，试着提了提建议，孩子们不接受，还是搭自己的。"旁边的几个老师也点头表示认同。是没有问题？还是没有发现问题？孩子们为什么不接受老师的建议？我在心里打了一个大大的问号。

后面的一周时间里，我有意识地多去班里的玩具区。实践证明了我的猜想，不是孩子没有问题，而是老师们没有去发现孩子们的问题。不是孩子们不接受，而是老师没有弄清楚孩子们的搭建意图是什么，建议没有说到孩子们的心里去。于是，我开展了聚焦"问题解决"的系列教研活动，将教师的问题识别能力作为教研的首位。

2. 基于研究去细化问题

教育问题复杂而多元，涉及的内容包括教育理念、教学教法、家园关系等。问题背后的原因涉及儿童观、教育观、学习观等方面。围绕某一问题的教研通常涉及多个子问题，可以通过多次教研活动来研讨解决；即便是一次教研活动也可以将问题进行逐步细化。例如在教研活动"如何提供适宜的材料支持幼儿游戏"的研究中，基于问题研讨的不断深入，我们将问题不断进行梳理和细化，延伸出"投放材料的依据""不同年龄班材料投放的方式""在材料投放过程中如何兼顾幼儿游戏意图和教师教育意图"等一系列问题，通过深入研讨帮助教师去梳理问题背后涉及的教育理念与实践策略。

3. 基于案例去呈现问题

如何将问题呈现给老师，案例是一个非常好的载体，它生动具体，更契合幼儿老师的认知习惯。如何去寻找蕴含真问题的案例？除了将发现案例的任务交给老师，教研组织者也可以去发现或者生成一个包含真问题的好案例。发现案例更多是观察老师和幼儿的自然互动记录而成的一个案例，对于年轻老师较多的园所来说，这样的案例可能诊断意义多于分享意义。生成案例也是真实发生的，但是教研组织者参与其中，指导教师参与教学实践而生成的一个案例。这样的案例既有问题，又有对策；对于参与案例的老师来说，也是一次实践研究的过程，让老师更有信心参与到后面的教学研究中。

二、研究真问题，是有效园本教研的关键

在园本教研过程中，如何调动教师积极参与研讨过程，在不同观点的碰撞中反思教育实践是开展真教研的关键过程。在教研实践中，我们一边剖析原因，一边探索解决问题的策略。

1. 找准教师的最近发展区

教育问题背后的原因复杂且多元，解题方式也不是唯一的。因此，教研组织者需要依据教师的实际，对教师的已有经验和解题的"最近发展区"做到心中有数，不过度拔高问题，以免影响后续的实践落实。作为教研组织者，我也存在过度解读问题的情况，尝试寻找更多的解题方式，以给教师更多的启发和借鉴。但是在实践中发现，一些看似高大上的讨论已经超越了大部分教师的最近发展区，研讨过程不能支持教师后续的教学实践，得出的结论也束之高阁。

另外，教研组的建设也需要提前思考，既要有相互碰撞、互相学习的契机，也要考虑到经验背景不同造成的"一言堂"。

实践链接：小组化教研的探索

回想园所的教研活动，积极参与者常常为经验丰富的骨干教师，发言多，和主持人互动也多；青年教师、新教师经常处于被动地位，发言少，互动少，在活动过程中既没有参与感，也缺少获得感，教研兴趣持续减退。我们大胆改革教研形式，在全园教研的基础上引入了小组化教研，如新教师教研组、骨干教师教研组、不同领域的教研小组，在小组化的教研中，教师发言不再需要邀请，大家愿说敢说，由被动思考变为主动思考，并在同伴的支持下愿意大胆实践。

2. 抓住教研过程中的"关键提问"

在确定好研究主题后，教研组织者首先要明确其中的主要问题，备好关键提问。这不仅需要对问题本身的解析，还需要我们在实践中去发现和了解教师的已有经验，预设好发问、追问和质问。教研组织者一定要带着一些解题方法走进教研现场，只有如此，才能引发教师在研讨过程发生深入碰撞，在"同化"和"顺应"过程中去建构新的认知。教研过程中对问题的澄清，对背后原因的追问，对单一声音的质疑，不仅考验教研组织者的智慧，更需要教研组织者能够扎实深入在一线中，了解幼儿、了解教师，架设好理论与实践链接的桥梁。

3. 探索多元化的教研方式

教研方式有多种形式，教研组织者要结合教研的内容来探索、选择不同的活动形式。一般来说，教研方式的选择要依据几个原则：一是主动参与，无论是角色扮演还是现场讨论，教研形式一定要调动教师的主动参与；二是链接实践，通过观摩教学现场、观摩教学录像、研读教学实录等形式来解析问题；三是同伴学习，在不同的声音中引发更多的思考和学习；四是求同存异，通过辩论赛、小组讨论激发起教师发问的意识和能力，让教师成为教研过程中的提问者、质疑者和辨析者。在教研方式的选择上，一定要避免表面的热闹，形式一定要服务研究内容。

4. 关注教师"研"的能力

教师专业能力发展考验"研"的能力。在教研过程中，教师不仅要成为园本教研的主体，也要在其中发展问题意识，提高问题分析和问题解决的能力，其中就包括思考力或思维力，这是研究能力发展的关键。园本教研不仅要给教师提供机会，还要创造机会去激发教师理性思考，学会从教育问题现象去发现其背后的深层原因。教研的设计要有这样的意识，问题的设置要能促进理性思考，这些能力的培养需要借助园本教研的平台，帮助教师进行理解和联想、分析和判断、总结和归纳、表达和沟通。

思考链接：发展思维力

首都师范大学刘昊老师在一次讲座时提到，业务管理者要有意识引导教师在获得新知的同时发展思维能力。例如，围绕研究者对于几种合作水平的解释，请你在阅读的基础上自己先分析一下，用关键词或表格的形式梳理其中的发展特点。教师在其中不仅收获了关于幼儿合作能力发展的知识，更重要的是通过分析、比较、归纳等认知能力来发展自己的理解力。正如杜威所言，睿智的学习包括信息的积累和记忆，然而，如果信息不能被理解，也只是不被消化的负担……而理解就意味着抓住了所获信息不同部分的关系。只有在获取知识时持续不断进行思考，不断思考所学的意义，才能获得这样的理解。于是，在教研过程中，教研主持人会从提高教师思维能力层面来设计问题，充分调动教师认知主动性。如在教研前的"理论导读"环节中，请教师去概括核心要义和关键词；在研讨过程中，请教师用准确、精练的语言去梳理自己的观点，而不是"只谈过程，没有提炼"的经验分享。

三、解决真问题，是有效园本教研的终点

解决真问题是教研活动的终点。解决真问题需要我们借助更有效的方法和途径引导教师发现问题根本，寻找实践对策，提升教育教学质量。

1. 引入焦点讨论法，层层解析问题

在教研过程中，厘清问题关系到解决问题的实效。焦点讨论法可以给予我们很多思考。①客观性层面：清晰描述现象和问题，既要客观真实、又要重点突出，在鼓励多元分享的同时做好问题澄清。如："你遇到过这样的情景吗？可以简单描述一下吗？"②反应性层面：基于现象教师充分表达想法，充分调动已有经验，和问题产生联结，引发个人对问题的认知。如："看了这个案例，你的想法是什么？""谁有不同的想法？你能补充一下吗？"③诠释性层面：分析原因，儿童观、教育观或是学习观。如："背后的原因是什么？你的依据是什么？"④决定性层面：解决问题，明确对策。如："可能的解决策略是什么？我们可以做些什么？"这一提问方式较好回应了促进教师专业发展的需要，鼓励教师进行有意义的思考，获得反思性知识，在研究有收获，在研究有提升。

2. 及时捕捉关键信息，建构新认知

在围绕上述几个层面进行深入提问的同时，我们往往可以从教师的交流中捕捉很有价值的信息，或涉及理念，或涉及概念，或涉及方法，可以通过质疑或追问方式帮助教师去澄清内容，建构新的认知。如在围绕积木区游戏支持策略的研究中，小中大班教师各自分享了班级幼儿在积木区的游戏，大班教师分享的游戏过程明显体现了大班幼儿的年龄特点和游戏水平，这个时候教师可以及时进行提问："你从教师的描述中发现了哪些特点？"大家讨论出了"游戏连续性；关注细节；经验丰富；明显的分工合作；发现问题并尝试解决问题"等，在年龄班对比中帮助教师进一步分析和理解幼儿的游戏，为延伸支持策略做好铺垫。

3. 总结问题解决方法，有效回归实践

园本教研的最终效果要反映在解决问题上，反馈在教学实践中。一方面，教研组织者要从教师每次的活动反馈中反思教研的实效，如通过"你本次教研中的收获是什么？""下阶段你重点的改进措施是什么？"等提问，引导教师结合教研所得去改进自己的工作；另一方面，开展跟进式教研，将上阶段的实践

所得作为本次教研的开场性内容，如"上一阶段你的收获是什么？""你的措施调整效果如何？"引导教师将实践与教研紧密结合。同时，及时做好每次教研讨论的总结梳理，以文字形式呈现的教研活动记录中，具体指导下一步的教育教学实践。

园本教研聚焦于教育教学问题，旨在通过问题解决促进教师专业发展，提升教育教学质量。无论是发现和呈现问题、研究问题还是解决问题，离不开求真的态度、扎实的学识和有效的方式。

齐政珂　北京市石景山区幼儿园

参考文献

[1] 沈心燕主编.教研支持方式的实践与思考[M].北京：北京师范大学出版社，2009：97-104.

[2] 崔岚，黄丽萍编著.如何当好教研组长[M].上海：华东师范大学出版社，2011：115-116.

[3] 苏婧等著.基于幼儿课程实施的园本教研活动指导手册[M].北京：北京出版社，2019:15-16.

[4] 乔·尼尔森著.屠彬译.关键在问——焦点讨论法在学校中的应用[M].北京：教育科学出版社，2016：3-4，13-15.

实施对话式教研 提升幼儿教师教育智慧

内容摘要 教育智慧是教师专业发展的重要目标，它不仅是教师专业素质的体现，更是学前教育中与幼儿发展紧密相关的要素之一。而教育智慧的萌生、汲取和积淀，都需要教师用共融、共知、共享的意识和状态参与并达成，这就需要在轻松的、教师容易接受的方式下开展教研活动。本文针对"对话式教研"模式下研究问题、解决问题、总结经验，为提升教师教育智慧培养方法，以及开展学前教育教研活动提供了借鉴。

关键词 教育智慧；对话式教研；幼儿教师

一、幼儿园教师专业发展现状

幼儿园教师是幼儿教育活动的设计者、幼儿园特色的创造者和不同教学措施的践行者。幼儿园教师的专业化程度直接影响着我国学前教育的质量和发展。教师教育智慧的缺失也制约着幼儿园的整体素质和水平。目前我园有专业幼儿园教师21人，其中高级教师5人，一级教师9人，区级骨干教师3人，园级骨干教师4人。一线教师平均年龄39岁。造成我园幼儿园教师专业发展水平参差不齐的因素是多方面的。

（一）知识储备不足

幼儿园教师年龄两极化，有的 50 岁以上，有的不到 30 岁，年轻教师经验不足，教学方式不够灵活丰富。老教师经验丰富，但比较传统，思想更新不及时，很少有主动学习者。

（二）创新能力弱

由于年龄差异，教师研究热情和研究能力较差，对日常工作观察和思考较少，很少有人提问。研究课题负责的教师太少，观察和思考的主动性不足，课堂工作缺乏创新。

（三）教育机制差

在日常生活中，对于幼儿出现的问题，老教师讲得比较多，教学方法比较简单，青年教师的教学方法比较少，教学随意性大。

教学科研活动是提高教师教学智慧、促进教师专业发展的有效手段。我们认为，对于每一位教师的发展，以教师方便、容易的方式开展教研活动，能够启迪和吸收教学智慧和经验，使得教师自觉参与并达成共识。为此，幼儿园采用教学和对话研究的方法，研究问题、解决问题、总结经验，以提升教师的教育智慧。这种对话的本质不是完成一项任务，而是实现问题的共享、解决策略的共享、相关信息的共享、教师智慧的共享。通过对话，教师从谈话走向主动建构，教师在对话合作中从被动接受走向更新。

所谓"对话式教研"，是指教研双方在平等地位的基础上，就有价值的教研问题进行专业对话，以有效解决实际问题为目的。教学与教学实践中的教育智慧主要表现在教师对教学工作规律性的理解、创造性控制和深刻洞察、反应敏锐、反应灵活巧妙的综合能力。教师教育智慧的形成过程伴随着教师对教学和教学实践的探索和调查。

对话式教研中的教研方式对培养教师的教育智慧起到了积极的作用。一方面，轻松的教学和研究氛围让参与者能够更充分地思考和交流，碰撞出更多的方法和经验。另一方面，丰富的教研形式满足了不同层次教师的需求，充分调动了参与者的积极性，也可以增强参与者的主动性和研究意识，为参与者创造表达和表现的机会，赋能教师在平等交流中获得更多的教学智慧，提高教育教学质量。

二、对话式教研的实施策略

（一）结合幼儿园实际的课题对话，创造教师的教育智慧

首先，以《基于 CLASS 课堂评估系统提升教师在数学活动中的师幼互动质量的研究》课题中，通过与教师的对话交流、教师过往教育情况的考察、教师问卷的调查，以"教师论坛"为载体，发现问题均体现在教师对数学活动的支持、教育支持等方面，针对问题，为了聚焦材料的内容，教师就共同的问题进行意见和经验的对话，体现独立性和实用性。例如：为了数学教学更好地满足幼儿需要和兴趣，教师探讨"探究式教学实施"的策略，实现了教师"教"与"学"的转变。在转变教学方式的过程中，他们获得了促进孩子主动学习、激发思维的教学智慧。

其次，在"迁移幼儿 CPM 经验，促进其数学认知能力发展的实践研究"的课题研究中，梳理清晰了数学目标和幼儿数学学习的发展脉络，通过制定测查工具、观察幼儿行为、讨论指导策略、创新玩具玩法、迁移益智区等具体活动，获得了发展规律、创新活动方式的教育智慧。

再次，在师幼互动课题的研究中，教师们反复切磋，多次尝试，用行动实践与课题的对话，获得了师幼互动策略、方式的改变。教师们组织数学活动时思路更加宽阔，形式更加多样，载体更加丰富。例如，在研究图形领域教学时，有的老师充分发挥了数学绘本的教育价值，设计了小班智能图形数学活动，利用动

画、语音等技能设计和组织"图形变魔术"活动。班级提倡互动，鼓励小伙伴们用自己的身体来组合和变换各种图案。该活动在儿童中很受欢迎。它体现了数学源于生活，数学是有趣和有用的。

在科研项目的带领下，教师通过与学科的对话，产生了更多创新的教育智慧和独创性，突出了园所特色。

（二）加强交流和参与的同伴对话，吸收更多的教育智慧

教育工作者强调自我对话，必须敞开心扉，促进沟通、对话、参与和同伴协作，形成一个共同学习、共同成长、相互支持的学习社区。

1. 搭建对话平台，打造学习型团队

充分发挥教师的特长，也是对话的重要举措。我们以区级名师、区级教学专家、幼儿园级名师为带头人，从"环境教育""阳光体育""实地教学""CPM课程"四个方面进行集体研究。因为教师是独立的，所选的研究内容更加活跃，让教师能够展示如何让环境与孩子实现真正的互动；如何了解儿童在音乐活动中的基本经验；CPM指南如何为儿童实施个体差异策略。每学期对研究成果进行推广，激发了教师的研究热情和自主学习，形成了螺旋式上升的学习型组织。

2. 分解对话重点，实践分层式教研

如何实现有效对话，促进各级教师发展，是教研组织者必须考虑的现实问题。为此，幼儿园采取分层的教研模式，有针对性地促进每位教师的专业成长。例如：针对成长型教师群体的后续教学和现场调研——对于缺乏工作经验的新教师，我们称他们为成长型教师。在层次上专注于研究、阐释教学思想，改进常规教学组织形式，帮助这些教师尽快从教育教学工作中脱颖而出。通过对新教师实践活动的追溯，解决"解读—观察—实践—反思"系列活动中的困惑，有针对性地提高教师的教学技能。成熟教师群体分析及后续教学研究——成熟教师有一定的教学经验，但会存在某种习惯性、随机性等或多或少的问题。我们将教学和研究的重点放在教学策略和方法上。在应用中，让他们主动发现和分析问题，指导他们关注自己的学习和教学环境，不断寻找解决问题的方法，

提高自己的教学和教学能力。教学示范对话与研究核心教师群——骨干教师是幼儿园的骨干力量，经验丰富，推理能力强。我们专注于讨论教学技巧和艺术教学，通过异构课堂实践、开放式教学、现场诊断等方式，通过协作对话、共享思维等方式探索教育策略，改善教育行为，促使他们从经验研究转向学术研究。

（三）以实践对话推进案例研究，汇聚教师教育智慧

案例研究是教学和研究中常用的方法，在我们的案例研究活动中，我们的话题植根于数学教学的惯常做法，面对教师解决实际问题，激发教师与教学实践之间的对话。在寻找"数学活动增强幼儿材料传递策略独立性"的过程中，我们通过有效的对话策略，逐步引导教师通过实践活动、总结经验、形成教育智慧，在教研活动的开展中实现真正的对话。

1. 创设自由对话情景

我们对教师教学活动中的典型案例"教育活动中的交互式白板的运用"进行了第一次教研活动。通过播放视频，让每组老师说出他们看到了什么，这种行为的原因是什么。由于气氛相对平静，老师们畅所欲言，完美地发现了教育活动中的隐患并分析了原因。第二次，我们让老师们亲身体验操作材料，感受材料的优缺点。在这个过程中，教师迫不及待地与同伴讨论、提问、发表自己的感受和意见，进而形成集体意见。在第三次"如果是我"的教育和研究活动中，我们再次观察问题策略，分析它，扭转它，测试它并改进它。这样，老师们有话要说，想法就会发生冲突，为提高对话的实践质量创造条件。

2. 创建分层对话系统

在开展教研活动中，我们逐层推进。我们使用讨论感受和个人经历的策略来指导教师在研究过程中逐步解决问题。结合幼儿自主性中的要素在问题讨论上实现层次性，提出了材料的内容是否能吸引幼儿的积极参与，材料的形式是否能引发幼儿自主探究，材料的层次是否能促进幼儿动脑思考的问题，引领教师关注在自主性中凸显的几个方面。这样的问题的提出让教师在操作中目的更

加明确，思考方向更加明确，体验也更有针对性，在总结梳理时，也更能够达成共识。

教学科研让教师在视频播放中找到问题的本质；以个人经验确认问题原因；并在矛盾的想法中形成解决问题的处方。最后，老师们从内容、形式、材料投放层次等方面进行了总结整理，利用好"游戏"来激发孩子们参与活动的积极性。使用交互性为孩子们创造一个独立的氛围来探索和联系。巧妙运用"多样性"，为孩子们创造了自主选择的机会。致力于"挑战"，满足孩子自主探究的合理需求。

三、关于实施教研对话的思考

对话式教学与研究使教育工作者和研究人员形成有效互动，以客观研究为载体，交流思想、碰撞思想、澄清彼此的想法、解决实际问题，使教育工作者之间在共同的主题上共同成长。教学科研氛围舒适独立，教学科研成果清晰实用。在对话式教研方式下，教师获得了丰富的教学智慧，师生互动氛围更好，方法更加灵活，教学策略更有利于孩子的发展，数学教育活动质量显著提高，并且孩子的数学熟悉度在学期末的评价中达到了很高的水平。

当然，针对教师年龄差异问题，青年教师的专业发展还需要丰富知识和扎实的理论基础，巩固教学基本功，通过大量的实践指导和研究，获得更多的教学智慧。思考和促进可持续的自我发展。

幼儿园的教学和研究仍在探索和推进中。如何围绕儿童发展和幼儿园方向，使幼儿园教研真正为儿童发展服务，为教师发展服务，促进幼儿园全面发展，将是不断探索的方向。我们将立足教师和幼儿的发展，坚定不移地继续开展幼儿园教师的师幼教研工作，推动幼儿园保育质量逐步提高。

刘　薇　北京市石景山区八角幼儿园

参考文献

[1] 郑晞. 开展对话式教研，提高园本教研有效性[J]. 科教导刊（上旬刊），2010（1）：87-88.

[2] 巩妍. 挖掘教育智慧，提高幼儿教师专业化水平[J]. 新课程（教育学术版），2008（1）：39.

"学习故事"促进青年教师发展性评价能力提升的路径探析 *

内容摘要　注意、识别和回应是学习故事促进青年教师发展性评价能力提升的实践要素,以学习故事为载体促进青年教师发展性评价能力提升的实践路径,一是基于观察、解读幼儿的园本教研促进教师游戏评价能力的发展;二是基于自留地+工作室模式促进教师领域教学评价能力的提高;三是基于家园共育平台促进教师家园评价能力的提升。在此基础上优化教研制度及流程,提供制度保障。

关键词　"学习故事";发展性评价能力;青年教师

幼儿园青年教师比例大,教师在发展性评价方面存在着评价知识薄弱、评价方法有限等问题。"学习故事"是一种形成性评价,关注的是幼儿终身发展所需要的学习品质,它让教师更加关注幼儿的"能力"而非"问题"、更多地给予活动"支持"而非"主导"、更注重对行为"回应"而非"判断",其对教师提出的要求有助于提升其发展性评价能力。因此,研究以"学习故事"为抓手,以青年教师为研究对象,立足青年教师发展性评价能力的现状,重点探索了如何以学习故事为载体,提升青年教师的发展性评价能力。

---

* 本论文系北京市教育学会十四五重点课题"基于幼小纵向衔接的书香乐园德育课程构建研究"阶段性成果(课题编号:YRYZD 2021-001)。

一、"学习故事"促进青年教师发展性评价能力提升的实践要素

注意、识别和回应作为"学习故事"的三要素，是教师运用"学习故事"进行评价的基础，教师在注意、识别和回应中了解幼儿，促进自身的评价理念，观察、记录能力，评价分析能力及沟通能力的发展。

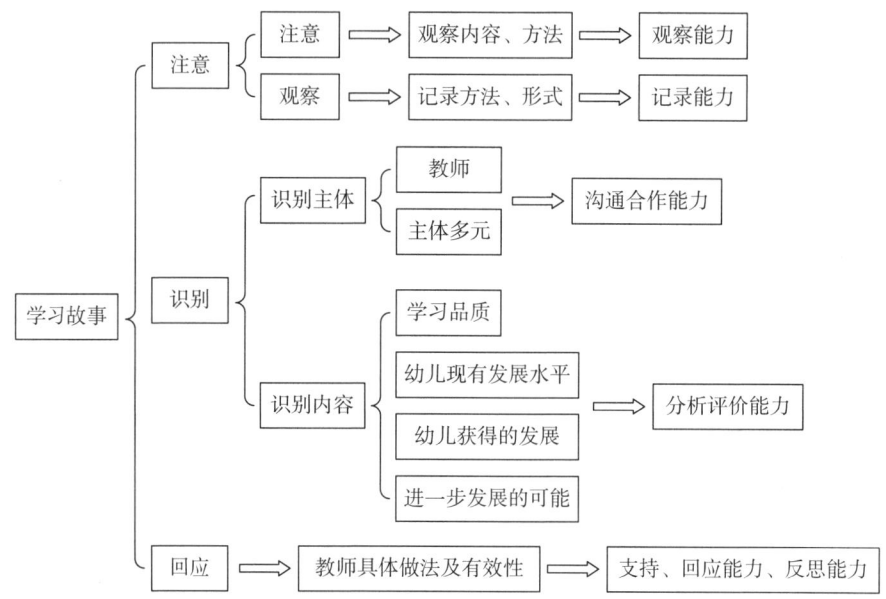

图1 学习故事促进青年教师发展性评价能力提升的实践要素

（一）注意

首先，注意的内容是幼儿的"魔法时刻"，是幼儿能做的，教师第一步要做的是发现"魔法时刻"，从幼儿的语言、行为、表情等方面观察幼儿。教师学会为自己注意的幼儿拍照并随时把孩子的"魔法时刻"记录下来。其次，以区域活动为注意的环境背景，注意要客观、真实，不过多加入老师的主观判断。在研究中，引导教师用文字记录幼儿的"魔法时刻"，并进行"集体讨论和分享"。一开始，教师对幼儿的"魔法时刻"描述主要有两个问题：一是注意的

不全面，二是描述的不客观，经过讨论、反思教师开始注重注意幼儿的表情，为其撰写"学习故事"，观察和记录能力也悄然地发生变化。

（二）识别

识别是"学习故事"的核心，识别的内容包括幼儿的学习品质、现有发展水平、获得的发展以及进一步发展的可能几个部分。本研究主要是从幼儿的学习品质作为幼儿教师识别的重点：第一，幼儿身心发展特点和规律；第二，学习态度，如积极性、主动性、好奇心、想象力和创造力；第三，学习行为和习惯，比如责任心、专注力、计划性、反思能力等；第四，学习策略，比如使用工具的能力、模仿能力、资源的利用能力、感知觉器官的运用能力等。在研究"识别"的过程中，首先引导教师学会如何准确识别幼儿。通过"案例分析"，从撰写的"学习故事"中抽取部分文本进行集体阅读、分析和研讨，相互学习和启发；其次是引导教师学会如何用专业的知识识别幼儿。开展关于专业知识和"学习故事"相联系的集体研讨，通过"案例分析"的学习和反思，教师分析和解读幼儿的能力不断得到提高，其自身的专业知识也在不断丰富。

（三）回应

回应是"学习故事"的最后环节，是在注意和识别的基础上为了促进幼儿的进一步发展而与幼儿进行的有效互动以及提出的发展策略。教师从以下几个方面回应幼儿的学习行为：第一，从自身语言、行为、态度等方面反思与改进；第二，对环境的重新创设与利用；第三，对材料的投放和利用；第四，及时有效地与家长沟通，获得家长的反馈。回应是建立在注意和识别的基础之上，只有准确注意和识别幼儿，才能提出进一步发展的策略，这也是教师反思和评价能力不断提高的过程。为了提高回应的针对性，采用"一案多研"的方法，针对教师提出的解决策略，做进一步的分析，以提出不同发展策略。在此过程中，教师组织教学能力和反思能力得到提升。

二、"学习故事"促进青年教师发展性评价能力提升的实践路径

（一）基于观察、解读幼儿的园本教研促进教师游戏评价能力的发展

通过基于观察、解读幼儿的园本教研活动，帮助教师抓住观察、解读幼儿的核心要素，提升注意、识别幼儿游戏行为的能力。

1.抓住基于观察、解读幼儿的园本教研活动内涵

观察、解读幼儿是教师应具备的专业能力。教师必须通过认真观察、准确解读，了解幼儿的兴趣，与同伴、环境的互动情况，自身具有的学习特点等。在不断的理论学习过程中，教师普遍认识到观察、解读幼儿的重要性，但对于观察什么、何时观察、怎样观察、如何基于观察进行准确解读仍然欠缺可操作的方法。很多老师表示"不知应在游戏中观察什么""不知如何观察、记录幼儿的游戏表现""不知道、从哪些方面解读幼儿的表现"，折射出理念与实践两层皮、观念与行动的脱节。基于观察、解读幼儿的园本教研活动正是要解决这个问题，帮助教师学会如何观察幼儿、解读幼儿。

2.明确基于观察、解读幼儿的教研活动要素

基于观察、解读幼儿的园本教研主要围绕观察内容、观察记录的方法以及解读幼儿表现的方法三个方面要素展开。

表1 观察解读幼儿的教研要素

教研要素	教师核心困惑问题	教研专题参考
观察的内容	1. 在区域游戏指导中不知道应该观察什么 2. 在生活活动中观察幼儿不知道应该观察什么 3. 在集体教学活动中观察幼儿不知道应该观察什么	1. 生活活动中观察幼儿，应该观察什么？ 2. 区域游戏中观察幼儿，应该观察什么？ 3. 集体教学中观察幼儿，应该观察什么？

续表

教研要素	教师核心困惑问题	教研专题参考
观察、记录的方法	1. 不知道如何观察幼儿的表现 2. 不知道如何记录幼儿的表现	1. 如何观察、记录幼儿在角色游戏中与同伴的交往表现? 2. 如何观察、记录幼儿在益智区与玩具材料的互动? 3. 如何观察、记录幼儿在建构游戏中的合作行为? 4. 如何观察、记录幼儿在表演游戏中对角色的理解与表现? 5. 如何观察、记录幼儿在生活活动中与同伴、教师的互动行为?
解读幼儿表现的方法	1. 应重点解读幼儿哪些表现? 2. 解读幼儿的方法是什么?	1. 角色游戏中应重点解读幼儿哪些表现? 2. 如何解读幼儿的"不按规则玩"? 3. 如何解读建筑区中幼儿的搭建行为? 4. 怎样在生活活动中准确解读幼儿的情感需求? 5. 如何解读幼儿的"反常行为"?

围绕在观察幼儿、解读幼儿方面存在的困惑,开展了基于观察、解读幼儿的园本教研活动,解决教师"不知道应该观察什么""不知道如何观察、记录""不知道如何进行解读"的问题。

例如,在"区域游戏中观察幼儿,应该观察什么?"园本教研中,首先呈现了前期对老师访谈结果的梳理,即教师对区域游戏中应该观察什么的已有认识。通过访谈结果的梳理和呈现,帮助老师了解"区域游戏中观察的对象有哪些"这一关键问题,教师能够一目了然地发现区域游戏中观察的对象是"幼儿"和"材料",为接下来的讨论做好铺垫。其次,引导教师从幼儿、材料两个角度讨论观察内容,通过分组讨论捕捉到在进行区域游戏的观察时分别从幼儿、材料这两个方面要观察的内容。以真实案例,引导教师进一步思考观察的内容有哪些。同时明确在区域游戏观察中,不能单单从幼儿或材料来观察,而是要通过游戏行为来分析幼儿,从而进一步支持幼儿的游戏,促进幼儿发展。

（二）基于"自留地"+工作室模式促进教师领域教学评价能力的提高

1. 开辟领域"自留地"，以特长带动专业发展

对于青年教师来说，如果说有序、科学地组织幼儿一日生活是其专业发展的"责任田"，那么确立自己的领域特长发展方向就是其专业发展的"自留地"。让每一位青年教师既照顾好自己的"责任田"，又发展好自己的"自留地"，以领域特长带动其专业整体发展。

幼儿园针对教师的"自留地"，为其提供定制化培训。如针对语言领域自留地的教师，输送其参加国家、市区级绘本讲读工作坊，并结合不同年级组语言领域教学关键经验，开展"排图讲述""幼儿辩论赛""诗歌仿编""故事讲读"等研究课、观摩课，促进其语言领域教学能力有效提升。开展语言区游戏材料投放与游戏指导的专题研究活动，引导青年教师结合语言领域关键经验设计语言区游戏材料，促进青年教师区域游戏材料投放与指导能力的提升。

2. 创建层级工作室，促进青年教师评价能力提升

创建教师三层级培养模式，依据层级培养目标成立骨干教师、成长期、职初期教师工作室，分别由园长和两位副园长担任工作室主持人。"教师工作室"活动以日常工作为基础，以基本功大赛为途径，以幼儿发展为根本，以促进教师发展性评价能力提升为目标，针对工作室成员的不同特点、不同岗位，通过相互观摩、区域指导、交流分享等多种形式促进成员的教育教学实践能力尤其是发展性评价能力的提升。

第一层级：骨干教师——通过参与课题、编写园本课程、组织参与幼儿园评价活动、参加市区级教师教学活动评比等形式，引领骨干教师形成自身教学风格，具备初步研究意识。

第二层级：成长期教师——鼓励承担研究课、观摩课，参与幼儿园评价活动、逐步帮助成长期教师形成个人领域优势和特长。

第三层级：职初期教师——组织教师观摩学习骨干教师活动、一对一学习故事撰写指导、参加园所"烛光杯"大赛等,逐步提高职初期教师的一日活动组织能力。

(三)基于家园共育平台促进教师家园评价能力的提升

1.改进家园联系册,在家园沟通中提升教师评价能力

为了充分调动家长的积极性,与家长共同开展学习评价,幼儿园将原来的家园联系册内容进行调整,在改版的《幼儿成长册》中增加"学习故事"的内容,家园共同撰写幼儿的学习成长故事。第一,教师引导家长认识"学习故事",理解"学习故事"中"发现幼儿闪光点"的理念;第二,在家长看到"学习故事"的乐趣和价值后,鼓励家长记录幼儿在家发生的"魔法时刻";第三,教师与家长互相分享、交流"学习故事",提高家长的教育技能;第四,将幼儿的行为及时与家长沟通,共同识别幼儿的发展;第五,教师与家长讨论对幼儿的支持策略,保持教育一致性。教师、幼儿、家长共同参与,形成教育合力。

2.开展阅读工程活动,在家园共育中提升观察指导能力

通过开展阅读工程"有字之书""无字之书"系列活动,引导家长和幼儿园共同参与到每月一次的飞猪亲子阅读交流活动、每学期一次的"戏剧大舞台"活动、亲子讲故事录音活动中,在阅读工程系列活动开展过程中,增进了师幼互动的情感联系,进一步促进了教师对幼儿的观察和指导能力的提升。

3.识别主体多元化,家园协同促进幼儿学习发展

"学习故事"倡导识别主体多元化,使"学习故事"的理念真正落实到具体的幼儿个体中,就必须让家长也了解并接纳"学习故事"的理念,感受到"学习故事"所传递的爱与力量,明确自己在幼儿学习中的责任和角色。因此园所充分调动家长的积极性,联合家长一起对幼儿行为开展评价。在评价过程中,教师主动与家长沟通,搭建家园共育的平台,共同协商探讨适宜的教育策略,家园协同促进幼儿学习发展。

三、优化教研制度及流程，提供制度保障

帮助教师在实践中科学、合理地运用"学习故事"，并以此作为重要的依据评价教师发展性评价能力水平的提升。

（一）调整考核制度，赋予教师时间、空间

在与青年教师访谈中，很多教师表示没有时间对孩子进行观察。"每天早晨要带孩子做早操，然后组织幼儿吃早饭，组织区域游戏、教育活动，还要完成各项文字材料的撰写，没有时间深入观察幼儿。"针对这一问题，幼儿园根据实际适当调整的考核制度。一方面删除一些可有可无的考核指标，给教师减压，使教师有足够的时间和精力去观察幼儿，分析幼儿。另一方面增加学习故事、幼儿游戏指导在考核体系中的比重，提高教师观察记录、科学分析幼儿的积极性。如结合教师运用学习故事评价幼儿的实际情况，制定了《学习故事评价标准》。

（二）调整生活作息时间，保证幼儿充分游戏时间

适当延长幼儿游戏时间，将原本40分钟的区域游戏时间延长至70分钟，让幼儿真正玩起来，在真实宽松的环境下尽情展现自我。将原有一日生活中"碎片"的环节进行整合，让不同环节进行自然的过渡和转化，如将原来整齐划一式的集体加餐改为在区域游戏中幼儿的自主加餐，培养幼儿自我服务能力的同时提高教师尊重幼儿主体性的意识，为教师观察、指导幼儿提供空间、时间的保障。

表2　"学习故事"评价标准

姓名	评价角度	评价标准	学期初						学期中						学期末					
			月初（学习故事A）			月末（学习故事B）			月初（学习故事C）			月末（学习故事D）			月初（学习故事E）			月末（学习故事F）		
			一般	较好	很好	一般	较好	很好	一般	较好	很好	一般	较好	很好	一般	较好	很好	一般	较好	很好
教师甲	注意	1. 能正确注意/发现幼儿的学习行为																		
		2. 能及时发现/注意幼儿的学习行为																		
		3. 能客观、准确地描述幼儿的学习																		
		4. 能准确判断学习的相对水平																		
		5. 能准确判断自身的自身水平（指与幼儿自身的发展进步对比，纵向比较）																		
		6. 能准确判断学习发生的领域/方面																		
		7. 能准确判断学习的价值																		
		8. 能准确判断最近发展区																		
		9. 能准确清晰地描述自己的识别																		

续表

姓名	评价角度	评价标准	学期初						学期中						学期末					
			月初（习故事A）			月末（习故事B）			月初（习故事C）			月末（习故事D）			月初（习故事E）			月末（习故事F）		
			一般	较好	很好	一般	较好	很好	一般	较好	很好	一般	较好	很好	一般	较好	很好	一般	较好	很好
教师甲	回应	10. 能根据最近发展区给予回应																		
		11. 回应时机适宜（适宜不等于及时，不是所有的回应都必须及时）																		
		12. 回应方法适宜（指以游戏参与者身份，还是教师身份，还是悄悄提供材料……）																		
		13. 幼儿能够给予积极反馈																		
		14. 能准确清晰地描述自己的回应																		
教师乙	注意	同甲																		
	识别	同甲																		
	回应	同甲																		
教师丙	注意	同甲																		
	识别	同甲																		
	回应	同甲																		

表 3　作息时间调整对比图（旧）

上午		
7:30 ~ 7:50	来园	来园、晨间锻炼
7:50 ~ 8:30	早餐	餐前准备、进餐
8:30 ~ 10:00	区域活动	区域活动（自主饮水自主加餐）
10:00 ~ 11:00	户外活动	户外活动（自主饮水）
11:00 ~ 11:30	餐前准备	安静游戏、餐前准备
11:30 ~ 12:00	午餐	午餐
下午		
12:10 ~ 14:00	午睡	午睡
14:00 ~ 14:30	午点	起床、午点、饮水
14:30 ~ 15:10	教育活动	教育活动
15:10 ~ 16:00	户外活动	户外活动（集体饮水+自主饮水）
16:00 ~ 16:50	晚餐	餐前准备、晚餐
16:50 ~ 17:00	离园	离园准备、幼儿离园

作息时间调整对比图（新）

上午		
7:30 ~ 7:50	来园	来园、晨间锻炼
7:50 ~ 8:30	早餐	取餐具、进餐
8:30 ~ 9:15	区域活动	区域活动（自主饮水）
9:15 ~ 10:15		户外活动（自主饮水）
10:15 ~ 10:25		上午加餐（奶+点心）
10:25 ~ 11:00	户外活动	教学活动
11:00 ~ 11:30	餐前准备	安静游戏、餐前准备
11:30 ~ 12:00	午餐	午餐
12:00 ~ 12:10	午睡准备	散步、如厕、准备入睡
下午		
12:10 ~ 14:00	午睡	午睡
14:00 ~ 14:30	午点	起床、午点、饮水
14:30 ~ 15:10	教育活动	教育活动
15:10 ~ 16:00	户外活动	户外活动（集体饮水+自主饮水）
16:00 ~ 16:20	餐前准备	餐前准备、晚餐
16:20 ~ 16:50	晚餐	晚餐
16:50 ~ 17:00	离园	离园准备、幼儿离园

学习故事是促进青年教师发展性评价能力提升的有效抓手，但其局限性也不容忽视，如适合小组学习而不适用于大规模的集体学习。因此，一方面要准确理解其理论基础、文化背景和价值取向，另一方面要保持理性思考，进一步

完善适合教师专业发展水平的幼儿园课程体系和促进教师专业能力提升的现实路径。

宫亚男　北京师范大学石景山附属幼儿园

参考文献

[1] 玛格丽特·卡尔. 另一种评价：学习故事 [M]. 北京：教育科学出版社，2016.

[2] 玛格丽特·卡尔. 学习的心智倾向与早期教育环境创设：形成中的学习 [M]. 北京：教育科学出版社，2016.

[3] 玛格丽特·卡尔：学习故事与早期教育：建构学习者的形象 [M]. 北京：教育科学出版社，2015.

[4] 姚伟. 幼儿园教育评价行动研究 [M]. 南京，南京师范大学出版社，2012.

[5] 何丽蓉. 基于幼儿教师专业能力发展的学习故事研究 [D]. 硕士学位论文，2016.

[6] 刘占兰. 让儿童观察记录更客观真实 [J]. 学前教育，2014（12）．

[7] 刘占兰. 从专题到现场：相互衔接与呼应的培训方式 [J]. 学前教育研究，2006（10）：44-47.

[8] 周欣，黄瑾，华爱华，周念丽，张亚杰. 学前儿童数学学习的观察和评价——学习故事评价方法的应用 [J]. 幼儿教育，2012（16）：12-14.

[9] 周菁，温迪. 走进"学习故事"——来自新西兰幼教课程改革的启示 [J]. 学前教育，2014（4）．

[10] 王瑜元. 让"学习故事"成为师幼共同成长的平台 [J]. 学前教育，2014（4）．

[11] 鲍钰清. 在"学习故事"中准确识别与有效回应 [J]. 学前教育，2014（12）．

[12] 肖建霞. 运用"学习故事"促进教师专业成长 [J]. 幼儿教育，2014（13）：39-41.

[13] 王明珠. 利用学习故事提高幼儿教师观察解读幼儿的能力 [J]. 早期教育，2014（11）．

[14] 刘红喜. 园本教研与教师专业成长 [J]. 学前教育研究，2008（9）：68-69.

[15] 庞青. 尊重教师专业发展需要，构建多元化的园本教研体系 [J]. 学前教育研究，2010（4）：67-69.

[16] 谢芬莲. 学习故事：新西兰儿童发展评价模式及其启示 [D]. 西北师范大学，2015.

在食育教研中促进教师专业成长

内容摘要 园本教研活动是幼儿教师获得专业成长的重要途径之一。真实、有效的园本教研过程能够转变教师的观念,提升教师的专业技能。根据教师的学习规律和研究需求,石景山区实验幼儿园精细食育教研过程,通过具体案例分析,支持教师获得初步体验;思维导图支架,引导教师形成思考路径;方法工具实操,巩固教师应用生成活动经验等三个循序渐进的步骤,提高教师设计和组织食育主题活动的能力。

关键词 园本教研;幼儿园食育;主题活动

近几年,我园开展了与食物相关的研究,即幼儿食育的实践研究。研究中,我园开辟了幼儿种植园,建构了专门的幼儿烹饪室(宝贝厨房),布置了食物分享区,将种植、采摘、食物制作、饮食与分享联结和循环起来,带给孩子丰富的学习体验。班级以主题的形式开展了很多与食物相关的多领域整合活动,即食育主题活动。

持续2个学期的研究结束时,我园在梳理食育研究成果时发现,以往开展的食育主题活动,教师预设的多,遵循幼儿兴趣和经验而生成的少,教师作用明显,儿童视角欠缺。基于这一问题,我园确立了园本教研主题:如何在食育主题活动中促进幼儿主动学习。拟通过此项内容的园本教研活动,提高教师对幼儿食物学习的观察和分析能力,遵循幼儿兴趣和经验发展的线索生成以幼儿为主体的食育活动内容。

一、具体案例分析，支持教师获得初步体验

教研伊始，借鉴主动学习、深度学习的相关理论和项目研究的方法，我们开展了"怎样设计一个好的食育主题方案""如何制订生成课程的主题计划"的教研活动。在两次教研后，部分教师能够根据幼儿在活动中提出的问题来生成主题活动内容。但是，多数青年教师依然沿用以往主题活动设计的方式，对主题活动进行全部预设，未给幼儿自主生成活动留出空间和机会。正在我对这些教师改变不明显而困惑时，一位青年教师找到我。

"李老师，您前几次带着我们教研的理念和认识，我们都认同。但是我不知道怎么做，比如怎么找孩子的兴趣点？孩子爱干什么我就开展什么活动吗？还有，怎么分析孩子的前期经验呢？"

这位教师的困惑让我恍然大悟！成熟期有经验的教师，给予理念和方向，通过自己领悟就能改进实践。但是还处在成长期的教师需要给予更具体的过程性指导。即让教师看到生成活动的具体案例和过程，才能让他们真正了解如何生成活动。接下来的一个星期，我一直在寻找这个具体案例作为突破口。终于，我在幼儿烹饪室——宝贝厨房抓到了这个时机。

我和教师们观摩宝贝厨房的食物制作活动"大班创意面点"时，大班孩子们揉搓着加上菠菜汁、胡萝卜汁、火龙果汁的面团，玩得爱不释手。老师催着把这些面点放到蒸屉上去蒸，孩子们才恋恋不舍地放上去。宝贝厨房的孟老师看到后提出，撒到桌子上的面可以收集起来，专门供孩子玩。孩子们认真地把桌上的面粉扫到一个盆里，有的加上水，和成面团，有的加上菜汁变成五彩面团，给面团塑型，还有的幼儿把面和成面糊后提议，就像做蔬菜饼似的，放在锅里炒一炒看看是什么样子。孟老师给他们提供了锅支持他们炒面糊。面糊炒制后就像橡皮泥似的，又软又有韧劲。这几个孩子兴奋地说：我们用面做了橡

皮泥！其他孩子也跃跃欲试，也想做"橡皮泥"。孟老师和他们约定下次来宝贝厨房一起制作"橡皮泥"。

看到这个生动鲜活的"意外"事件，我组织教师研讨：你们觉得孟老师通过"创意面点"活动生成的"做橡皮泥"的活动好不好？在大家一致认为做橡皮泥的活动是追随孩子自然生成的时候，我引导教师回顾并思考：在刚才的事例中，幼儿的兴趣点是什么？教师提供了什么支持？生成的活动内容和幼儿的原有经验有什么关系？等问题。有具体事例的支撑，教师们畅所欲言，初步感知到经验在活动内容生成上的作用。

我趁热打铁的让老师们用面粉做橡皮泥，他们玩得不亦乐乎。这次活动激发了教师的探究热情，引发了我们用过期的、用废了的面粉、米、豆、果皮、蔬菜等食材进行游戏的探索。教师开动脑筋，查阅资料，做了很多尝试，整理出了培乐多、染色豆子、史莱姆等3大类。在这个过程中，教师对一些食材的特性及多种用途有了更深入的感知，逐渐体会到这些废弃食材做的玩具更安全、可降解、低结构，符合可持续发展理念。我们把这些食材投放到班级，让孩子自己选择材料，按照自己的意愿玩。孩子比老师预设的想法更多，玩得更有趣，更专注。实验幼儿园的食育活动又增添了新的内容——食物游戏。

二、思维导图支架，引导教师形成思考路径

在食物游戏中什么样的学习在这里发生了？如何根据幼儿的经验和需求支持幼儿对游戏产生持续的兴趣成为第二阶段教研的重点。

在班上都玩起了食物游戏后，我们开展了"如何支持幼儿对食物游戏产生持续的兴趣"的教研活动。重点引导教师通过幼儿经验的线索生成活动。教研过程分为三个步骤，首先让教师观看幼儿食物游戏的视频，参考《3~6岁儿童学习与发展指南》中各领域的目标和表现，分析：在食物游戏中幼儿发生了怎样的学习，提取出幼儿在食物游戏中获得的经验。教师梳理经验时，教研组织

者绘制思维导图，第一分支为五大领域，第二分支为各领域的经验，把教师现场提到的经验写到第二分支的相应领域上。其分析教师提供了哪些支持帮助幼儿获得了这些经验。在梳理支持策略时，教研组织者把教师提到的支持策略写到相对应的经验下面，引导教师将幼儿的经验获得与教师的支持关联起来。最后，教研组织者引导教师根据幼儿经验发展的线索和本班幼儿的游戏表现，丰富和拓展食物游戏。小组分享时，教研组织者将老师们设计的延展活动记录在思维导图的相应经验分支上。这样做的目的是让教师看到设计延展游戏的思维过程，给予教师直观的感受：延展活动要关注幼儿在游戏中的经验获得，才能支持幼儿对游戏产生持续的兴趣。

思维导图的绘制和记录过程，把教研组织者和教师的思考过程显化出来，让教师"看见"遵循幼儿经验生成活动的具体路径，帮助教师初步形成了生成活动的经验。

三、方法工具实操，帮助教师巩固已有经验

在第二阶段的园本教研中，教师有了寻找幼儿经验发展线索设计、生成活动内容的经验。在主题活动实施中如何更好地运用这条经验，需要教研组织者创造实操机会，提供工具支架。

要运用第二阶段教研中获得的经验，必须将思维导图的分析过程简化并落实到教师每天的观察记录中，于是便形成了日观察记录表。我们鼓励教师在每月中下旬选择一周的时间持续观察记录，通过记录幼儿在区域游戏中最感兴趣的、能做的、专注的事情，捕捉那些激发幼儿讨论和探究的"关键事件"，发现幼儿可能存在的学习线索，为明日或近期有目的的回应，生成新的活动内容做导引。

在周观察当中，我们发现了一些对后续活动内容的生成特别有推进作用的事例，如大三班蛋的主题中，周三有孩子在观察种蛋和普通的蛋的区别时，结

合阅读《狐狸爸爸鸭儿子》的绘本经验，提出自己来孵蛋的想法。很多孩子应和这一想法，于是教师便生成了孵蛋的计划和活动。我们鼓励教师把每周中这样的关键事件提炼出来，按照时间顺序连接、延续，到每月月底就形成了整月的自主游戏生成图，通过每周关键事件的回顾梳理，帮助教师把握活动生成推进的线索。

经过这样的操作，教师们更加关注活动中幼儿的兴趣和问题，重视幼儿的已有经验在活动开展中的重要作用。对幼儿兴趣、想法和经验的充分了解，确保了教师在开展食育主题活动时做到幼儿在前，教师在后，支持幼儿持续探索、主动学习。

园本教研需要理念的引领，更需要行动路径和操作方法的支架。具体案例分析、思维导图支架、日观察记录的关键事件回顾的园本教研过程，让教师的教育理念真正落地为教育行为，落实在幼儿主动学习和发展上！

李 徽　北京市石景山区实验幼儿园

参考文献

[1] 虞永平. 幼儿炊事室（区）与幼儿园课程 [J]. 幼儿教育，2010（16）：6-7.

[2] 原晋霞. 在炊事活动中促进幼儿全面发展 [J]. 幼儿教育，2011(11)：18-19.

[3] 刘志. 关于幼儿园有效园本教研的思考与探索 [A]. 国家教师科研专项基金科研成果 2019（5）[C]. 2019.

[4] 陈建榕. 以问题为导向的园本教研实施路径探析 [J]. 教育导刊 (下半月)，2021：65-69.

第三章

深耕课堂改革

"双师课堂"赋能城区集团化学校提质增效

内容摘要 本文借助笔者所在教育集团的实践经验,从"双师课堂"技术在城区学校的应用价值、应用案例以及应用空间三个方面,系统地回答了"双师课堂"技术在城区学校应用的必要性、如何服务城区学校"双减"背景下的提质增效以及有哪些应用范围三个核心问题。

关键词 "双师课堂";城区;集团化学校;提质增效

"双师课堂"这一概念在教育领域早已不是新名词。"双师教学"模式最早源于人大附中校长刘彭芝和友成基金会副理事长汤敏的教育思想,该模式推进的主要目的在于解决我国西部地区师资资源匮乏及城乡教育资源分布不均的问题[1],但这一模式在城区学校鲜有使用。当今,在"双减"背景下,"双师课堂"技术在城区学校应用的必要性是什么?如何为城区学校的提质增效服务?在城区学校有哪些可探索的应用空间?这将是本文要探讨的几个核心问题。

一、"双师课堂"技术在城区学校的应用价值

"双师课堂"技术的基本优势是跨越空间限制,实现优质师资资源的共享。随着"双师课堂"技术的不断扩展开发,如手持终端的同步互动交流、平台大

数据的存储、分析、应用等，大大提升了该技术的应用价值。

（一）城区学校优质均衡发展的需要

由于历史、政策、发展等原因，优质的师资、生源、设备等各种资源集中于少数学校，造成城市义务教育差异化发展[2]。要完善义务教育均衡优质发展的体制机制，改进教学方式和学习方式，变革教学组织形式，创新教学手段，改革学生评价方式。"双师课堂"技术的发展与应用，可以促进城区义务教育优质均衡发展及教与学方式的变革。

（二）城区学校教育信息化发展的需要

要实现从专用资源向大资源转变；从提升师生信息技术应用能力，向提升信息技术素养转变；从应用融合发展，向创新融合发展转变。"双师课堂"技术的发展与应用，将在推进城区学校教育信息化发展方面发挥举足轻重的作用。

（三）城区学校落实"双减"工作的需要

随着"双减"政策的出台，各地、各校围绕"如何提升课堂教学效率、如何减轻学生作业负担、如何增强课后服务吸引力"等关键问题展开了探索和尝试。北京、上海等九地教育部门和学校率先落地"双减"，让教育回归育人本位，回归自然生态。优质师资无疑成为"双减"落地的关键因素之一，而"双师课堂"恰好能实现优质师资共享，因此将成为助力"双减"的有效策略之一。

二、"双师课堂"技术在城区集团化学校的应用案例

集团化办学是推进基础教育优质均衡发展的重要手段之一，其主要目的是实现资源融通，共享共生。"双师课堂"技术的应用，可以为推进集团化办学的

发展进程，践行集团化办学的核心价值，促进集团各成员校优质均衡发展，为区域内每一名学子享受公平而有质量的教育奠定坚实的基础。同时，在"双减"背景下，各学校致力于做好课后服务工作，不断提升课堂教学效率的情形下，这种优质均衡发展对集团各成员校"提质增效"工作将发挥重要作用。现以北京九中教育集团为例，介绍一下"双师课堂"技术的应用探索，以解决"双师课堂"技术如何为城区学校的提质增效服务问题。

（一）转变观念，明确"双师课堂"的工作目标

由于"双师课堂"技术最初是为解决贫困或边远地区教育资源短缺、实现教育优质均衡发展而采取的策略，所以对于城区学校的老师来说，对"双师课堂"技术的应用存在一定的困惑和不解，认识不到其在城区范围内所能发挥的重要作用。为此，引导广大教师转变教育观念，拓宽对"双师课堂"的认识和理解，统一目标、明确任务是非常必要的。

北京九中教育集团将"双师课堂"的主要工作目标确定为：借助相关软硬件设备，构建跨教室或跨学校的音视频互动、线上线下同步互动直播教学、名师课堂在线观摩、远程网络教研、大规模应急直播等常见的应用场景。通过校内优质课堂共享，扩大校内优质师资资源的受益面，同时解决个别学科教师负担过重问题；通过校际优质课堂共享，推进校际教师充分进行教研交流，带动区域整体师资水平的提升，从而实现校际优质教育资源交流与共享。在不断探索、积累和推广"双师课堂"实践经验的同时，不断扩展"双师课堂"的建设率和覆盖面，不断发掘和拓宽其应用范围，以学校带动学校、集团带动集团，促进区域教育优质均衡发展，推动区域教育现代化进程。

（二）依据校情，规划"双师课堂"的实施内容

北京九中教育集团"双师课堂"建设项目主要服务于三所中学，即北京九中（高中校）、北京九中分校（初中校）、石景山学校初中部。三所学校的基本情况如下：

表1 B集团"双师课堂"建设项目

学校名称		北京九中	北京九中分校	石景山学校初中部
一线教师人数		147	98	38
骨干教师人数	特级	1	0	0
	市级	11	2	0
	区级	36	20	1
	校级	>50	>20	>5
学生总数		1273	1180	208
班级数		35	32	7
班级人均	高一/初一	37	40	31
	高二/初二	37	38	31
	高三/初三	36	34	27
存在的问题		青年教师数量较多，五年以下青年教师29人，占一线教师总数近20%，发展空间较大，其发展需要骨干教师引领	各种原因导致较严重的学科教师的结构性缺编，尤其是史地政学科缺编现象较为严重	存在学科教师结构性缺编问题，部分学科教师人数较少，一个年级或两个年级共用一位教师，学科集体教研和备课存在一定的困难

鉴于三所成员校的实际情况，为实现"双师课堂"建设项目效益最大化，经多次研讨交流，将"双师教学"的初步实施设计如下：

1. 校内优质师资共享

（1）扩大优质师资资源的受益面

实现特级教师、市区学科带头人、骨干教师常规课、公开课、专题课同步共享，以满足学生和青年教师的成长需求。每月推荐两位骨干教师完成"双师精品课程"实施。

（2）缓解个别学科教师负担过重问题

鉴于历史、地理、政治、生物等学科师资紧张甚至是紧缺问题，安排部分学科"双师课堂"成为教学常态，从而有效解决这一问题。

2. 校际优质师资共享

（1）解决石景山学校教师教研交流需求

石景山学校部分学科教师数量较少，教研效果不佳。借助双师教室，实现石景山学校与九中分校教育各学科同步教研及备课，互动交流，形成常态，以增强双方的教研水平及实效。校际同步教研每两周一次，同头备课每两周一次，两类活动间周进行。

（2）实现两所初中校优质课堂共享

传统的教师研究课、名师公开课只能实现校际教师的互动流动，无法实现校际学生与学生、学生与教师的互动交流，借助"双师课堂"能很好地解决这一问题，扩大优质课堂的学生受益面。

（三）加强教研，探索"双师教学"常规模式

北京九中教育集团三所学校经过一段时间"双师教学"的实践探索，最终总结出如下的常态化"双师教学"模式。

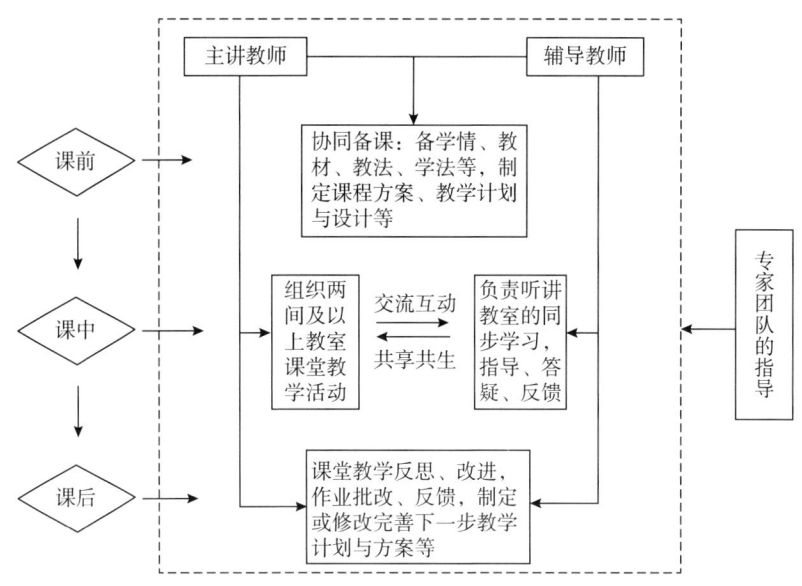

图1 "双师教学"常规模式

（四）立足课题，创新"双师课堂"的实践应用

为进一步深化"双师课堂"的应用价值，固化实践成果，及时总结经验、

反思提升、创新应用，不断扩大"双师课堂"的影响力和受益面，北京九中教育集团成员校联合申报了北京市教育学会"十四五"规划课题——集团化办学背景下"双师教学"探索与实践研究。

通过大量文献资料调查，发现关于"双师教学"的研究，从依托的背景看，还未涉及集团化办学的范畴，现有的研究更多的是从双师教学模式及对师生作用的角度进行探究，关于其途径、策略、评价等方面的研究也还未深度涉及。为此，北京九中教育集团在已有"双师教学"常规模式的基础上，对集团化办学中"双师教学"的必要性进行了细致分析，借助大量的不同课型的"双师教学"案例，对"双师教学"的实施途径、策略和评价等进行深度思考，在不断实践中形成系统的、创新性的研究成果，来带动整个教育集团的优质均衡发展，同时培养出更多的集团名师，实现教育教学水平的整体提升，建立良好的教育生态。

三、"双师课堂"技术在城区学校的应用空间

随着"双师课堂"信息技术的不断开发和课堂实践的不断深入，其在城区学校的应用空间也将不断扩大。

（一）"双师课堂"教学应用的深度探索

一是借助名师共享，从学科阅读能力、学科思维能力、学科表达能力等方面对学生进行重点培养，不断提升学生的学科综合能力；二是针对"双师课堂"的特点，进一步探索"双师课堂"如何更好地实现跨空间互动、切换和衔接；三是将"双师课堂"的关注点放在学生身上，重点关注学生的学习基础、差异、兴趣和收获。这些内容不仅体现在"双师课堂"的实施上，更要在备课沟通中重点关注和思考。学校层面要引导教师面对新的教学方式带来的新挑战，将新技术、新样态真正融入课堂中，让课堂生动活泼、百花齐放。

（二）"双师课堂"应用范围的不断扩展

"双师课堂"的优势非常明显，不仅能够将优质的师资力量发挥到更大，而且它的覆盖范围很广，只要有网络，就能实现远程在线授课的目的。借助"双师课堂"的优势，一是将"双师课堂"用于课后服务上来，探索双师模式的课后辅导、作业指导等；二是将"双师课堂"用于因特殊情况居家学生的同步学习上来，解决学生和家长的忧虑；三是将"双师课堂"用于多校联合学科教研中来，提高学科教研的频率和时效；四是录制精品双师课，构建双师课程资源库，用于学习交流与研究；五是用于课后督导评课，根据评课要求匹配不同的评价体系，对上课内容进行点评，基于实时巡课画面，进行线下或线上实时教学评课。

（三）"双师课堂"大数据的评价应用

没有大数据的支撑，"双师课堂"仍然会陷于只有教学而没有数据反馈的困境。运用"双师课堂"平台大数据技术，捕获、记录、存储、分析和生成报告，一方面实现学生及教师数据的高保真存储分析，帮助智能备课与协同教研；借助平台的试题库，组卷、阅卷、评估学生的掌握程度和教师的教学效果，构成完整的"教→学→练→评"闭环系统。另一方面针对学校日常工作中产生的动态数据进行处理，通过分布式数据挖掘，帮助校领导详细检测校情、教情、学情，辅助老师精准化教学，实现学生个性化学习。

在网络信息技术飞速发展的时代，"双师课堂"扫除了教室的物理边界，成为让所有学生享受更好教育资源的一种重要途径，其模式也在不断成熟、演变。希望更多的城区学校通过"大数据＋双师"这样的创新性教学方式，为更多孩子享受优质而公平的教育而不断探索。

魏文娟　北京市第九中学

参考文献

[1] 乜勇，闫慧聪，穆萍. 双师教学：一种促进基础教育优质资源均衡发展的新模态 [J]. 数字教育，2020（1）：15-20.

[2] 张品. 我国大城市高价学区房现象分析及对策研究 [J]. 环渤海经济瞭望，2016（7）：51-53.

基于增值评价理念的学校教学改进策略初探

内容摘要 教育评价关系到教育的发展方向。当前,探索增值评价已成为新时期深化教育评价改革的重要途径。增值评价是一种发展性评价,其本质要求是关注过程和变化,通过评价了解影响过程和变化的因素,从而促进被评价对象的改进和发展。学校教学改进策略探索,使每一个教师和学生都有了发展的空间和努力的希望,增强了师生信心,促进师生发展。

关键词 增值性评价;教学改进策略

教育评价关系到教育的发展方向,评价指挥棒指向哪里,办学的导向就朝向哪里。2015年4月,党的十八届三中全会提出的《中共中央关于全面深化改革若干重大问题的决定》中强调,要全方位探索考试评价、招生录取等环节的改革,促进人才的培养和选拔。2020年6月30日,中央全面深化改革委员会第十四次会议审议通过了《新时代深化教育评价改革总体方案》,指出教育评价关系到教育发展方向,要做到全面贯彻党的教育方针,坚持社会主义办学方向是贯彻立德育人的根本任务,遵循教育规律,针对不同学科、不同教育阶段、不同教育类型的特点,"改进结果评价,强化过程评价,探索增值评价,健全综合评价"。其中,探索增值评价已成为新时期深化教育评价改革的重要途径。

目前,我们所看到的国内外增值评估的应用和实践大多是以考试成绩为基础的。评估的主要目的是基于学生的学业成绩,通过相关的统计分析技术,将学校对学生发展的影响从许多类别的相关因素中分解出来，特别是控制生源对学生最终学习质量的影响，从而实现对学校教育教学效果"净"影响的评价。增值评价包含两个重要的评价概念。一是增值的概念，即注重学生的进步程度，而不是最终的考试成绩。考虑到学生的起点水平（如不同生源的学生）对最后的学习水平有很大的影响，相同的标准（如中高考升学率）不能用于评估教学质量。增值评价解决了不同起点造成的评价不公平的问题。二是净效应的概念。影响学生发展的因素很多，包括学校因素、家庭因素和社会因素，还有更多的个人因素。所谓净效应，就是尽量消除校外因素的影响，获得相对纯粹的学校教学质量地位。

增值评价是发展性评价的一种，其本质要求是关注过程、关注变化，并通过评价了解影响过程与变化的因素，推进被评价对象的改进和发展。它强调以每一个学生的进步幅度来评价教师和学校的工作水平，与我国素质教育倡导的面向全体学生、促进学生全面发展的思想不谋而合。增值评价正是面向所有学生，考查其在学校期间的进步幅度，并且通过学生的变化来评价学校和教师的工作绩效。

这样就为校际间评估教育增值性评价提供了新的思路。同一所学校内，不同学科间，实行走班选课如何评价绩效；同学科，不同任课教师如何评价绩效，均可在增值性评价内进行探讨。

增值性评价的内容，除了学科纸笔测试外，还得充分考查学生非智力因素。测试的形式可以组织类似 PISA 测试和现场观测（基于课堂观测的等级制评价）相结合的方式。

实施增值评价要求学校做好基础能力建设，注重为学生发展服务，弥补不足，推进整改。全面加强学校管理基础数据库建设、教育教学过程管理，以及所有学生的发展档案记录。

我国基础教育管理总体上还比较薄弱。大部分地区和学校没有系统地收集学生个人学习和生活的记录，没有建立起学校日常工作的信息化监督体系。

增值评价是指利用一定的统计分析技术，在一定时间内收集不同时间点的指标，将学校因素效应和非学校因素效应分开，对学生的进步进行分析，从而科学、客观地评价学校的教育效果。

选取样本校校情特点：生源规模大，生源起点不高，中招生源的低分段学生比例增大，对教学带来一定压力。此外，随着今年高中办学多样化的发展，生源层次差异大，生源呈现多样化的特点。教师队伍齐整，教师经验丰富，有着敬业奉献、真抓实干的教学传统，孕育出我区多位学科名师。

面对生源数量多，层次差异大的现状，学校急需教学管理机制上探索发挥师资优势，分层针对培养，整体性提升教学质量的增值幅度。

通过我们样本校的实践，去探讨促进不同生源水平、不同办学起点学校整体效能提升的有效途径。

在实际工作中学校充分利用增值评价数据，在学校管理和教学评价理念方面及时更新观念，采取了如下有益的教学改进策略。

一、借鉴增值评价理念，开展进阶教学管理

增值评价提出以学生的进步程度来衡量教学效能。增值分析中将每个学生起点和阶段检测点的数据进行链接整合，将学生从起点分为ABC三等，对接阶段检测点成绩分为ABC三等，进行数据分析，对照学校从起点到阶段检测点中，学生各等级的变动情况，反馈学校在增值方面的效能（见表1、表2）。

表1 历年总分各等级学生百分比

	中考＼高考	文科				理科			
		A	B	C	高考总计	A	B	C	高考总计
2020年度（首次不分文理科）	A	1.3	12.3	1.9	15.5	1.3	12.3	1.9	15.5
	B	0	21.4	16.9	38.3	0	21.4	16.9	38.3
	C	0	13	33.1	46.1	0	13	33.1	46.1
	中考总计	1.3	46.7	51.9	100	1.3	46.7	51.9	100

续表

		文科				理科			
	中考\高考	A	B	C	高考总计	A	B	C	高考总计
2019年度	A	0	7.8	2.6	10.4	0.9	5.5	4.6	11
	B	0	24.7	14.3	39	0	10.1	21.1	31.2
	C	0	11.7	39	50.7	0	6.4	51.4	57.8
	总计	0	44.2	55.9	100	0.9	22	77.1	100
2018年度	A	1.2	16.7	0	17.9	0	8.8	2.6	11.4
	B	4.8	32.1	10.7	47.6	0	31.6	18.4	50
	C	1.2	13.1	20.2	34.5	0	21.1	17.5	38.6
	总计	7.2	61.9	30.9	100	0	61.5	38.5	100
2017年度	A	4.4	14.3	1.1	19.8	1.6	9.5	2.4	13.5
	B	4.4	36.3	4.4	45.1	1.6	35.7	6.3	43.6
	C	0	12.1	23.1	35.2	0	27	15.9	42.9
	总计	8.8	62.7	28.6	100	3.2	72.2	24.6	100

表2　样本校中学历年度出口总分各等级变化百分比

	文科					理科			
	2020年	2019年	2018年	2017年	2016年	2019年	2018年	2017年	2016年
上升	31.2	24.7	27.4	19.8	31.2	31.2	21.1	18.3	18.7
持平	55.8	63.6	53.6	63.7	55.8	62.4	49.1	53.2	49.1
下降	13.0	11.7	19.0	16.5	13.0	6.4	29.8	28.6	32.4

从表1的结果来看，样本校历年来等级持平的人数百分比较多，大约在50%~60%，文科生等级上升人数百分比大于等级下降人数百分比，理科生2016—2018年也如此，但2019年相反。文科生历年的结果较为一致，理科生2019年发生明显变化，即等级下降人数百分比显著减小，等级上升人数百分比显著增加。2020年不分文理科后，整体情况与往年文科生情况相似，且与2019年的理科生情况相似。

从表2来看，在历年文理科等级上升的学生中，多是由C等级上升至B等级的，只有2018年文科，2017年文科和理科是由B等级上升至A等级人数比例最多；在历年文理科等级持平的学生中，2020年和2019年是保持C等级人数比例最多的，2018年和2017年是保持B等级人数比例最多的；在历年文理科等级下降的学生中,均是由 B 等级下降至 C 等级的人数比例最多。

结合当前新高考、新课程的选考走班要求,样本校在选科走班基础上,根据学生在各学科的知识基础和学习能力进行了分学科分层教学,一方面,大大增强了对层次差异大的学生进行针对性教学,提高教学质量,另一方面,便于对照不同层面教学质量的提升情况。

二、借鉴增值评价理念,开展过程性教学监控

增值评价关注增值过程中的影响因素分析,每年样本校根据区域反馈的增值分析数据开展学科教学反思,引导教师分析各等级导致增值结果变动的影响因素,聚焦不同时间段教学策略的影响分析,鼓励教师挖掘各备课组的集体智慧和个体贡献。例如,样本校英语学科近几年的高考实现零增值即正常进步。

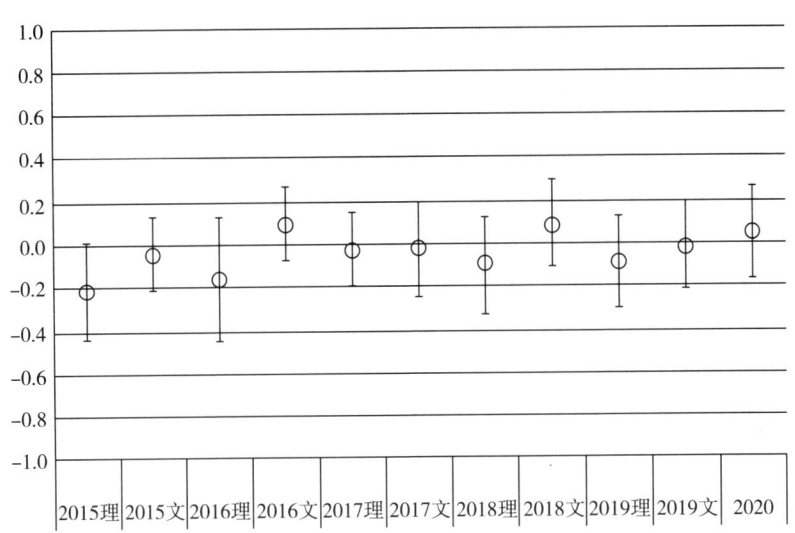

图 1 英语学科增值分数分析结果图

增值结果的含义:
- 正增值:学生高考分数超出预期分数,卓越进步。

- 零增值：学生高考分数符合预期分数，正常进步。
- 负增值：学生高考分数低于预期分数，缓慢进步。

结合过程性教学监控与题型得分率大数据对比，备课组发现，英语学科在大作文的学生得分率有明显进步，遥遥领先同类校。

学校积极引导英语组教师开展教学策略研究，积极总结成功做法，挖掘教学策略背后的教学规律，使得英语教学在某一方面的成果经验能够转换为校本教研的品牌，积累了实践的智慧，从而带动学科教学高质量的发展。

三、借鉴增值评价理念，开展发展性的评价

学校在开展学科分层教学之初，就确定了在教学评价方面要改变以往只关注各班级一分三率的单向度比较，否则会因为学校评价的不公平，没有老师愿意教学习程度较差的一层。因此，学校借鉴增值评价中的发展性评价理念，开展分层定标评价。尤其是在高三年级，学校在高三开始之初，就会根据各层学生以往学习基础和学习能力，对各层提出学习预期目标，每层的目标均不相同，但是要注重切合各层实际，同时又符合各层的"最近发展区"，以此来激励教各层的老师充分发挥主观能动性，实现各层学生的进步发展。

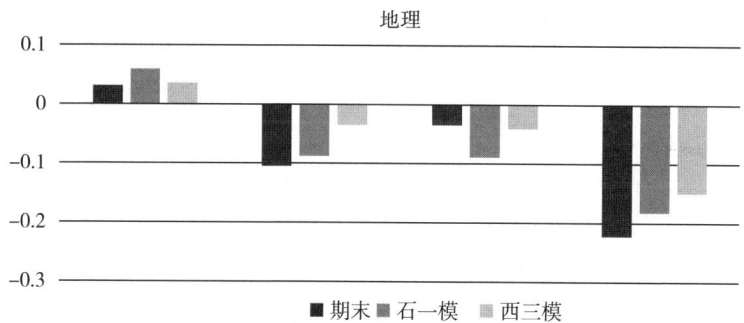

图 2　地理学科四个教学班检测超均率柱状图

学校依据各层教师的增值效能对教师进行评价和奖励，从而实现了评价的

公平性。发展性的评价同时也能促进课程的有效实施。我们积极推行"立足过程，促进发展"的多元评价，通过师生评价、生生评价，多维度去评价学生的表现，关注过程，纳入学生"实践活动评价"中，记录孩子们自我成长的足迹。

表3 博物馆课程学习自评表（满分50分）

项目	评价内容	分值：5、4、3、2、1分
场馆布置	场馆为我的学习提供了很好的环境	根据情况赋分
	展览设计新颖，我从中得到了知识	根据情况赋分
	场馆中的多媒体设备能够帮助我学习	根据情况赋分
课程设计	本次课程设计新颖，对我进行研究有帮助	根据情况赋分
	通过课程实施，我完成了学习目标	根据情况赋分
	过程中我得到了老师或他人的帮助	根据情况赋分
个人成长	我在课程实施前做了充分准备	根据情况赋分
	我在活动中认真观察、完成了学习任务	根据情况赋分
	在小组中我发挥了自己的力量	根据情况赋分
	在资料收集中我对自己表现满意	根据情况赋分
个人合计得分		（最高50分）

四、借鉴增值评价理念，助力每个学生成功

增值评价以"关注学生进步的幅度"作为评价理念，关注每一层次学生的教学增值情况。从而使评价的目的从结果评价的"关注成绩最高的学生"转变为"关注进步最大的学生"。学校积极开拓课程资源，借助高校、科研院所、博物馆、属地教育集团等单位力量，开发了多种形式的实践活动课程，助力每个学生成功。

为了提升每一个学生的教学增值，学校的生涯教育课程真正促进了高中生

升学方向的合理选择和未来就业信心的获得。通过班主任电话调查的方式，追踪了近三年毕业的 150 名毕业生。结果发现：学生对现在自己进入的大学专业很满意的比例在逐年增高；学生对所学专业的发展前景的满意度也在增高。越来越多的班主任、任课教师积极加入到生涯教育兼职教师的队伍中，他们均积极开展生涯教育课程，把生涯教育课程作为激发学生内在发展动力的有效途径。近两年来，我们也吸收了对生涯教育课程感兴趣的家长加入生涯教育兼职教师的队伍之中，所提供的资源丰富了生涯教育的途径和方法。完成了从育"分"到育"人"的转变。

例：生涯教育专题课程、主题班会课程和综合实践课程相互联系，又有不同侧重。

表 4　生涯教育专题课程与主题班会课程、综合实践课程一览表

课程类型		专题课程	主题班会课程	综合实践课程
总体目标		学生通过学习与体验，能够建立生涯教育的意识，运用科学的方法认识自我、了解职业、进行职业生涯决策、规划学习与生活、调控与发展自我		
各类课程目标		建立生涯教育意识，掌握生涯教育的基本知识和技能，运用知识和技能进行科学的生涯教育并付诸实施	建立有利于个性化设计和发展的班级文化，在生涯教育方面实现同伴互助和自主学习，形成有利氛围	亲历职业生涯发展的情境，获得职业生涯发展方面的体验，调动自我设计和自我发展的积极性，获得生涯发展的成就感
年段目标	高一	科学地认识自我，建立积极的职业价值观，了解职业信息，初步进行职业生涯决策和规划	了解职业的意义和要求，了解与职业有关的个性特征和个性倾向性	调查每种职业的工作内容、要求、特点等信息，访谈生涯人物，了解生涯人物的职业生涯发展历程
	高二	进一步深入认识自我的个性心理特点及其与职业的关系，按照生涯教育发展自我	职业决策和从业技能自我塑造	体验一些职业角色和这些角色的工作内容、责任
	高三		志愿填报、升学辅导	
课程特色		系统性的知识技能训练课程	发挥团体动力的作用，建设班级文化，引领自主学习的课程	实践性强的，重视亲历和体验的课程
课程实施者		专业心理教师	经过培训的班主任	经过培训的学科任课教师

增值评价鼓励每一个教师和学生通过努力，在原有基础上得到更大的进步，

使每一个教师和学生无论教学和学习基础起点高低都有了发展的空间和努力的希望,增强了师生信心,促进师生发展。

周亚宏　人大附中石景山学校

参考文献

[1] 莘赞梅. 怎么教知识从系统思考到知识进阶 [M]. 北京:北京教育出版社,2018:1-18.

[2] 郑海红. 我国高考综合素质评价问题研究 [D]. 硕士学位论文,2012:06.

[3] 方晓义等. 构建适合我国的普通高中学生发展指导制度 [J]. 北京师范大学学报(社会科学版),2013(1):42-50.

[4] 马晓强. 探讨增值评价,我们在顾虑什么 [J]. 中小学管理,2020(10):5-7.

"互联网+"背景下的融合课堂建设 *

内容摘要 教育信息化是推进教育现代化的有力支撑，是通过建设互动录播系统、多媒体教学系统将传统课堂与"互联网+"相融合，丰富教学资源和学习资源，实现随时可学的教学新样态。学校作为北京市融合课堂项目试点校之一，围绕教学环境构建、教学资源建设、教学评价方式、学习资源建设、教学研究以及教师信息技术应用能力等方面做了积极探索。通过常态化录播系统，努力形成优质课程资源，打造个性化教学方案、构建"互联网+多学科"的融合课堂，最终推进育人方式变革、教学管理优化、教学质量提升。

关键词 融合课堂建设；信息化；"互联网+"教育；教学管理

作为北京市教委推进的北京市融合课堂项目，"互联网+基础教育"是融合课堂的基本样态，即基于互联网先进技术推进教育双线供给，线上线下融合推进育人方式变革，促进教育现代化迸发出新生机、新活力。融合课堂是课堂教学环境构建、教学资源建设、教学模式、学生学习方式的变革和创新以及教师信息技术应用能力等几个方面融合作用的系统，具有深化信息技术与教学的融合互动、创建信息化教学模式、消除传统教育教学的时空阻碍、将实体教室升级为智能课堂、优化教学管理效率与质量的功能。融合课堂旨在通过技术手段

---

* 本文系北京市教育科学"十四五"规划2021年度重点课题《后疫情时代中小学融合课堂教与学变革的研究》（立项编号：CDAA21064）。

实现最广范围的教育教学，基于搭建融合课堂建设路径、有效推进育人方式变革的问题和思考，我们做了多方面的探索，在课堂教学环境构建、教学资源建设、教学管理模式、学生学习方式创新等方面，取得了线上线下有机融合，最终实现学生、教师双向增效的结果。

一、融合课堂的实施背景

（一）政策背景

为了深入贯彻落实党的十九大精神，加快教育现代化和教育强国建设，推进新时代教育信息化发展，努力实现"三全两高一大"的发展目标，即教学应用覆盖全体教师、学习应用覆盖全体适龄学生、数字校园建设覆盖全体学校，信息化应用水平和师生信息素养普遍提高，建成"互联网＋教育"大平台，推动从教育专用资源向教育大资源转变、从提升师生信息技术应用能力向全面提升其信息素养转变、从融合应用向创新发展转变，努力构建"互联网＋"条件下的人才培养新模式、发展基于互联网的教育服务新模式、探索信息时代教育治理新模式。

（二）需求背景

由于学校师生数量及信息化需求都在不断增加，而传统的教学管理和教师的教学过程检查和研究多数停留在审核教案和例行教学观摩上；随着信息化对课程改革的不断深入，这样的教学研究文化势必要进行大的变革，将教育研究的范围延伸到教室，进行深入的课堂教学分析，已经成为现代化教学的研究方式。在"互联网＋"背景下进行融合课堂建设，势在必行。

目前学校在信息化建设方面有了较大的进步，具备一定的校园网络环境基础，信息化应用已逐步深入到教学、管理、服务等各个领域。但对学校来说，除了要进行智慧教室的各种软硬件建设之外，还需要着力探索与智慧教室相适应的教学模式。只有这样，才能充分发挥智慧教室的"智慧"作用，使其能够最大限度地为教学服务。但同时，在教育信息化过程中也提出了一些新的挑战，比如：如何利用信息化工具切实减轻教师负担；如何借助信息化手段有效解决学生学习过程中的问题；如何营造一个绿色便捷的家校沟通环境；如何基于学生行为数据实现精准教学、精准学习，等等，这就需要打造融合课堂，将信息技术与教育教学深度融合，让"互联网+"切实为教师和学生实现"减负增效"。

二、融合课堂的资源建设

融合课堂建设为广大师生提供了简单易用、真实自然、多维评课、无边界互动的全新信息化教学方案；以真实的记录、客观的评价、多方的交流促进教师进行教学反思，辅助教师教学水平的提升，从而创新教学模式和课堂形态。在建设融合课堂教学环境过程中，为更大地提升教学实效，项目围绕融合课堂的资源平台建设，进行了多方面的探究：建设云平台搭建教学资源库、学习资源库和通过常态化录课系统形成课程资源等。

（一）硬件条件

首先，学校现有千兆到桌面网络宽带保证项目建设需求，融合课堂项目布设教室的多媒体教学信息流畅，并可满足教室互动观看的教学应用。其次，单个教室根据课程量及资源循环周期满足课程资源季节性更替。

融合课堂项目建设的基础媒介为教室智慧黑板，智慧黑板集触控交互、高清显示、交互式电子白板、电脑、电视、音箱和网络传输等多项功能于一体。智慧黑板作为老师为学生授课的载体，在支持教师进行板书书写的同时，推出自主全贴合设计，兼顾智慧黑板的书写效果与交互平板的显示效果于一体。

（二）教学资源

在融合课堂项目建设过程中，针对教学资源环节学校进行了多方面的研究和探索。通过融合课堂建设"课联网"极大丰富教育资源，打造教育资源平台，即收录名师优课资源，落实资源上的"两库一平台"，即资源库、课件库和备课平台，开发基础性教育资源，重点建设基本的备课平台，为不同学科教师教学活动提供菜单式选择。通过"互联网+"背景下的教学资源建设，使"互联网+各学科"的内容进行融合，促进教学思路的转变，打造一个全面的教学资源平台，构建一个新兴的教学环境，推进教育双线供给，丰富教育教学资源。

建设教学资源平台，有利于运用信息技术探索教师协同备课和网络研修模式，普遍提升教师课堂教学质量。推动形成"课堂用、经常用、普遍用"的信息化教学常态，初步形成了建立线上教学资源，形成有个性化的培养方案，建立综合教育教学管理和评价体系的教学新样态。

（三）教学评价

由于现行的教育教学评价手段存在一定的弊端，有些学生在课堂上以及课外明显地存在"吃不饱，吃不了"的问题，再加上教师的时间空间与学生的时间空间不可能时时处于一种叠加状态，存在错位，学生的需求和问题，只有在学生个人独立的时间空间内得以解决。而融合课堂建设通过数据互通将处在教育教学各个环节的教师、学生和数据平台密切连接起来，覆盖到全学科、全流程的各个教与学场景之中。在实现教学信息无死角后，通过制定统一的数据采集标准和使用规范，充分灵活地利用大数据采集技术，依托学生综合素质评价指标体系和评估模型，深化教育大数据的应用，分析教与学的过程，改善教学服务供给与学习需求的匹配度，真正实现教学精准化。

在常态化录课系统、高效教学评价系统、教学资源库、线上习题库、学生综合评价体系的基础上，融合课堂建设完成了"教""学""评"的信息化全面升级，改变了教学样态、教学模式、学习模式、评价模式，并为教育教学提供反哺。在此基础上，构建多学科融合课堂进一步打破了传统学科教学管理壁垒，对不同学科、不同教师"教""学""评"三环节中产生的教学数据进行汇集，建成系统管理平台，形成管理平台大数据，促进教学质量提升与管理水平提升。在大数据分析的基础上，教师可以及时、科学地发现自己在教学目标、教学设计、教学资源建设、学习环境建构、教学方式和教学手段运用方面存在的问题，不断进行调整和改善。同时，学生也可以即时地了解自己学习掌握的情况、存在的问题，进行个性化、差异化的调整与改善。有利于快速促进学生的深层次发展，也有利于学生的自主探究、合作学习和个性化学习。

（四）学习资源

"互联网+"背景下的融合课堂学习资源平台建设不同于传统的教学方式，它所搭建的学习资源平台可以了解学生的学习情况，及时发现学生对知识点的掌握程度，生成数据反馈，教师就可以有针对性地施教和个性化辅导。在推进融合课堂建设过程中，借助信息化教学软件获取学情数据，形成了有针对性、个性化的培养方案。在学习资源平台的支撑下，学生将获得明确的发展方向建议与薄弱项攻坚指南，学生多元化发展、个性化成长成为现实。这样的方式不仅让教学变得有针对性，也让学生学习知识变得更加主动，更加实现了学生的主体性。

1. 建立课程资源，巩固学习知识

通过常态化录课系统形成常态课程资源，培养学生进行课堂知识的学习与巩固。对于学生来讲，传统学习过程中许多问题会被遗忘或者忽视，往往学生不能在一节课中完全掌握教师讲解的新内容，有的学生对某一类的知识点不是很了解，而去询问老师的话又不知道自己究竟是哪一部分没有听得清楚，那么录课系统就完美地解决了这样的问题，学生可以通过常态录课平台资源进行再学习，进而实现学习的高效性。常态化录课系统实现了以学生为本体的特征。

2. 建立学习题库，提升学习效果

基于教学软件建立线上学习题库，针对各个学科、各个年级的教学目标定制不同教学进度的线上学习题库,便于学生自主、有序学习。当前,学校的线上学习题库应用多与课堂教学软件相结合,学生在教学软件中的习题练习数据能够生成数据报表归集到软件的学生端与教师端数据空间,一方面便于学生自主了解自身学习强弱项,有针对性地逐个攻克;另一方面便于教师把控学生知识掌握的程度,精准教学、及时调控,实现学生学习效果最优化。这样,利用信息技术探索新的教学模式和学习方式,大力推进网络学习空间建设与应用,助力减轻学生学业负担。

(五)研究资源

融合课堂提供了宝贵的研究资源。常态化录课系统正逐渐成为学校教师进行教学研究和教学反思的有效手段。传统教学中,教师的教学反思多是通过回忆、查看评课记录等。具有碎片化、主观化、片面化弊端,无法真正做到复现。而现在,通过录课系统,我们可以更加方便地实现教学工作地的性化,教师通过录课系统,发现自身的优缺点,可以及时对自己的教学进行反思,从而实现更好地课堂展示。以学校的杨老师为例,杨老师对自己"楹联文化"一课的教学录像进行多次复盘研究后,对学生课堂心理、师生关系等有了新的思考。在"楹联文化"一课中,杨老师设计了仿拟写对联下联的课堂活动,两位学生拟写的下联完全符合对联的格式要求,更做到了选词精准、形象。如果是原来的传统化的课堂,那么上完课基本上就无法实现问题的剖析,而有了这个常态化录课系统这样的教学环境以后,老师就可以通过回看进行反思和研究,促进了教师的专业化,方便了教师的教学化。

三、融合课堂的展望

融合课堂在课堂教学环境构建、教学资源建设、教学管理模式、学生学习方式创新等方面,取得了"互联网+多学科"的融合和线上线下有机融合,真正实现学生、教师双向增效的结果。并通过信息技术手段实现了最广范围的教育教学。在教育信息化背景下,融合课堂是大势所趋。同时,也对教师、管理者和服务提出更高的要求。具体体现在以下几个方面。

(一)融合课堂对教师的新要求

首先,教师应该有较强的信息化教学能力,主要体现在网络公开课、慕课、翻转课堂等教学模式上。在信息爆炸的网络时代,教师不能仅仅依靠书本来获取知识,应该熟练地掌握基本的计算机网络技术和信息处理技术,利用互联网高效系统地收集整理所需知识,及时更新知识体系,努力提高自身的知识储备与教学能力。

其次,教师要加强组织课堂、发展课堂的能力。与传统的教学相比,互联网参与的课堂的时间利用效率更高,翻转课堂、慕课、微课等多种形式进入课堂,教师原本需要很长时间来解释的重点、难点内容,通过利用和展示互联网资源便可一目了然,因此,"互联网+"改变了课堂的人际关系和时空结构。互联网参与课堂,更多的是利用互联网的自身优势来改善课堂教育的局限性,因此,教师要善于利用互联网更加高效地组织和管理课堂,同时将课堂的物理空间通过互联网加以延伸,发展出更多维度的教学体验。

再次,教师要提升自身的科研创新能力,超出课本从学科的高度进行教学,提升课堂的吸引力。科技成果推动理论发展毋庸置疑,在"互联网+"时代,科学研究变得更加透明,科技成果的传播更加迅速。

"互联网+教育"的本质是利用互联网技术和互联网思维来思考和解决教育领域的问题,"互联网+"时代的教育出现了一些新的、前所未有的特征与重大变革,教师在这场变革中应当努力提升自身的综合素质与核心素养,重塑教师角色,转变教学理念,创新教学方法。

(二)对管理者的新要求

融合课堂作为一种全新的教育教学模式,不同于以往的教学管理,所以也对管理者提出了新的要求。这就要求教学管理者更新教学管理思想、创新教学管理模式、建立与之相适应的教学管理体系。

在教学管理的过程中，学校创新地将融合课堂聚焦于教师管理。利用常态化录课系统对教师进行分析梳理。在推进融合课堂建设中，学校利用录课系统对相同学科、不同学科、同一教师不同时间段的录像课进行了梳理与分析发现：同样的学科，不同的教师在教学时各有值得相互借鉴的优点。例如课堂导学案的设计、课堂节奏的设计、师生反馈环节的设计等，由此促成了学科专属的录课教研小组，基于录像课进行心得分享与交流，最终实现了学科教学质量的提升。通过一个完整学期或学年的常态化录课，学校以此衡量教师周期性成长变化的幅度，了解教师在这个周期内个人教学风格、课堂反馈、教学节奏等方面的成长与进步，适时地给予教师嘉奖或鼓励，最终实现了教师个人成长、推动学校教学进步的良好氛围效果。

相比于传统的线下走访巡视教学模式来讲，录课系统就显得更加缜密，在传统的教学中，教学管理者都往往需要通过巡课、听评课等线下走访的形式了解教师课堂教学实际效果，这种方法的缺陷就是线下巡课无法同时兼顾课堂教学全过程，效果评估与全校多个课堂效果动态评估。在同样长的时间段内，无法全面、高效了解全校课堂实效动态。另外，线下巡课具有明显的反馈短板，即教学管理者无法同时、实时、全面对比同一教学进度的教师的课堂实效，无法形成管理反馈。而在录课系统的建设过程中，学校可以通过录制下来的一些课堂反应的过程，实现对学生理解力的判断，进而更加个性化地开展教学。比如老师上完一节课以后，录课系统进行录制，在课堂结束了以后，就可以在后台观看学生的表现以及对各个知识点的反馈过程，体现出知识点的掌握情况，如果发现反应不是很突出，那么这个知识点就需要进行进一步的讲解，这样长此以往，就会形成一种比较有针对性的、务实的教学模式。

（三）对服务的新要求

"一支粉笔一张嘴，一块黑板一本书"的传统课堂过渡到了多媒体教室的网络课堂，如今正在向"互联网+"背景下的融合课堂发展。在这个过程中，课堂教学模式和学习方式都发生了巨大的变化。教育信息化不应再局限于信息系统"碎片化"的应用，而是要利用信息技术形成"学习生态系统"，构建以移动互联网和智能终端为标志的学习环境，运用云计算、社交技术、大数据支持个性化的交互学习系统以及线上线下学习融合的混合学习模式。这就对服务提出了更高的要求，要真正做到数据互通，将处在教育教学各个环节的教师、学生和数据平台密切连接起来，覆盖全学科、全流程。特别是后台支撑、数据支撑和技术支撑。不断收集教育教学数据和反馈，建立教育教学数据库，优化教学服务，要建立保障和维护融合课堂的信息技术团队。要建设最快的网络、好用终端、云平台、大数据等最新的信息化技术为教育信息化进一步推动提供坚实的基础。

武海淼　北京市景山学校远洋分校

参考文献

[1] 方慧琴. 数字化学习主推教育教学方式变革 [J]. 教育前沿信息化，2019（6）：72.

[2] 尧继华. 对反思性教学实验设计及实施过程的认识 [J]. 生活教育，2014（03）：89.

[3] 侯昌宏. "互联网+教育"模式下录播平台助推教师发展 [J]. 休闲，2020（01）：164.

[4] 赵江招，高晓格. 高校常态化录播教室建设研究 [J]. 电脑知识与技术，2017（09）：199、200、206.

[5] 吴静. 排听课管理系统的设计与实现 [J]. 北京工业职业技术学院学报，2014（04）：52.

[6] 陈丽. "互联网+教育"的创新本质与变革趋势 [J]. 远程教育杂志，2016（4）：3-8.

[7] 宋双荣. 基本移动教学平台的精品网络共享课程的创新研究 [J]. 电脑知识与技术，

2018（34）：137.

[8] 高安迪，孟琨泰，王玉龙.基于大数据背景下计算机基础课程教学资源建设与共享研究[J].时代农机，2020（04）：164.

[9] 严跃海.网络教育课程教学资源建设浅议[J].中国商界（上半月），2009（12）：139.

[10] 王志军，陈丽.联通主义："互联网+教育"的本体论[J].中国远程教育，2019（8）：1-9.

[11] 张岩."互联网+教育"理念及模式探析[J].中国高教研究，2016（2）：75.

依托任务群实现作业的补充学习功能

内容摘要 作业是教师依据一定的目的而设计，并要求学生利用非教学时间完成的学习任务。作业的功能毋庸置疑，但作业的补充学习功能一直被弱化。参照"作业即学习活动与评价任务"的作业观，依托学习任务群、以单元整体学习框架为载体，本文主要从三个途径来分析如何实现作业的补充学习功能：以单元任务群重构作业任务群，实现学科知识结构化呈现；以异学科同题任务群推进作业设计，实现知识点立体化呈现；以系列评价群推进作业评定，实现学生学习自主发展。

关键词 任务群；作业；补充学习

"学习任务群"是由学习、任务和群三个概念构成的。学习任务群是指教学以学生学习活动作为课堂教学中心或本体，教师自觉、主动地激发和促进学生能动、独立地学习并将其置于教学过程的中心。学习任务群的设计依据是知识规律和学习规律，设计之"纲"是学生的学科核心素养。

近年来，过重的课业负担是教育的热点话题之一，作业问题往往会成为学生过重的课业负担来源之一，比如学生的作业数量、作业时间和作业难度等。作业成了一种负担，而作业的补充学习功能一直被弱化，并落入了传统的练习和训练的窠臼，仅仅是理性化的、学科性的知识授受，而不是学生感性化的、活动性的知识探究。20世纪60年代后，以杜威和克伯屈为代表的建构主义者在强调学习是学习者主动建构的过程的同时，也强调作业、项目、任务等作为课程的重要环节。作业的功能的界定在不同的国家、不同的学校、不同的家庭是多种多样的，在当今社会，对于作业价值的认识也趋于多元。"作业即学习活动与评价任务"的思想提到，作业的功能一是作业是课程的重要组成部分或关键环节，是实现课程目标的重要途径之一，既是巩固课内学习知识的手段，也是诊断和完善教学的途径；二是强调课堂教学和课后作业的协调统一与适当互补；三是强调作业设计的综合性、情境性；四是强调非书写作业形式。认识到作业的补充学习功能，有利于强调作业的自主性、生活化、情景化、操作化、综合化等特点，把机械枯燥的作业形式转化为学生感性化的、活动性的知识探究，让学生亲历求知的整个过程。作业功能的转换，有利于课堂知识与技能的巩固、兴趣的培养和各种能力的发展，培养学生良好的学习习惯并让学生从作业中得到快乐的体验。

参照"作业即学习活动与评价任务"的作业观，依托学习任务群、以单元整体学习框架为载体，实现作业的补充学习功能需要关注以下三个方面。

一、以单元任务群重构作业任务群，实现学科知识结构化呈现

知识的碎片化是指学习者只掌握了某个模块部分或零散的知识，却不能把这些知识组织成一个完整的结构的学习状态。有用的知识应该是全面的，尤其应该是结构化的。相较于某个单独课时而言，单元具有一定的系统性、关联性、综合性、递进性和相对独立性。相对而言，以单元为基本单位进行单元整体备课可以避免课时割裂问题，打破了以知识技能形成的单元，帮助学生具备学科思维，实现核心素养的落地。作业的补充学习功能的实现要依托单元学习任务群的理念展开。单元学习任务群以任务为导向，以学习项目为载体，整合学习情境、学习内容、学习方法和学习资源，引导学生在运用过程中提升学科素养。

学习任务群以自主、合作、探究性学习为主要学习方式，凸显学生学习的根本途径。

统编教材的创新设计之一即采用"人文主题"和"语文要素"双线组织单元的结构，既强调了语文和学生生活的联系，也重视了整体性教学设计的要求，凸显了语文学科的综合性特点。以语文学科三年级上册第六单元为例。三上第六单元旨在让学生领略祖国各地美丽的风光，激发学生热爱祖国大好河山的思想感情。其中有古人赞颂长江雄伟气势、西湖迷人风采的古诗《望天门山》《饮湖上初晴后雨》；有反映南疆风景优美、物产丰富的《富饶的西沙群岛》；有描绘北国各个季节不同想象的《美丽的小兴安岭》。单元内各部分互相联系，形成一个有机整体，使听说读写各项能力整体推进、协调发展。教师结合语文要素，布置一个完整的学习任务，即设计了"我为祖国代言"这个大情境，让学生在感受祖国山河壮美、产生爱国之情的同时，用理解关键句子的方法来体验祖国山河的美景，在这个大任务下进行整体驱动。在整个单元学习当中，学习任务群包括：任务一，品古今，诗绘山河；任务二，我是小导游，即用导游词的形式介绍祖国的大好山河；任务三，笔绘身边的小美好，点亮中国版图，即让学生从书中走向生活，用课文中学到的语言表达范式与逻辑，借鉴作者的情感体验来丰富自己的情感体验。从学校内走向家乡、祖国，从读到写。学习任务群中每个任务都有相应的作业，各个作业形成一个链条，每个作业不是单独成立的。

针对传统的单元各课时之间缺乏递进性和延续性的弊端，小学英语学科实施单元整体设计，要求教师整体设计单元目标、整体设计单元教学内容、规划单元作业等。以北京版《小学英语》教材四年级上册 Unit 7 What is nature? 为例。本单元以 Nature around us 为主题，围绕不同地方不同的天气、不同居住地、自然的重要性以及走进自然四个话题，构建完整的单元知识框架。整个单元以世界地图为载体，第一课时学习世界地图上各地的天气情况，第二课时学习和第一课时同样地区，不同的、典型的居住方式，并在地图上增加其居住地信息，第三课时在前两课时基础上，在地图上寻找相关的自然元素并阐述其重要性，第四课时根据"地图学习单"进行一个综合性的口语输出（见图1）。"地图学习单"不仅是课时作业的累加，具有相关性、逻辑性和递进性，也是体现了单元整体要求的综合性作业，最后生成的单元大作业也是这个单元的知识结构图。这类单元作业不是课时作业的简单累加，而是需要学生学习完一个单元后，综合运用该单元的核心知识和方法等完成作业，具有单元整体性、内容结构化、综合运用等性质。

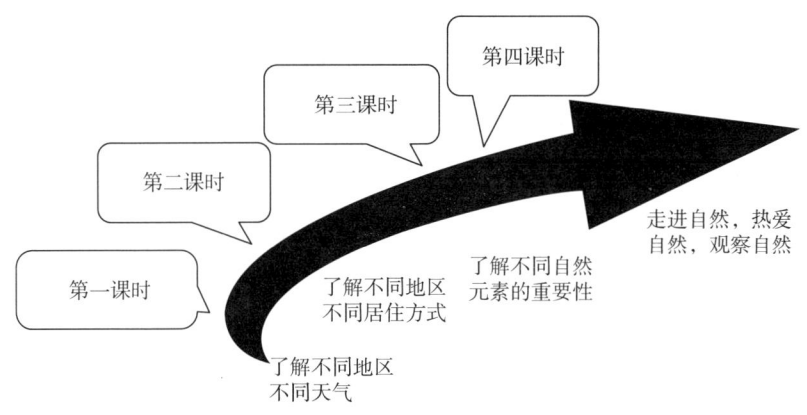

图1　单元视野下不同课时作业要求的案例

二、以异学科同题任务群推进作业设计，实现知识点立体化呈现

作业的补充学习功能强调作业设计的综合性、情境性，以及对学生思维、能力、兴趣等方面的综合作用，培养学生的责任心和毅力、学习兴趣和学习自信、解决问题和创新实践以及自主管理时间的能力；同时强调非书写作业形式，培养多元认知能力，在教学过程中学生的认知过程受教师影响比较多，而学生自主完成作业的过程，尤其是完成一些综合性、问题解决类的作业，更有利于培养学生的多元认知能力。而综合性的作业设计有时不止涉及一门学科，所以需要多学科联动，以异学科同题任务群推进作业设计，实现知识点立体化呈现。

比如数学案例当中的莫比乌斯带是人教版数学四年级上册的教学内容。教材直接呈现了两种偿还的方法，并没有为学生提供探究的过程和思维的支架。数学组的老师们带领学生构建了莫比乌斯带的实践活动进行项目学习。首先带领学生走进场馆，认识三叶扭结，感受莫比乌斯带的神奇；其次链接劳动课程，让学生用织毛衣的方法织出莫比乌斯带的模型；再次在科学课上，科学老师帮助学生用插件插出莫比乌斯带的模型。最后，孩子们用绘本把他们探究莫比乌斯带的过程和方法绘制了出来，助力学生的探究学习。孩子们在探索资料的过程中，发现了莫比乌斯带爬梯，学生们很是激动并且想亲身体验。可惜北京目前并没有这样的爬梯，于是孩子们就想在校园当中设计一个莫比乌斯带的爬梯。孩子们开始选址绘图并完成研究型的设计报告，并带着他们的报告说服学校为学生们建一个莫比乌斯带的爬梯。这个任务性学习全过程将莫比乌斯带的知识运用到了现实的生活，学生积极的情绪提高了学习动力，也提高了作业的认知参与度。

语文组的老师们在带着学生进行整本书阅读《昆虫记》的时候，和学生的科学课、美术课以及学校的少先队活动进行了关联。学生在科学课上认识了昆虫，在语文经典阅读课上读到了《昆虫记》，对书中的昆虫产生了浓厚的兴趣，于是走访身边喜爱昆虫的老师、参观博物馆的昆虫展厅，学校中掀起了一股昆虫热，常常位津津有味地谈论昆虫。恰逢少先队活动组织队员为校园建设出谋划策，学生在参观完校园"古生物微博物馆"和"动物微博物馆"之后，在雏鹰建言中提到要为校园微博物馆增设"昆虫展厅"。为此学生们再次沉浸到《昆虫记》的阅读中去，结合科学课学到的昆虫知识，运用图书中的经典语句，借助美术课学过的图画、构图的方式，动手设计风格各异的精美的展厅讲解手卡，为应聘"昆虫展厅"的小讲解员做着充分的准备。在这样的学习过程中，我们看到学生的情绪始终是饱满的，学习的动力是自主的，完成的结果也是高效的。这样的学习无疑是更受学生欢迎的。

三、以系列评价群推进作业评定,实现学生学习自主发展

自主发展是指学生作为学习的主体,发挥主观能动性,唤起主体意识,充分调动自主学习的积极性,通过内在驱动力实现认知领域到行为习惯的自主学习方式。自主学习是学生身心发展的客观需要。

每个单元的教学、作业和评价不能割裂开来进行设计,教学、作业与评价不能脱节。要一体化设计,在作业的评价过程中,更应该关注学生完成作业的过程,对学生在作业过程中的情感、意志、问题解决、合作、想法予以发展性的评估,即让作业发挥重要的过渡、平衡与支撑作用。

表 1　表现性评定任务评定报告单

学校：＿＿＿＿＿＿＿　　班级：＿＿＿＿＿＿＿　　姓名：＿＿＿＿＿＿＿

评定项目	评定维度	小组评定	同学评定	教师评定
倾听表达情况	能否有效倾听			
	能否有效表达			
小组合作学习的能力	参与度			
	有无明确的分工			
口语交际能力	有效互动			
	表达得准确、流畅			
学生自评	1. 在此次活动中,我最满意的方面: 2. 在下次活动中,我需要在以下方面改进			
教师评语				
综合评定				

表2 具体评价标准说明

维度、等级		3	2	1
倾听表达情况	能否有效倾听	能专注地倾听,能抓住内容要点,能结合对方的表情、手势、语气等理解意思	能专注地倾听,能抓住内容要点	不能专注地倾听,不能抓住内容要点
	能否有效表达	与人交流时能尊重、理解对方,注重语言美;能自信地表达自己的观点,表达有条理,语气、语调适当	与人交流时能尊重、理解对方;能表达自己的观点,表达有条理,语气、语调适当	与人交流时不理解对方;不能表达自己的观点
小组合作学习的能力	参与度	小组全体成员都参与了表达	小组部分成员参与了表达	小组只有个别同学进行了表达
	有无明确的分工	有明确的分工	分工不够明确	无分工
口语交际能力	有效互动	清楚他人的观点,能进行有针对性的互动	比较清楚他人的观点,能进行有效的互动	不清楚他人的观点,缺少互动
	表达得准确、流畅	语言表达逻辑清晰,语言流畅	语言表达有一定的内容	语言表达内容空泛

教学、作业与评价系统的设计实施是一件复杂而专业的工作,可以避免教学、作业与评价孤立化、零散化、碎片化等问题。

总之,作业是一个牵涉多种因素的专业活动。作业设计与实施质量直接影响学生的作业效果。作业在教育内不是一个独立的领域,作业更加需要和教学体系、评价体系相结合,共同发挥对学生发展的价值。

王 琦 北京市京源学校小学部

参考文献:

[1] [美] 约翰.杜威著,王承绪译,民主主义与教育 [M].北京:人民教育出版社,2001.

[2] 方臻,夏雪梅.作业设计:基于学生心理机制的学习反馈 [M].北京:教育科学出版社,2014.

[3] 王月芬.重构作业:课程视域下的单元作业 [M].北京:教育科学出版社,2021.

一贯制学校学生学科核心习惯培养实践研究
——以语数英三学科为例

内容摘要 北京市京源学校莲石湖分校是一所九年一贯制的社区学校，学校坚持立德树人的根本任务，努力培养能够"智慧地做事优雅地做人"的慧雅学子，在实践中立足习惯养成，在学科教学中探索该学科核心习惯目标，研究实施方案，真正实现一贯制学校，螺旋式成长，最终实现提升学生核心素养的培养目标。

关键词 学科核心习惯；培养途径；核心素养

在全面推进课改的大背景下，2014年，教育部颁布了《关于全面深化课程改革落实立德树人根本任务的意见》，第一次明确提出了核心能力素养的概念。继2017年9月教育部颁布的《中小学德育工作指南》后，北京市教育委员会紧随其后颁布《北京市中小学养成教育三年行动计划（2017—2019年）》，全面落实立德树人综合性素质教育的根本任务，积极引导中小学生们树立良好志向，培养学习习惯，提升综合素养，促使他们的健康与全方位发展。

一、学生学科核心习惯培养研究的必要性

北京市京源学校莲石湖分校是一所九年一贯制学校,自建校以来,基于培养"慧雅"少年的育人目标和学生的实际特点,学校积极探寻符合本校学生实际的学科核心习惯,通过对学生学科核心习惯的培养,实现全方位育人、螺旋式成长。

(一)学科核心习惯培养的意义

一贯制学校在落实行为习惯、提升综合素养的过程中具有较大的优势,如何在学科教学中探索该学科核心习惯目标,研究实施方案,真正实现一贯制学校,螺旋式成长,对学生核心素养的形成具有重要的意义。学校学科组教研实行跨年段大教研的模式,这也有利于开展学科核心习惯养成的深入探讨,确保学科核心习惯目标确定的适切性和科学性,促进一贯制育人体系的构建。

(二)核心定义

习惯是指一种人在后天环境影响下,慢慢形成的某种高度自动化、下意识性的思考方法、行动取向和价值选择。所谓"核心习惯"就是基本习惯,是指在人的行为习惯体系中,居于基本或者主要支配地位的一些习惯。核心习惯对人的行为发展起着根源性、根本性影响,而其他习惯都建立在其之上,或者说在这里生长、延续、扩展开来。

学科核心习惯,是指在学科学习过程中占据基本地位的,在课程中通过不断训练产生和发展,逐渐形成一种个体需要的自动化行为方法,它关系着个体学科学习的方式、方法,并直接影响个体核心素养的养成与不断提升。

(三)学科核心习惯培养研究切入点

本研究基于学校实际,以语数英学科为切入点开展探索研究,分三个阶段

开展研究：第一阶段围绕语数英学科核心素养梳理、确定一贯制学校语数英学科核心习惯并制定学科核心习惯培养体系；第二阶段在实践中探索学科核心习惯培养的有效途径并及时对体系进行完善；第三阶段总结研究成果，为进一步开展其他学科核心习惯培养体系奠定基础。

二、构建语数英学科核心习惯培养体系

依托本校"纵向有效衔接、横向丰富多元"的课程体系，学科核心习惯的建设横向聚焦学生不同学科中核心习惯的全面养成，如语文学科梳理了表达、预习、书写、习惯、阅读的习惯，全方位覆盖了语文素养的培养；纵向构建了螺旋上升式学科核心习惯培养体系，比如英语学科在低年级注重培养学生大声朗读、有良好的读书姿势的习惯，在中、高年级就会加入阅读方法的指导，如做笔记的习惯、摘录好词好句的习惯、查阅字典的习惯等，通过阅读更好地促进习作习惯的养成。

（一）围绕核心素养确立一贯制学校学生三学科核心习惯

学生核心习惯培养体系研究过程以课程中心负责人带动语数英学科教研组，以学科为项目小组，以备课组为研讨小组，从表现描述、养成证据、养成途径、制定依据4个层面，每个学科备课组以学期为单位，通过梳理、细化，汇总9个年级、18个学期（共计54条）符合学校学生实际、学科特点的核心习惯。

语文是基础学科，义教阶段语文教育重在养成学生科学的读书习惯，并建立必要的语文核心素养。打好语文教学的理论基础，需要循序渐进，既要有短阶段目标，也要有长远目标；既要有总体目标，也要有分项目标。最终，语文组确定从乐于表达习惯、预习习惯、书写习惯、写作习惯、阅读习惯进行分阶段、分项梳理。

数学教研组围绕学科核心素养的主题，从课堂教学、作业形式入手，确定了分段学生学科核心习惯。具体来说，小学低年级阶段注意学生书写习惯的培养，尤其重视培养学生的读书趣味，小学中年级阶段逐渐训练学生对知识点总结归纳的能力，养成学生独立思考解决实际问题的意识，小学高年级阶段注意训练学生主动预习的能力，学生通过记笔记做单元梳理逐渐熟悉数学基础知识学习方式，为将来的初中课程打下了基础。中学阶段，学校更重视培养学生的自学能力，以及问题意识，提早适应中考，助力中考。

英语学科核心习惯的养成主要涉及语言能力、文化品格、思维品质和学习能力等，其中，"思维品质"主要涉及剖析现象、概括信息、形成概念、分析判断信息的逻辑关联、理性表达等。英语课程教育着眼于提高教育质量，培育和发展学生的良好思想品格，帮助学生在全面、深入分析、发掘文章内涵的基础上，正确剖析和评判文章语篇中所承载的观念、情感和意向，帮助学生学会运用通过观察、预测、分类、推论、综合、归纳、创新等思考方法，提高学生思考的逻辑性、批判性和创造力，从而提高学生思维品质。

（二）构建螺旋上升式学科核心习惯纵向培养体系

学科核心习惯是需要长期、有组织、有计划地去培养，是一个螺旋上升的过程。例如，学科核心习惯中的书写习惯，不仅是小学生的重要任务，对孩子的性格、能力、核心素养等方面都有着深远的影响。纵向而言，语文学科在低年级要经过老师不断地引导、暗示与要求，以训练学生建立端正的写字姿态，将汉字笔画书写得准确、端正、整齐。在中、高年级加入钢笔字的写作辅导，养成学生行款工整、力求优美的良好习惯，同时提高写作速度（见表1）。在英语教学中字母与单词的书写，数学的教学中数字、竖式的书写也会培养学生的写字姿势、卷面整洁、美观的习惯。通过立体、螺旋的方式，全方位地帮助学生养成良好的书写习惯。

表1 小学语文书写习惯的螺旋上升

年级—学期	核心习惯表现描述	养成证据（达成特征）	养成途径（落实策略）
一年级（上）	书写姿势（双姿）正确	背挺直、脚放平，书写做到"三个一"	1. 儿歌提醒；2. 教师示范；3. 每次书写前、中、后进行提醒、点评
二年级（上）	较干净、工整地书写汉字	作业本、试卷干净、整洁	指导写字方法，每天坚持练字
五年级（上）	书写楷书，行款工整，力求美观优雅，并有一定速度	1. 写字姿势端正，有良好的书写习惯；2. 养成用优秀的硬笔写楷书的能力；3. 正确运用毛笔写楷书，从写字中感受汉字的美好	1. 课堂示范重点字，展示优秀作业，同学模仿借鉴；2. 用好字帖，坚持练字；3. 利用墙报，展示优秀书法作品，形成鼓励机制

三、学生学科核心习惯培养途径

学科核心习惯的体系落实需要依赖具体的培养途径建设，为了确保"学科核心习惯养成"方案的落实和实施，通过查阅文献和实践检验，学校细化确定了语文、数学、英语学科核心习惯的培养途径。

（一）优化教学设计

语文教师围绕学科核心习惯养成方案，在各年段推进教学设计研讨。比如蔡贺老师《慢性子裁缝和急性子顾客》一课，围绕学科核心习惯养成，通过课前自主预习提出问题，课上小组合作解决问题的路径设计学习单。根据"喜欢阅读，掌握阅读方法，乐于思考问题，愿意与同伴交流，阐述自己观点"，将课堂学习设计成几个学习活动，让学生在合作中得到成长。最后，学习延伸拓展环节，教师根据"具有写作兴趣，写成篇的文章，努力把内容写清楚和通顺"的目标，蔡老师将课后思考题也设计为一个学习活动，集思广益，让学生既能发挥想象，又能培养写作能力。

数学学科老师在课程设计研讨中，注意创造学生动手实验、自由探究、合作互动的良好学习气氛，使学生在通过观察、试验、猜想、证明、演绎和交流过程中领悟知识、体验知识、经历过程，并注重培育学生的问题意识，使学生全面发挥其问题意识、解决问题的实际能力，自由探究意识和合作创造意识。研究过程中，数学组教师根据不同阶段数学核心习惯养成方案开展教学设计研讨会，并汇编学科教学设计集锦。

英语教研组根据英语核心素养培养体系，实施大单元备课，并形成了学科教学设计汇编。五年级 My future jobs 一课中教师指导学生开展课前调研，基于已有职业类词汇用思维导图的形式呈现"身边的职业"调研结果。该活动既注重学生系统思考能力的培养，又关注到了学科育人的功能，在调研中增进学生对家人、身边职业的了解与尊重。课堂教学中教师通过理想引入，设置情境与学生共同用一般将来时描述自己未来的职业，并简单描述选择这个职业的原因以及现在应该做何准备。进一步引导学生在语言情境中思考自己的职业理想，提升语言综合运用技能，树立对未来的信心，培养勤奋学习、不断上进的精神。

（二）改进课堂教学

课堂教学永远是教育的主阵地，是学校最释放活力的地方。随着学校教育戏剧实践研究的开展，在学科核心习惯养成的探究过程中，语、数、英等专业老师借助教育戏剧范式的运用，使教学对象在教育戏剧实践中达成学业目标与教学目的。教育戏剧在课程核心习惯培养过程中最大的优点就是学习者的参与性和感受，可以在切身的体验中领悟知识的内涵，在互动沟通过程中发掘可能性、创造新意义。

在语文《比尾巴》一课中，蔡贺老师利用红绿牌和以身体写字的方式，巩固学生识字、书写；继而，在小组合作与游戏过程中，学生不断背诵课文，熟读成诵；然后通过游戏的方法，培养学习汉字的兴趣。最后，利用小组协作初步培养了学生的协作能力和语言表达能力。学生在轻松、愉悦的氛围中通过参与和体验，掌握了新课中的识字写字学习目标。英语学科教师坚持情境中心的指导思想，基于教学内容创设真实情境，在参与运用过程中完成语言教学目标。融入了教育戏剧的英语课堂有效培养了学习者参加的主观积极性，化抽象为具体内容，化乏味为快乐，为学习者的批判性思考创造了条件，实现了学生的乐学、会学。数学课堂上积极实施传统数学与教育戏剧科学的融合渗透式教学，以低年级综合数学《数学广角——搭配》一课为例，李晶老师针对低年级学生的特点，创设了"开机关""解密码""用数字组二位数""拍照"等一系列的教学活动，通过由浅入深，逐步开展学习探索，做到了课堂内容生活化、生活知识点数学化、探索过程趣味化，并在逐步地将排列的思维方式渗透给学生，使学生在不知不觉中去认识、深化思维方法，从而促进学生核心习惯的培养。

（三）开展主题活动

英语学科教育目的是使学习者利用语言实际教学活动去发展英文语言才能，从而养成良好的心理素质和思想道德品质。为发展学生语言核心素养，全面提高学生的综合语言运用能力，学校从学科核心习惯出发，打造特色主题活动，通过多种途径、多种方式为学生搭建学习、体验、运用语言的平台，组织一至九年级学生开展了丰富多彩的主题活动。语文学科每学年在1~3年级、4~6年级及7~9年级分别组织开展讲故事比赛、演讲比赛和辩论赛。英语学科组织开展英文歌曲大赛、课本剧展演、配音比赛及原创剧表演等活动。旨通过活动，提升学生语言学习、运用的兴趣，促进语言综合运用能力的提升，进而发展学生核心素养。

四、效果与反思

根据各年级、各学科段的学生感知能力与理解水平的差异，确定了各学段学科核心习惯培养方案。首先，通过这一研究成果探索学科核心习惯的形成，有效落实《养成教育三年行动计划》。其次，在学科核心习惯逐渐形成的过程中，促进学生核心素养提升。因相关领域研究成果较少，故学校在研究初期仅从语文、数学、英语三大学科为切入点进行了学科核心习惯培养体系的探索与实践，希望未来的研究可以扩充到各学科，以期达到落实"五育并举"、提升学生核心素养的教育目标。

李秀玲　张玉娇　北京市京源学校莲石湖分校

参考文献

[1] 核心素养研究课题组. 中国学生发展核心素养 [J]. 中国教育学刊，2016（10）：1–3.

[2] 黄四林，左璜，莫雷，刘霞，辛涛，林崇德. 学生发展核心素养研究的国际分析 [J]. 中国教育学刊，2016（6）：8–14.

[3] 林崇德. 中国学生核心素养研究:. 心理与行为研究，2017，15（2）：145–154.

[4] 林崇德. 构建中国化的学生发展核心素养:. 北京师范大学学报（社会科学版），2017（2）：66–73.

[5] 林崇德. 学生发展核心素养：面向未来应该培养怎样的人？[J] 中国教育学刊，2016（6）：1–2.

[6] 刘雪松. 九年一贯制学校办学优势的思考 [J]. 中国校外教育，2018.

[7] 徐玲，白文飞. 习惯形成机制的理论综述 [J]. 北京体育大学学报，2005：28（5）：618–620.

[8] 张春. 九年一贯制学校"德育一体化"管理模式实践探究 [J]. 新疆教育学院学报，2017，33（4）：15–17.

让"学"最大化
——项目化学习实践探索

内容摘要 本文结合学校项目化学习实践案例,按照项目前、项目中、项目后的顺序展示了从提出问题到确定项目、从分析项目到制订方案、从初步实践到自我迭代、从反复验证到形成成果、从成果展示到成果评价、从多角度评价到自我反思的项目化学习全过程中,学生"学"(研、行、思)的最大化及学的效益的最大化。

关键词 让"学"最大化;项目化学习

2019年,国务院办公厅《关于新时代推进普通高中育人方式改革的指导意见》中提出要注重"项目设计"等跨学科综合性教学。同年,中共中央、国务院印发的《关于深化教育教学改革全面提高义务教育质量的意见》,提出要探索基于学科的课程综合化教学,开展"项目化"学习。

因此,项目化学习引起了人们的广泛关注,项目化学习(Project Based Learning,PBL),一般翻译为基于项目的学习或项目学习、项目式学习等。仅从名称上就可以看出,项目化学习的核心是"学习","项目"则是学习的一种方式,项目化学习是指通过做项目的方式,实现学生的"学","学"是贯穿"项目"始终的。

学校也进行了相关的实践探索,在项目化学习过程中,学生充分思考,充分研究，充分实践，充分合作，充分展示，充分反思，凸显了"学"的最大化。下面我将按照项目前、项目中、项目后的顺序，结合实践案例来谈一谈项目化学习过程中学生"学"的最大化。

一、项目前——研而成案

项目一般是指在特定时间内，为了实现与现实相关联的特点目标，把需要解决的问题分解为一系列相互联系的任务，以便群体间可以相互合作，并有效组织和利用相关资源，从而创意出特定产品或提供服务，包括物质产品、创意、简报、发明或建议等多种形式。关于项目学习，一般认为，基于项目的学习是以学科核心概念和原理为起点，围绕真实世界研究的一个问题。可见，在做项目之前，学生要先弄清楚自己要解决的问题是什么，又计划怎样解决问题。

（一）从提出问题到确定项目

项目化学习，强调解决的问题是生活中的真实问题，而发现问题、提出问题直至确定自己真正想要研究的问题恰是项目化学习前提，也是项目化学习的第一个难点。

传统的学习方式，往往是教师提出问题，学生在教师引导下一步一步地解决问题，因此，学生或多或少地存在着不敢提出问题、不能提出问题的现象。项目化学习，教师要大胆地放手，大方地给学生留出发现问题、提出问题的时间和空间。

比如：端午节将至，按照学校课程传统要"合时按律，因势利导"，解决与端午节相关的现实生活问题，那么，有哪些问题需要解决呢？

给学生时间去想，去发现，围绕着端午节，自己想做什么，有什么疑问。结果学生林林总总地提出了许多问题，仅是关于粽子就提出了下面这些问题：

端午节能包粽子吗？怎么包粽子？用什么包粽子？粽子都有什么馅的？能不吃粽子吗？为什么要吃粽子？粽子有什么营养？

接下来，同学们一起交流为什么会提出这样的问题？这些问题有没有交叉之处？这些问题能不能合并？通过交流，他们发现关于粽子他们共同的疑问指向是：端午节能不能亲手包粽子，自己包的粽子能不能好吃又有营养。于是他们要研究的问题，也就是要研究的项目就自然呈现出来了：端午节制作营养又美味的粽子。

从提出问题到确定项目，学生在自己熟悉的生活情境，提出自己的真实问题，同伴交流发现问题本质，去粗取精，求同存异，形成研究项目，最大限度地发现问题，提出问题，提升了科学探究能力。

（二）从分析项目到制订方案

凡事预则立，不预则废，确定了要研究的项目，在做项目之前还要制订方案，项目学习方案要由同学们共同完成。

例如：在完成"端午节制作营养又美味的粽子"项目之前，学生就一起分析完成这一项目需要哪些条件：①调查人们爱吃什么样的粽子；②查询粽叶及粽子的种类、营养价值；③弄清楚制作粽子的方法；④有制作粽子的场地。

于是，同学们发现他们需要完成以下任务：①设计制作关于端午节的调查问卷；②多渠道查阅粽子的相关资料；③通过查阅资料、请教生物老师、做实验，弄清楚粽叶、粽馅的营养成分；④看视频或请教劳技教师，学习制作粽子；⑤协调制作场地和制作原料的准备。

根据任务，分成四个组：调查研究组、历史文化组、科学探究组、制作协调组，每个组再细化为一个个子任务，做好具体分工，计划完成时间。

这样，同学们合作分析完成项目所需的要素，根据这些要素确定需要完成的任务，根据任务进行分组，分组后再细化任务，做好具体分工，规划好时间，一份儿项目研究方案就初步完成了。

从提出问题到确定项目，从分析项目到制订方案，学生基于自身要解决的问题，交流，思考，辨别，定位，分析，分工，合作，制订方案，全程参与，自然沉浸，迈好了做事的第一步。

二、项目中——行而有果

我们经常说"做项目"，项目化学习本质上就是做中学，就是让学生行动起来，利用所学的知识去解决问题，在解决问题的过程中不断学习新的知识，不断去修正、改进、再实践，从而完成项目，形成成果。

（一）从初步实践到自我迭代

有了项目方案，学生就扮演一定的社会角色去调查、观察、实验、交流……然后发现存在的问题，改进，再实践……就这样在不断的实践、反复的自我迭代中，完成项目，形成成果。

例如：项目学习——"我在石景山开饭馆"

学生作为饭馆老板，计划在北京市石景山区开一个饭馆，一开始同学们就给自己即将开的饭馆定位为"北京特色"，他们一起搜集北京特色饮食、北京建筑风格、北京人礼仪，然后确定自己北京特色饭馆的招牌菜、外部形象、内部装潢、服务礼仪。

但是，在选址时，学生开始了解石景山，《石景山区西山永定河文化带保护传承发展规划》和《石景山区西山永定河文化带保护传承发展五年行动计划》两大纲领性规划，提出了打造"六张金名片"的建设目标，即：永定河生态文化名片、模式口历史文化名片、八宝山红色文化名片、八大处传统文化名片、首钢工业文化名片、创新及冬奥文化名片。于是，学生觉得将饭馆简单地定位为"北京特色"过于笼统，不够接地气，于是把目光转到石景山"六张金名片"上，通过互联网、图书馆、博物馆等途径查阅了首钢园、永定河、八宝山革命公墓、模式口、法海寺、麻峪村等石景山代表性地点的相关资料。

在充分了解了石景山后,学生又进行了重新分组,根据同学们的兴趣,分为:生态文化组、历史与传统文化组、红色文化组、工业文化组、冬奥文化组。

学生有案在手,但不局限在一案之中。在行动中,遇到新的问题、新的情况,随时调整自己的目标,不断修改和完善自己的方案,这是在真正的做事中才有的体验与提升。

(二)从反复验证到形成成果

项目学习有学习过程,还要有看得见摸得着的学习成果,而成果也体现了"学"的价值。

例如:"我在石景山开饭馆"项目中,学生根据饭馆主题意向结成合作小组,再次有目的地进行实地探访,拍摄记录重要的元素视频和图片,采访当地相关的工作人员或老百姓,收集了众多未知的历史故事。最终,形成了五个饭馆设计,分别是:生态文化组的"九道弯"饭馆(九道弯是永定河畔麻峪村的一个胡同名)、历史与传统文化组的"古道热肠"饭馆(选址在模式口京西古道)、红色文化组的"中国红"饭馆(选址在红光山上)、工业文化组的"首钢2011"(选址在首钢工业园区)、冬奥文化组的"焱淼"饭馆(选址在首钢工业园区冬奥组委附近)。

学生有了饭馆的初步设计之后,又进行菜品、文化产品等精细设计,并征询不同人的意见,反复验证,最终形成成果。

比如:"中国红"饭馆,一开始学生设计菜品时,想着要忆苦思甜,推出了冻土豆、窝窝头、炒面等战争时期的菜品,通过跟视频学习或在家长帮助下,制作成成品,让家人、老师、同学品尝,结果都说不好吃,如果饭馆里就是这样的菜品,那就不打算光顾了,后来几位合伙人又进行了改进,推出了忆苦思甜双拼和忆苦思甜试吃台,即:一种食品有两样或多样做法,像窝头有纯高粱面的、纯棒子面的,也有紫薯白面的、添加牛奶的、添加白糖的,顾客可自由选择;顾客不选择老食品也没有关系,还有忆苦思甜试吃台,陈列着冻土豆等老食品可供顾客品尝。这样既有教育意义,又符合开饭馆营业这一现实要求。

指向成果的行动，能充分调动学生的积极性，促使学生运用自己学到的语文、数学、历史、美术等各学科知识去思考，实践，求证，并不断自我更新，提升自我管理能力。

三、项目后——思而不止

项目有产品，就要有宣传、有推介、有评价，这样才能更充分地衡量产品价值，这也是对学生"学"的评价，能激励学生，促进学生发展。

（一）从成果展示到成果评价

成果展示推介也是现实生活中完成项目必不可少的一环，是最后翻底牌的时刻，是重中之重，需要精心设计，希望获得别人良好的评价反馈。

例如：项目学习——端午节制作营养又美味的粽子，在端午节组织了展示会，现场摆出同学们自己制作的各式粽子，大厨向大家介绍外形及制作过程，营养师着重强调粽叶、馅料的营养价值……大家品尝，现场评价。

项目学习——"我在石景山开饭馆"，几个组在"石景山最具魅力的饭馆"现场评选中进行比较，现场观众打出星级魅力值，并说明魅力点及原因。

项目学习——制作初三英语文段表达复习手册，学生化身中考英语辅导教师，将自己制作的复习手册发给大家，几位"辅导教师"分别从写作话题、写作文体、写作内容、写作结构、写作思维等方面推介手册，并提供表格让同学们评价，如表1所示。

表 1　产品推介评价表

Peer-assessment:	Yes	So so	No
He/ She has an introduction that states the topic and general opinion.			
He/ She has some supporting information to the key points.			
He/ She has a conclusion that restates the topic and the general opinion.			
He/ She used all key words, key expressions, vocabulary and conjunctions correctly.			
He/ She finish the tasks in Project Based Learning.			
He/ She contributes a lot in our team in Project Based Learning.			

成果展示，同学们呕心沥血，做 PPT、做视频、做海报、做实物……展现综合实力；成果评价，直观、高效、直指要害，激励提升，推动改进；从成果展示到成果评价，人人都是参与者，人人都从他人身上汲取到了营养。

（二）从多角度评价到自我反思

项目化学习的评价，不仅是成果评价，还有学习过程的评价，也不仅是他人的评价，还有自我评价与反思。

例如：在所有项目化学习中，我们都设有小组活动评价，如表 2 所示。

表 2　小组活动记录与小组自评表

小组名称		小组活动主题		
小组活动名称		活动起止日期		
小组有无活动计划		有（请将计划与本表一同交上）□　　无□		
小组分工情况				
小组主要活动内容及日期				
小组收集资料的途径与内容				
组长所做组织工作		很好□	一般□	很差□
全组合作情况		很好□	一般□	很差□
小组活动中遇到什么困难，如何克服的				
小组活动中谁表现最突出				
简要分析小组成绩和不足				
总评		合格□	良好□	优秀□

在项目化学习过程中，根据他人的反馈及自己的表现，学生随时进行自我评价和自我反思。例如：在项目前从提出问题到确定项目在这一过程中，学生反思说"原来提出问题并不难，这些问题就源于自己的生活，只要去观察，肯思考，敢表达，就能发现并提出有价值的问题"。在"焱淼"饭馆展示了他们创意产品——冬奥雪糕后，"古道热肠"饭馆反思自己的设计，觉得文化味儿不足，地域特色不浓，于是进一步研究模式口京西古道及周边的历史与文化，后来结合法海寺壁画设计了筷子、筷枕、筷笼等系列文创产品。

展示、评价、自我评价，是一个综合评价的过程，也是不断自我认知、自我调整、自我提升的过程。这种源于亲身体验的评价与被评价，言之有物，改之有根，是真评价、真改进、真提升。

从项目前到项目中，再到项目后，同学们化身某个社会角色，调动了自己所掌握的所有知识和生活经验去观察、思考、调查、研究、交流、展示、分享、评价、反思，让自己"学"的过程最大化，也让自己"学"的效益最大化，学会自我管理，学会做事，积淀了人文底蕴，提升了综合能力。这也正契合了当前大力提倡的"双减"精神：优化教学方式，提升学生在校学习效率。目前，学校项目化学习还处于尝试阶段，我们将继续探索、实践，让项目化学习常态化。

李淑敏　北京市高井中学

参考文献

李晶.深度统整与持续优化：项目化学习的常态化实施[J].辽宁教育，2020（11）：95-96.

幼儿园落实"双减"政策的路径探索

内容摘要 "双减"政策的颁布,对学前阶段幼儿园教育有着重要的指导作用,防止幼儿园提前教授小学课程内容,克服"小学化"倾向,进一步强调幼儿园应以游戏模式培养幼儿社会适应及生活自理能力,形成良好的行为习惯,萌发幼儿对学习的兴趣,培养初步的学习习惯与能力。

关键词 "双减";游戏;自主;支持

"双减"政策的颁布,对学前阶段幼儿园教育有着重要的指导作用,防止幼儿园提前教授小学课程内容,克服"小学化"倾向,进一步强调幼儿园应以游戏模式培养幼儿社会适应及生活自理能力,形成良好的行为习惯,萌发幼儿对学习的兴趣,培养初步的学习习惯与能力。游戏是幼儿自发、自主的活动,也是幼儿生活经验与能力发展的真实反映。游戏作为幼儿园的基本活动,是幼儿教育领域普遍认同的理念。《3~6岁儿童学习与发展指南》指出:"要理解幼儿的学习方式和特点,要珍视游戏和生活的独特价值,创设丰富的教育环境、合理安排一日生活。"这要求教师要在理论上明确"幼儿园以游戏为基本活动"的理念,更需要在实践中积极落实。由此可见,幼儿园"以游戏为基本活动"是学前教育改革中不变的宗旨,游戏对幼儿的成长与发展具有重大意义。我园在落实"双减"政策、开展"以游戏为基本活动"确保幼儿健康成长方面进行了探索。

一、保障幼儿充足自主的游戏时间

在探索落实"双减"政策研究中,我园坚持以游戏为幼儿的基本活动,保证幼儿享有愉快的自由游戏,在一日活动中为幼儿提供充足的自由游戏时间。游戏包括室内、室外游戏活动。每日应保证幼儿至少有 1 小时室内区域游戏活动;每日 2 小时户外游戏,除集体活动、课间操以外,要为幼儿提供自主游戏时间,让幼儿自由地奔跑、探索、实践,满足幼儿游戏活动的需求。此外,还整合一日过渡环节,避免幼儿等待现象,在过渡环节中为幼儿提供自主游戏空间,投放便于收放的玩具材料,例如:魔方、魔尺、翻绳等,不仅能够满足幼儿的活动需要,还能够使各环节活动转换自如、动静交替,减少幼儿消极等待。

二、创设引发幼儿兴趣的游戏空间

(一)营造宽松、自主的游戏氛围

为幼儿创设宽松自主的游戏环境,是支持幼儿主动学习的保障。安全的氛围、自主的空间、合理的布局、丰富的材料,是幼儿园游戏环境的布设指标。我园借鉴海森高游戏课程理念,用低矮的玩具柜或操作台区分各个游戏区域,每个区域保证两个进出口,便于幼儿在各个区域自由行动,同时也促进了他们之间的社会交往。各个区域用明显的标志进行标识,确保幼儿能够从活动室的不同位置看到各个区域,方便他们做计划、选择活动内容。游戏时间,幼儿可以自由选择区域,自由结伴,按自己的兴趣和意愿进行游戏。

(二)供给充足、多样的游戏材料

玩具与材料是幼儿学习的"原材料",教师根据材料的类型、数量,确定放置地点、投放方式。数量充足、种类丰富多元的游戏材料,有利于支持幼儿专注、深入的游戏，使幼儿可以用普通的材料玩出精彩。

教师在家庭区中投放真实的生活材料、日常生活用具、各类职业服装等，让幼儿切身感受真实生活，满足孩子模仿的需要，并逐步建立生活经验和认知经验。积木区中幼儿通过合作，用大型积木搭建起他们所需的建筑，如商店、医院、超市等，还能够实现与家庭区、角色区串联游戏的需要。艺术区里整齐的材料架，种类繁多的材料分类摆放，幼儿根据自己的需要自主取用。图书区环境温馨舒适，幼儿可以和毛绒玩具一起读喜欢的图画书，沉浸到阅读世界中。除了投放足够数量的绘本，教师还提供书写的各种材料，各种形状的便签、卡纸、不同种类的笔，激发幼儿在阅读中随手记录、书写自己的发现和感受。自然角里投放了种植、养殖、植物的果实、种子等材料，将自然与生活中的动物植物与幼儿的游戏紧密结合起来。"草木染""我和南瓜的亲密接触""好朋友——寄居蟹"等活动不断拓宽幼儿认识，丰富幼儿对科学与自然的感受、理解与认知。

三、提供丰富幼儿体验的游戏环境

（一）主题户外游戏区，丰富游戏体验

我园结合户外场地的特点，设置规划了骑车区、攀爬区、跑酷区等功能游戏区。户外游戏中教师鼓励幼儿利用各种运动材料创设游戏情景。例如：骑车区游戏，幼儿利用锥筒、坡道、迷彩网等材料，设置弯曲的路线、上下坡、十字路口、隧道、加油站等障碍，增加了游戏性和趣味性，同时也提升了游戏的难度。在"我是小红军"主题运动游戏中，幼儿用单杠、跳箱、体操垫、滑板车、大轮胎等材料设置障碍，模拟红军"翻越雪山""穿越草地""飞夺泸定桥"等情境。幼儿自主选择活动内容，在挑战自我的过程中提升运动的协调灵活性，体验运动游戏的乐趣。

（二）创意室内游戏区，支持自主学习

在创意十足的室内游戏中，教师以丰富的游戏环境激发幼儿探索、想象、表达、交流，扩展幼儿在游戏中的经验，鼓励支持幼儿计划自己的游戏活动，决定游戏内容、游戏材料、游戏方法。例如：神舟十二号载人飞船发射升空，激起了幼儿对太空的强烈向往。教师与幼儿一起搜集资料，全面了解宇宙飞船和空间站的构造和功能，支持幼儿获取身边的各种材料辅助进行搭建。于是幼儿用桌椅、纱巾、大积木搭建了空间站的办公区、生活区、健身区等。又将电脑、书本、电话、睡袋、绿植等布置在不同区域，模拟宇航员在空间站的生活和工作。

四、创设提升幼儿学习品质的游戏场景

教师作为幼儿游戏环境的创设者，幼儿游戏的观察者、合作者、扩展者、评价者，不断探索创设有利于幼儿主动学习的环境，发现幼儿意图，支持幼儿在游戏中的探索、尝试、创造，用适切的指导扩展幼儿的经验，促进幼儿学习品质的提升。

（一）在一日生活场景中引发幼儿主动学习

幼儿园一日生活皆教育，一日生活各环节都蕴含着教育契机，这需要教师遵循幼儿身心发展特点，尊重幼儿的年龄与学习特点，有意观察幼儿的兴趣和需求，跟随幼儿活动，发现活动的教育价值，引发幼儿的主动参与。

例如：在收获的季节里，老师和幼儿收集了很多南瓜，在一次过渡环节中，教师发现到很多幼儿围在自然角观察南瓜，并热闹地讨论着。捕捉到孩子的兴趣，在教师的引发下，幼儿围绕南瓜开展了"我和南瓜的亲密接触"活动。通过观察、触摸、嗅味道等，幼儿感知了南瓜的基本特征。结合幼儿需求，师生共同准备了记录纸、笔、测量长度和重量的工具等，幼儿进行给南瓜排队、南

瓜称重、南瓜写生等活动。教师鼓励幼儿自己查阅资料，找到不同南瓜种类及产地。于是孩子们认识了新疆的牛腿南瓜、日本的贝贝南瓜，还有大磨盘、小磨盘、蜜本南瓜、蛇南瓜。幼儿还总结概括出：南南瓜体型小、北南瓜体型大、新疆南瓜长等特点。围绕着一只外形酷似"企鹅"的超大南瓜，孩子们对"打开南瓜的正确方式""南瓜美食汇""南瓜子子""种企鹅南瓜"等活动进行了主动探究。

在幼儿的游戏过程中，教师注意观察幼儿的兴趣和需要、游戏行为，支持幼儿积极主动的探索，灵活和综合地运用隐性指导、语言、提出问题等方法帮助幼儿拓展游戏内容和探究方法，在游戏过程中培养幼儿良好的学习品质。

（二）在游戏难度提升中鼓励幼儿主动学习

区域游戏是实现教师成为幼儿游戏的观察者、参与者、支持者的重要场域。区域游戏有利于教师观察幼儿游戏的行为、对话，分析了解幼儿游戏意图。教师可以在参与幼儿游戏中，发现幼儿遇到的问题，及时提供适切的帮助与指导，帮助幼儿实现游戏意愿，解决游戏中遇到的问题。

在一次区域游戏中，天天发现磁力片玩具的拼图模板，他按照模板很快拼出了"小鱼""汽车"等图形，之后便无所事事。教师基于对幼儿发展水平的了解，鼓励他尝试自己拼摆图形。天天经过研究，用多个三角形拼出了一朵六角形的花，得意地给老师看，并给它取名叫"紫莲花"。教师对他的游戏给予了肯定，并对他提出了新的挑战，按照"紫莲花"的样子制作模板，为其他伙伴提供游戏参考。于是，天天邀请嘉义共同制作模板。他们在艺术区里寻找制作模板的材料，笔、纸张。天天小心翼翼地将作品平移到纸上，嘉义用手固定作品，天天按轮廓勾线。两名幼儿互相配合很快做好了模板，并且邀请萱萱尝试进行拼摆。由于模板的难度超过萱萱的能力，天天和嘉义十分沮丧。教师观察到两名幼儿情绪的波动，建议他们降低模板难度。两人经过讨论，在纸的右下角画了三角形标记，在旁边写上数字"12"，示意为"此图案需要12个三角形"。他们又一次邀请萱萱，萱萱在提示下成功地拼出了

"紫莲花"。

在自制图形模板的过程中,教师适时地介入幼儿游戏,巧妙地推动幼儿游戏的发展进程。自创图形——自制模板——调整模板难度,从活动发展趋势看,自制模板是幼儿游戏的需求,调整模板的难度关系到嘉义和天天的想法是否能被同伴采纳。教师的引导推动了幼儿游戏的发展,又及时给予幼儿解决问题的思考方向。制作模板的过程渗透了统计、归类、计数等发展目标。幼儿不但是游戏的主人,还成为设计游戏的设计师。多重身份让幼儿在不断的创意、设计、记录、挑战中,获得实现自我价值的满足感,使幼儿沉浸在游戏的积极体验中。

(三)在主题活动中实现幼儿主动学习

主题活动贴近幼儿生活,结合幼儿年龄特点围绕某一常见的事物、现象或节日或幼儿感兴趣的话题,开展贯穿于健康、语言、社会、科学、艺术五大领域教育目标的一系列活动,是幼儿园常见的一种课程模式。主题活动可渗透于一日生活、区域游戏、过渡环节、教育活动等各个环节中。教师不光作为活动的主导者,进行主题活动目标和活动的预设,更要在实施过程中观察幼儿在主题活动中的兴趣和行为表现,追随幼儿生成新的活动目标,并将目标物化于活动材料和游戏中,促进幼儿主动参与活动,提升幼儿学习品质。

《汽车大世界》主题活动,教师观察到有的幼儿发现车轮的大小不同,轮胎的花纹不同,有的幼儿提出了问题,"车轮为什么都是圆形的",教师抓住幼儿问题的焦点进行细致的分析,经过思考生成了游戏活动。其中包括:"奇奇怪怪的车轮"——提供圆形、三角形、正方形、椭圆形等形状的插片,幼儿选择不同形状制作车轮,在动手操作中充分感知不同形状车轮滚动时的现象和特征,并进行简单的记录,总结出圆形车轮和其他形状车轮的汽车在行驶中不同的表现,得出结论与同伴进行分享;"聪明的小侦探"——鼓励幼儿借助提供的颜料、水、沙子、彩泥、轮胎花纹不同的小汽车模型等材料,通过操作汽车,观察汽车行驶后留下轮胎的花纹的不同,进行配对游戏;"轮胎上的秘密"——幼儿主动收集相关资料，与同伴分享交流，了解汽车轮胎花纹的作用。就这样，孩子们在活动中通过直接感知、实际操作、亲身体验获取经验，成就了幼儿的主动式学习与探究。利用游戏分享时刻，教师请幼儿向同伴进行经验分享、成果展示，更加增强了幼儿的自信心，引发更多幼儿对活动的关注和参与。

贯彻"双减"政策，秉承"以游戏为基本活动"的理念，保障幼儿游戏权利，满足幼儿游戏需要，是幼儿园的办园宗旨。幼儿园将不断探索实践，为幼儿提供丰富多样的游戏机会，支持幼儿在游戏中的探索、尝试、创造，助力每个幼儿富有个性地成长。

王悦昕　北京市石景山区幼儿园

参考文献

刘焱.幼儿园如何落实"以游戏为基本活动"，腾讯网，2021-08-04.

第四章

立足特色建设

立足国学经典实施亲子诵读策略
探索家校协同育人新模式

内容摘要 国学经典诵读作为我国传统文化精华的代表,不仅可以提高学生对中华传统文化的继承与发扬,也可以培养学生语言表达能力和文化知识底蕴。家庭作为学生的第一所学校,家长作为学生的第一任老师,对其一生的成长至关重要。学校探索以国学经典亲子诵读为切入点,从家庭教育、学校教育相融合的视角,着力构建家校协同育人新模式,从而形成家校合力,促进学生全面发展,健康成长。

关键词 国学经典;亲子诵读;家校协同

国学经典诵读是我国传统文化精华的代表,不仅可以提高学生对中华传统文化的继承与发扬,也可以培养学生语言表达能力和文化知识底蕴。家庭作为学生的第一所学校,家长作为学生的第一任老师,对其一生的成长至关重要。

教育专家林格说过:"真正的教育是无痕的教育,是环境的教育,是父母身体力行的教育,而不是过多的教诲与训斥。"作为一所区域内三结合教育特色小学,学校探索以国学经典亲子诵读为切入点,从家庭教育、学校教育相融合的视角,着力构建家校协同育人新模式,从而形成家校合力,更好地引导家长、学生共读成长,着力为学生搭建家校、亲子间和谐关系的健康成长桥梁。

一、亲子诵读实施依据

（一）国家政策层面

新颁布的《中华人民共和国家庭教育促进法》指出：家庭教育以立德树人为根本任务，培育和践行社会主义核心价值观，弘扬中华民族优秀传统文化、革命文化、社会主义先进文化，促进未成年人健康成长；学校应当根据家长的需求，邀请有关人员传授家庭教育理念、知识和方法，组织开展家庭教育指导服务和实践活动，促进家庭与学校共同教育。

（二）学校实际所需

学校是一所12班建制的小学，其中，93%的学生为外来务工子女。家长学历构成层次普遍不高，工作大多以从事小商贩、个体装修、临时工为主，平时陪伴学生的时间较少，也缺少和学生有效沟通的方式、方法。

由此可见，构建以学校为主导，学生、家长齐参与的新型家校协同育人模式势在必行。

二、亲子诵读实施保障

想要组织开展国学经典亲子诵读活动，首先要解决谁来组织读、读什么、在什么地方读等基本保障问题。为此，学校采取以下三种措施。

（一）诵读组织形式

亲子诵读是由学校发起，家长、学生自主参与、自我管理的一项活动。在人员组织上，分为两个层次。

1. 日常管理人员

成立校、班两级亲子诵读委员会，成员主要以自主报名和家长民主投票产生。校级亲子诵读委员会设会长 1 名、副会长 2 名，委员则由各班级选举推荐 1 名（同时兼任班级亲子诵读委员会会长），主要负责选定诵读内容，聘请、培训义工家长，与学校沟通诵读相关事宜等工作。班级亲子诵读委员会同时还设委员 2 名，负责日常亲子诵读签到、多媒体使用等管理工作。另外，在每周六上午，学校也会安排一名教师和一名行政领导轮流值班，为学生、家长提供服务保障。

2. 义工家长

主要通过自主报名方式确定人员，每个班级 5 至 10 名不等，学校定期邀请国学经典诵读专业老师对义工家长进行培训，担任每周六上午集体亲子诵读的领读组织人员。

（二）亲子诵读内容

在诵读内容选择上，采取学校推荐和家长、学生自主选择相结合的方式。主要包含两个方面。其一是国学启蒙读本。例如，《三字经》《百家姓》《弟子规》《千字文》等；其二是国学绘本。如《京味绘本》《冰糖葫芦谁买》《小金鱼》《铁门胡同》等。

（三）诵读场地、时间

亲子诵读是一项长期坚持的活动，为便于开展亲子诵读，并能达到较好效果。在充分征求家长意见基础上，结合学校实际，将亲子诵读场地确定为家庭、学校两处统筹推进实施。在时间上，周一至周五为家庭诵读时间，每天晚上诵读时间为 20~30 分钟；周六上午为学校诵读时间，诵读时间为 1 小时。

三、亲子诵读实施策略

（一）诵读方式

诵读方式主要包含大声诵读、心里默读两种方式。但不论是哪种形式，都要做到用手指着读，即眼到、手到、口到，三者同步合一。这也是提升专注力的有效措施。

（二）诵读形式

1. 亲子共读

顾名思义，就是家长和学生根据诵读内容及要求，一起诵读，学生及家长根据实际环境及自身能力，出声大声朗读，对其他方面不进行任何约束。

2. 分开诵读

由于家长和学生接受事物存在快慢差异，在经典诵读之前，要从解决不认识的文字，到通读不连贯，再到熟读，有一个逐步适应熟悉的过程。因此，在共读前，安排5~10分钟的分开诵读时间，既是遵循家长和学生的认知规律和差异，也能培养学生独立思考、解决问题的能力。

3. 集体诵读

学校开放教室，学生和家长以班级或以年级为单位，统一到教室进行集体亲子诵读。增加诵读氛围，同学间相互分享诵读成果，激励学生持之以恒坚持诵读。

（三）展示方式

1. 线上展示

为了更好地检验成果，同时，也能够对每个家庭参与亲子诵读情况进行统计，要求家长及学生每天将亲子诵读音频或视频上传到班级微信群中，进行分享展示，班级亲子诵读委员会委员则根据家庭上传情况进行签到统计。

2. 现场展示

每周六集体诵读时间都会安排两个展示环节，其一是在诵读开始，义工家长组织部分家庭将周一至周五诵读成果进行展示诵读；其二是在诵读最后，安排亲子诵读展示环节，剩余家庭轮流上台，将当天所读内容进行现场展示诵读。除此之外，学校还积极搭建活动展示平台，利用每学期开学典礼、庆六一活动文艺汇演契机，开展经典亲子诵读展示。

（四）激励方式

1. 优秀评选

综合每学期家长参与亲子诵读情况以及配合学校工作情况，在每学期期末结业式上，都会进行学期"优秀义工家长"和"好家长"评选表彰，评选名额没有限制，但对评选条件有要求，主要体现在持续坚持诵读上，也是为了更好地激励引导家长、学生主动参与亲子诵读。

2. 经验分享

在每学期全校家长会上，通过自愿报名和学校推荐的方式，安排不同年级家长代表从学生的变化、家长的变化、家庭的变化三个角度做亲子诵读经验分享，在提升家长自身对孩子的教育水平的同时，也能够对其他家长起到很好的借鉴意义。

四、亲子诵读实施效果

（一）有助于增强亲子自信

美国著名心理学家威廉·詹姆斯研究发现，人类本性中最深刻的渴求就是受到赞美。要想得到别人的赞美，学生及家长首先要对自己有高度认可。外来务工人员说话多少会有一些乡音，平时表达交流多少会有一些自卑心理。利用线上分享展示平台，要求学生、家长主动将自己诵读的音频、视频分享到班级群中，这本身就是一种勇气的体现。当教师或其他家长看到、听到视频、音频后，纷纷进行点赞赞美，对学生、家长给予高度评价肯定，更是激励亲子自信的一种有效方式，这种自信，对于学生、家长而言，也能影响其生活中的其他方面。当学生、家长从关注他人音频、视频发音转化到诵读内容的质量的时候，就会形成一种积极向上的正向氛围，家长们的参与热情也会被充分调动起来。

除此之外，给学生提供充足的台上展示机会，更能提升学生、家长的自信。如，在学校"六一"文艺汇演时，安排亲子诵读展示节目，家长和学生共同诵唱国学经典。学生、家长身穿汉服，走上舞台，在古典民乐的伴奏下，合作诵读国学经典节选，学生、家长的身心被古典文学浸润，实现了在阅读中育人的目的。很多家长表示，自己从来没有想过，能够站在舞台上，当着几百人表演节目，这是自己人生中的第一次，虽然内心胆怯，但为了孩子成长，一切都是值得的。俗话说，万事开头难，有了成功的体验，自信心也会越来越强。

（二）有助于学生自我管理

其一是规范诵读。作为义工家长，不仅自己要陪孩子进行亲子诵读，还要为周六的集体诵读领读进行备课，为了能把最好的诵读状态展示出来，家长则需要提前几天做好查阅相关资料、熟背诵读内容等准备工作。作为义工家长的孩子，自己的父母能够站在讲台上进行领诵，心里面自然而然会产生一种自豪感。而这种自豪感也会激励学生对诵读展示有更高、更好的要求。特别是在音准、认字等方面，都能起到促进规范的作用。其二是磨炼意志。心血来潮做事非常容易，但持之以恒做事实属不易。学生、家长在一天的忙碌、学习疲惫过后，还能够每天坚持打卡诵读，本身也是对学生、家长坚持意志的磨炼。其三是学以致用。很多国学经典读物中，都蕴含着关于习惯养成的内容。在亲子诵读中，通过家长的引导、讲解，学生潜移默化地将这些语句进行理解，并且运用到实际生活之中，对学生习惯培养起到很好的促进作用。如，家长在一次交谈中提到：坚持亲子诵读的第二周，有一次吃晚饭，孩子没有像往常一样大人没上桌自己就先吃起来，而是等家长们都落座以后，自己才坐下吃饭。家长对这一举动很好奇，问孩子怎么想起这样做了？孩子回答，这是从《弟子规》中学习到的，"或饮食，或坐走。长者先，幼者后"。孩子的举动感动了家长，也鼓舞家长坚持亲子诵读。又如，有一位家长转弯时，脚不小心磕到墙角，孩子此时说"缓揭帘，勿有声。宽转弯，勿触棱"。像这种利用古人智慧结晶，指引生活做事的情况，在后续和家长们沟通中还有很多。相比于简单的说教易引起学生反感，学生自我理解并愿意付之行动的习惯养成更加弥足珍贵。其四是内心激励。国学经典读物中，除了习惯养成内容外，激励人克服困难、奋发向上的名言警句也有很多。如，《论语》中"见贤思齐焉，见不贤而内自省也""君子求诸己，小人求诸人"等。学生当时可能不了解这些话语的具体意思，但随着他的成长发展，在生活中遇到困难、挫折或取得成功时，能够运用国学经典中的语句激励自己，勉励自己，真正做到胜不骄，败不馁。同样，作为家长，工作生活中也经常会遇到不顺心或者成功的事情，这些语句对其也能起到指引作用。

（三）有助于增强文学素养

其一是提升识字量。以低年级学生为例，学生通过反复诵读《三字经》《百家姓》《千字文》等国学经典，一个学期可以认识近1000个汉字，两年即可自然轻松认识3000多个汉字，相当于达到小学六年级的识字水平。其二是增强记忆力。有些国学经典虽然不能完全理解，但这些国学经典有一定的韵律，有利于刺激学生的大脑，增强记忆能力。随着记忆力的提高，还会形成一种良性循环，学生会对背诵产生越来越浓的兴趣，记忆速度也会越来越快。其三是提高写作能力。通过亲子诵读，学生对于大部分国学启蒙经典读物已经能够做到熟记于心，对词语、名言警句也都有了一定的积累，将这些好的词语、名言警句加以理解并运用到自己的习作之中，对学生的写作能力起到一定的促进提高作用。另外，通过诵读国学绘本，学生、家长从绘本故事中发现细节，并根据自己的理解，对绘本故事内容分别进行文本构建，相互交流故事内容，引导学生能够从不同角度看待问题，思考问题，对学生的表达力和观察力也都能够起到很好的提升效果。

（四）有助于提高家教能力

学生的成长离不开父母，父母的陪伴有利于学生形成正确的价值观，也更有助于学生健康、快乐地成长。但在现实生活中，班主任老师在谈到学生教育问题时，经常听到家长抱怨，总说工作太忙，没有时间陪伴孩子，自己文化水平低，教育不了孩子，等等。但通过学生了解到，很多家长晚饭后的时间，大部分被游戏、手机、电视所占据。组织家长参加亲子诵读，则能够每天安排家长有 20~30 分钟时间，静下心来陪伴学生。在陪伴中，亲子间的情感更加亲密，亲子间的沟通也更加顺畅。家长也能够及时了解学生的所思所想以及平时生活、学习中遇到的挫折、困难和成功，并适时进行引导、鼓励，对学生健康成长起到助推作用，可谓一举多得。

（五）有助于畅通家校沟通

家长会、家长开放日，很多时候是形式大于内容。在一个很正式的环境下，家长不愿意或者没有时间、没有机会就学生的教育管理问题和老师进行深层次交流。但很多时候，家长对于学校的一些做法，是不认同或存在抵触情绪的，但碍于学校部署，家长只能硬着头皮完成。久而久之，心里不免会有一些怨气，积少成多，就会造成不好的影响。通过每周六的诵读时间，家长和老师的沟通时间增多了，课后之余聊天的内容变得更宽泛了，心态也放松了，在相对放松的语言环境中，有一些学生教育问题或学校存在的一些管理问题，家长就能够及时反馈表达出来，便于学校改进举措，便于教师更多地了解学生信息，对于学生的教育更具有针对性。除此之外，老师也可以利用交谈契机，就一些家长不了解的疑问进行解答、疏导，将家长的思想和学校主张统一，真正做到站在孩子的角度谈教育，对学生的教育切实起到促进作用。

通过探索亲子诵读家校育人模式，学生、家长对国学经典产生了浓厚的诵读兴趣，家校育人合力也变得更加紧密，学生、家长在诵读中长知识，在诵读中习礼仪，在诵读中促和谐，在诵读中强育人，真正做到让教育润物无声，促学生全面成长。

屈东波　北京市石景山区民办教育管理服务中心

参考文献

[1] 闫雪霏. 亲子共读　促进和谐——北京实验学校附属小学家校共育案例[J]. 青春期健康，2021，19（20），82–83.

[2] 张凤仁. 小学经典诵读校本课程的开发及实施研究[J]. 课外语文，2021，20（22）：110–111.

以实践活动为载体
完善学校生涯教育实施路径的研究

内容摘要 实践活动在学生的生涯教育中具有举足轻重的地位和作用。通过国外成熟的生涯教育实践活动进行梳理和分析,以及对学校多年来开展生涯教育的实际经验,笔者认为以实践活动为载体,完善学校生涯教育实施路径应该通过以下三点进行:一是完善以实践活动为载体的学校生涯教育组织机构;二是充实以实践活动为载体的学校生涯教育资源库;三是丰富以实践活动为载体的学校生涯教育组织形式,包括生涯主题活动、综合实践活动、学生社团和校本课程、生涯个体辅导和团体辅导等。

关键词 生涯教育;实践活动;实施路径

一、实践活动在学校生涯教育中的必要性

生涯教育是帮助学生"树立主动发展的观念、掌握生涯规划的知识与技能、确立生涯发展目标、进行生涯决策、寻求最佳生涯发展路径的专门性的且有计划的教育活动",这就决定了生涯教育不可能仅依靠课堂上的方法介绍、未来规划等理论知识进行传授,它应该有更加广阔的实施路径。

生涯教育的实施原则指出,生涯教育应当遵循价值导向原则、体验与实践

原则、综合性原则、可持续发展原则,强调学生能够通过各种情境进行实际体验,在实践活动中激发学生主动发展的意识;强调应当引导学生通过多种方式综合考虑未来的发展、个体与环境等因素。这就需要学生通过丰富的实践活动来实现对自我发展、生涯探索、生涯决策等方面的培养和学习,因此实践活动在学校生涯教育中是十分必要的。

此外,实践活动在学校生涯教育中还有非常重要的地位和作用。通过实践活动中产生的各种社会互动过程,中学生能够全面地认识自我,客观地评价自己,这是生涯教育起始阶段最重要的一步;通过实践,中学生能够客观地面对外部环境,在"知己"的同时"知彼",是制定科学合理的生涯目标的重要依据;通过实践活动,中学生可以将知识转化为技能,在实践中提升自己的解决问题的能力,提高创新意识,为实现生涯目标奠定基础。

二、国外成熟的生涯教育实践活动

生涯教育在一些发达国家已经有了十几年的发展历史,因此有关生涯教育中实践活动的也就有了丰富的经验。这些经验对我们在生涯教育中开展实践活动是十分宝贵的,但需要我们结合学校的育人目标、实际情况加以修正和完善。

美国是生涯教育的起源地,经过几十年的发展与推进,美国中学生参与实践活动主要有如下三种形式:为学生提供报酬的"工读计划"、一半时间学习一半时间工作的"合作教育计划"、由学生自发组织的社区"义务工作计划"。此外,美国的生涯教育有着广泛的社会力量,与社区、企业、家长合作,为学生走出课堂、接触社会开展各种实践活动提供了强大有力的支持。

加拿大的生涯指导课程"现实的系列游戏"(The Real Game Series,RGS)是为 K-16(从小学到大学)层次的学生设计,由一系列富有趣味性和创造性的体验式学习活动组成。课程强调团队互动,教师、学生父母、员工、雇主也可参与,目的是帮助学生理解学校教育对于未来生活及职业目标实现的重要性，并在两者之间建立起有意义的衔接，进而帮助学生发展职业生涯管理能力。该游戏为7~8年级学生（相当于国内的初一、初二学生）提供机会去探索成人的现实生活，如税收、生活消费、工作环境和突发情况等，引导学生体会工作满意感在生活中是要优先考虑的，职业生涯选择对于未来的重要性等。

新西兰的青年人就业率一直排在世界前列，这在某种程度上归功于新西兰的生涯教育模式。在新西兰，学生除了拥有多样的生涯辅导课程以及心理辅导系统外，还有多种形式的生涯教育活动供其选择，如可以了解多种未来职业的"职业博览会"、帮助高年级学生顺利地从高中向高等教育或工作领域过渡的"中高等教育衔接项目（STAR）"等。此外，新西兰的生涯教育也十分重视与家庭、社区、高等院校、社会福利机构、企业的有效合作，通过形式各异的体验性活动与课程，帮助学生了解社会职业和角色，为未来生涯规划做充分准备和铺垫。

三、以实践活动为载体完善学校生涯教育实施路径

在以实践活动为主要形式的生涯教育过程中，国外已成熟的经验对我们有很好的借鉴意义，但在"拿"来之前，我们需要对这些经验进行理性的甄别与分析。结合学校的现实情况和已经开展的生涯教育工作，以实践活动为主要载体的学校生涯教育实施路径应该按照以下方式设计并开展。

（一）完善以实践活动为载体的学校生涯教育组织机构

目前大多数生涯教育的组织者为科研或心理相关教师，教师们不仅承担着生涯教育的理论课程设计也担负着组织相关生涯实践或体验活动的职责，当然还有更多其他的工作内容，因此教师精力不能保证、压力不能疏解、效率不能提高，鉴于此，重视生涯教育的学校应该专门成立相关机构，厘清生涯指导教

师的工作任务。以笔者所在学校为例，学校生涯教育划归为科研室负责，上有科研副校长直接统领，中间由科研主任组织协调，下有心理及相关教师具体实施，组织机构较为完善，职责清晰，保障有力。

生涯教育的知识理论性指导应有专业的教师进行，但实践活动的负责者可以在除科研、心理教师外适当扩大人员或机构，学校的团委、德育中心、教研中心主要成员可以纳入其中，为学生的生涯教育发展进行有效指导（见图1）。

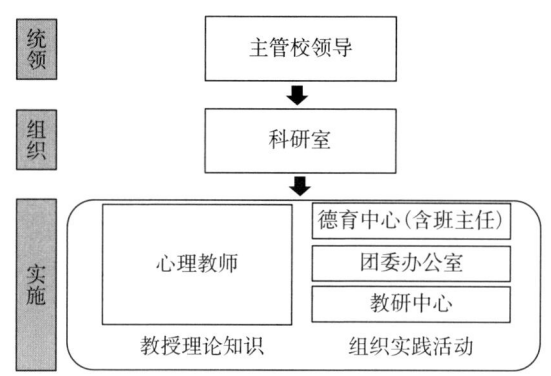

图1 学校生涯教育组织机构示意图

目前，大多数学校将生涯教育放在校本选修课进行，但校本选修课受地点、人员、时间的限制，往往体验性的实践活动不能开展。因此，在完善生涯教育的组织机构的同时，要增加生涯教育课程的实践活动环节，使学生通过实践类的活动激发自己的生涯规划意识和生涯管理、决策能力。

（二）充实以实践活动为载体的学校生涯教育资源库

"以实践活动为载体的学校生涯教育资源库"是对过去工作的提升，也是对未来工作的设想，是在中学阶段开展生涯教育的实践活动的过程中学校对家庭、社区、企业等其他机构的全方位合作，并与这些合作资源进行沟通与约定，形成切实可行并与学生未来生涯发展息息相关的实践资源库，以便开展生涯教育的实践活动。

学校组织者与合作机构共同商定，针对每一项可提供的实践活动进行活动主题、目标、要求、内容、记录、反馈与评价等项目的梳理,以供学生阅读、记录和实施活动。不同的机构可以提供各具特色的实践生涯教育实践活动(见表1)。

表1 不同资源单位的生涯教育实践活动类型

资源单位	与生涯教育相关的主要实践活动
本校	1.生涯测评;2.学校相关职业的体验;3.研究性学习;4.生涯个体或团体辅导;5.生涯人物访谈;6.学生社团等
外校	1.职业角色体验;2.生涯人物访谈等
家庭	1.参与职业角色讨论;2.生涯人物访谈;3.生涯教育反馈等
社区	1.职业角色体验;2.志愿服务工作等
企业	1.职业要求介绍;2.职业考察与体验;3.生涯人物访谈等
其他	1.职业和高校的课程体验;2.福利机构的考察体验等

(三)丰富以实践活动为载体的学校生涯教育组织形式

1.生涯主题活动

主题活动并不是指学校中广义的各种活动,而是直接与生涯教育紧密联系的主题活动。这些活动的特点是能够通过短暂的过程引发学生深刻的感悟,产生较为持久的影响。因此,生涯教育的指导教师应该利用主题活动的情景渲染和群体动力激发出学生自我意识、培养生涯探索具有的各种能力、实现对生涯目标的有效管理。

生涯的主题活动形式最为广泛,它可以分为以下几类(见表2)。

表2 生涯主题活动的类型及活动形式

生涯主题活动类型	活动形式
访谈研讨类	1.校友论坛;2.生涯人物访谈;3.小组研讨
活动体验类	1.经营学生公司;2.闲置物品交换或跳蚤市场;3.院校等机构实地考察;4.心理剧角色扮演;5.职业体验;6.志愿服务;7.团体活动(游戏)8.学长相伴
班会沙龙类	1.生涯班会;2.成长沙龙;3.仪式教育(成人、入团等)

2.综合实践活动

综合实践活动建立在学生实际生活和社会实践需要的基础上，强调学生通过直接操作与体验来获得解决问题的经验，提高对知识综合的把握及运用能力，养成积极探究、合作实践的良好品质。

根据学校生涯教育内容，综合实践活动可以围绕自我发展、生涯探索、生涯管理系统展开，可以与语文、地理、历史、信息技术等课程整合，培养学生的创新意识和实践能力。如在生涯综合实践活动课的信息技术教育中，可以专门开设有关职业体验的内容：以程序员的角度体会编程的过程；学会利用计算机技术开发学习、休闲的 App 手机应用等，这些都可以让信息技术的生涯教育价值体现出来，并带给中学生深刻的体验与感悟。

3.学生社团活动与校本课程

生涯教育中重要的内容之一是教给学生学会选择，让学生在了解自我和探索环境的基础上，确定充分发挥专长、有浓厚兴趣并且与环境相适应的生涯目标。在学校内开展的实践活动中，学生社团和校本课程成为帮助学生有选择地拓展自己的兴趣、学会初步选择的重要学习途径。2016—2020 年在学校团委的组织下，学生自发成立的社团累计达到 30 余个，大致可以分为运动健身、活动实践、学科拓展、科技创新、文化艺术五大类，以时事风云论坛、光影社、巧手坊、动漫社、汉服社、历史社为代表，这些社团满足了学生不同兴趣爱好的成长需求，发展了学生的特长，形成了良好习惯，也带动了学生自我成长与发展意识向更高层次发展。此外，学校每学期周三下午都会开设各类校本课程，学生根据课程要求和自己实际需要进行选择和学习，数学思维、烙画、沙画、戏剧等校本课程弥补了传统课程的不足，更加贴近学生实际需求，让具有不同性格特质的学生学会选择并科学规划自己的未来。

4.生涯个体与团体辅导

生涯的个体和团体辅导是学校生涯规划教育的重要补充。个体辅导一般涉及自我认同、自我优势、同伴交往、学习管理、生涯规划、志愿辅导和专业选择等内容。通过个体辅导，大多数学生能够理性面对生涯发展中出现的各种困惑，全面认识自己，从容面对未来的自己。

生涯教育团体辅导活动是指针对存在生涯困惑的学生，开展团体心理训练、游戏或心理沙龙活动。在辅导中，通常以团体和朋辈互助的方式，帮助学生澄清职业价值观、探索职业个性、学会科学决策，掌握科学的生涯规划理念与方法，实现个体和团体的共同成长。学生还可以在团体活动中，观察、学习、体验，认识自我、接纳自我，改善和调整人际关系，提升团队合作能力，从而发展良好的社会适应的过程。

四、反思与展望

回顾过去学校在生涯教育实践活动方面进行的工作，虽然已经进行了多种尝试和探索，也初步梳理出了关于以实践活动为载体的学校生涯教育的实施路径，但还存在以下不足：①生涯教育的组织机构不够完善，还需要充实多方力量，为学生的发展搭建多样化的平台；②实践活动资源库的整理还不够充实，对指导学生开展生涯教育相关实践活动的指导力度不够；③实践活动实施的途径的划分不够细致，还需要进一步通过实践进行分析整理。

以"实践活动"为载体的学校生涯规划教育在学生中学时代的生涯教育中有着举足轻重的作用，因此在后续工作中，我们会继续对以上问题进行深入研究，完善学校生涯规划教育实践活动的实施路径，使学校生涯规划教育更加系统化、可操作化，为学生的终身幸福奠基。

徐桂海　武　月　首都师范大学附属苹果园中学

参考文献

[1] 陈伟. 高中生涯规划教育实践探索活动研究 [J]. 校园心理，2014（4），124–126.

[2] 方庆林. 学校生涯教育实践探索及其成效 [J]. 创新人才教育，2016（3），22-25.

[3] 孟四清. 生涯教育在美英两国的缘起实施模式及其启示 [J]. 特别策划，2012，7（1）：21-24.

[4] 任卓. 初中生职业生涯规划课程设计研究 [D]. 湖南：湖南科技大学，2012.

[5] 王华. 加拿大"现实的系列游戏"生涯指导课程及其启示 [J]. 中小学教师培训，2014（8），24-26.

[6] 邬守景. 大学生职业生涯规划中实践教育研究 [D]. 上海：华东师范大学，2009.

[7] 朱凌云. 新西兰中小学生涯教育的特点与启示 [J]. 外国教育研究，2013（8），20-25.

[8] 朱凌云等. 中小学生涯教育理论与方法 [M]. 北京：北京师范大学出版社，2015.

基于茶文化特色课程推动学校特色文化建设

内容摘要 茶文化课程是以弘扬中华传统文化内涵为宗旨的,关于沏茶、赏茶、闻茶、饮茶、品茶等内容的学校特色课程。茶文化课程作为学校文化传达的重要载体,茶文化课程建设、实施过程,亦是学校"和雅"文化办学理念逐步明晰与全面构建、贯彻的过程。本文以学校自身文化建设为例,回顾了学校茶文化特色课程构建实施到全方位学校"和雅"文化创建实施过程,希望能给正在进行学校文化建设的同仁以参考。

关键词 茶文化课程;特色;学校文化

随着课改的不断深入,学校优质化及现代化建设的需求,许多学校越来越重视基础教育改革下国家课程校本化,将国家课程校本化是针对国家课程潜在缺点而产生的一种与国家课程相对应的课程,亦称"学校本位课程"或"学校自编课程",它能够不断丰富学校文化内涵,并将国家课程融入学校文化,使学校文化落实到课程中,推动学校优质化、现代化发展。基于以上问题,我们深入思考,学校实践探索以茶文化为核心构建特色课程,促学校文化建设。

一、茶文化特色课程概述

（一）茶文化特色课程设计背景

"树承雨露、花沐阳光。"我们解读为：师范附属小学的每一个孩子能够在阳光雨露下健康快乐地成长是我们的愿望，同时也彰显出"和风细雨、润物细无声"的浸润教育理念。考虑到学校原有茶艺特色社团开展的沏茶、赏茶、闻茶、饮茶、品茶等活动，正暗含着在中华传统礼仪文化浸润教育理念，学校初步确定了以茶文化为核心，以特色课程实施为主渠道，依托传统茶文化与素质教育的完美结合，弘扬传统文化，提升学生人文素养茶文化特色课程设计思路。

（二）茶文化特色课程主要内容

学校在前期调研和充分讨论、查阅资料的基础上，确定以博大精深的茶文化作为学校特色课程，并制订学校特色课程茶文化与国家课程诸多学科整合的计划和教学安排。组织相关教师依据《特色课程实施方案》《特色课程实施计划》编写茶文化与诸多学科整合的教材。茶文化特色课程，尊重学生认知，在系统的校本教材构建中，针对不同年级的学生年龄特点和学习需求，学校进行了不同的侧重和安排，如，对一、二年级的小孩子，以书画、诵读为主，通过活泼有趣、简单易行的活动锻炼他们的听说能力，激发他们的兴趣。三、四年级开始涉及音乐、诗文创作，并与古筝结合。五、六年级学生的抽象逻辑思维进一步深化和发展，要求独立的意识开始增强，并且更加关注社会，因此以综合实践活动为主，以茶艺的实操、英语、经贸等内容为主，培养和提升他们探究、调查的综合能力（见表1）。

表 1 茶艺教材分年级目录

年级	内容
一年级	第一课：茶文化——茶的历史、传说，对古茶树的保护；第二课：茶知识——茶艺操作的简介；第三课：茶礼仪——泡茶时的身体姿势的要求；第四课：茗事典故；第五课：茗事典故；第六课：茗事典故；第七课：茗事典故；第八课：回顾拓展；第九课："茶"字的由来；第十课：茶具；第十一课：小茶壶；第十二课：The Kinds of Tea（茶的种类）
二年级	第一课：茶文化——六大茶类的知识（名称、产地、特点、传说故事）；第二课：茶知识——茶具知识；第三课：茶礼仪——茶艺师的要求；第四课：茶与诗文；第五课：茶与诗文；第六课：茶与诗文；第七课：茶与诗文；第八课：回顾拓展；第九课："茶"字的写法；第十课：剪纸与茶；第十一课：The Names of Tea（茶的名字）
三年级	第一课：茶文化——绿茶知识（以西湖龙井为主：产地、特点等）；第二课：茶知识——掌握冲泡绿茶的技能；第三课：茶礼仪——冲泡茶的礼仪要求；第四课：茶神勇尝百草；第五课：陆羽撰写《茶经》；第六课：老舍嗜茶；第七课：孔明与普洱；第八课：回顾拓展；第九课：古代名家作品欣赏——茶；第十课：我爱写茶诗；第十一课：茶画；第十二课：The Etiquette of Tea（茶的礼仪）
四年级	第一课：茶文化——乌龙茶的知识（以铁观音为主：产地、特点等）；第二课：茶知识——掌握冲泡乌龙茶的技能；第三课：奉茶礼仪；第四课：中国茶叶分类；第五课：走进身边的茶叶市场；第六课：The Culture of Tea（茶的文化）；第七课：高山流水；第八课：渔舟唱晚；第九课：出水莲
五年级	第一课：茶文化——红茶的知识（以祁门红茶为主：产地、特点等）；第二课：茶知识——掌握冲泡红茶的技能；第三课：茶礼仪——上舞台表演冲泡红茶的礼仪要求；第四课：饮茶人群；第五课：饮茶环境；第六课：饮茶作用；第七课：饮茶传播；第八课：The Art of Making Flower Tea（花茶茶艺）；第九课：寒鸦戏水；第十课：东海渔歌；第十一课：广陵散

在每周一课时，由专业茶艺教师的授课实践中，经过 3 年的课堂教学实施效果分析以及多元评价结果分析，我们又将茶艺特色教材进行横向整合，教材以单元主题的形式进行修改和编排。

表 2 茶艺教材整合目录

单元	主题	内容
一单元	清茶飘香解茶道	第 1 课 茶脉通古今；第 2 课 香茗初相识；第 3 课 茶俗尽不同；第 4 课 茶舞世界赏；第 5 课 花茶酬知音；第 6 课 乌龙茶中仙
二单元	茶韵茗事多传情	第 7 课 茶源有传说；第 8 课 典故妙趣生；第 9 课 著作堪经典；第 10 课 名人传佳话；第 11 课 诗文广流传；第 12 课 茶联溢茶香
三单元	书画古筝怡茶情	第 13 课 茶意瀚墨香；第 14 课 名家传佳作；第 15 课 手巧塑茶具；第 16 课 艺苑赏茶画；第 17 课 陶然解忧情；第 18 课 筝鸣夜色浓
四单元	徜徉茶园话茶艺	第 19 课 临境知底蕴；第 20 课 茶食品意境；第 21 课 饮茶利健康；第 22 课 饮茶促交流；第 23 课 茶具赏情趣；第 24 课 再忆九江茶

茶文化校本课程，体现与传统文化的整合——将茶与诵读、茶与名人、茶与礼仪等内容结合，这些整合之后的课程可以更好地发挥其内在的文化教育价值，我们的学生在更好地学习相关知识的同时，能够得到更好的文化熏陶、能力培养、素质提升。

（三）茶文化课程实施效果

校本课程的开发是科研工作的载体，又是推动学校特色发展的载体，更是学校自主发展的载体，从而实现学校的文化建设。

1. 以"茶文化"为载体，促教师专业成长

校本研究、校本培训、校本课程开发，为广大教师营造了一个良好的学习研究的氛围，使学校逐渐成为学习型组织，使教师逐渐走上了科研型的教师发展道路。

学校将本校特色茶文化课程与国家课程小学阶段开设的数学、语文、英语、科学、音乐、美术、劳动、综合实践等学科课程进行整合，分别在相应学科一堂课中进行教学，探索出多学科融合的教学案例。

通过研发特色课程教材，研究特色课程与各学科融合的教学模式，教师们的教学方式、教学材料编辑整合能力不断提升。近年来，教师在区级教育教学大赛中，始终保持四星、五星奖；在国家、市、区基础教育课程改革实践反思论文、案例、设计评选中，60%的教师先后获奖；在市、区骨干教师评选中，学校2名教师获北京市骨干教师称号，2名教师获区骨干教师称号；3名教师获区级青年教学能手称号，学校建立了一支具有校本课程开发能力和实施能力的骨干教师队伍。

2. 以"茶文化"为载体，开展课外实践活动

校本课程的设置，为学生打开了一扇探究学科以外知识的窗，孩子们走出校园，参与社会实践活动，孩子们应邀参加王府井步行街的爱尔兰文化周，亲身感受异域文化；奥运村贝宁升旗仪式上留下了孩子们的欢声笑语；八大处茶文化节中，为游人献上香茗；九九重阳节，孩子们又来到社区为爷爷奶奶们奉上"敬老茶"；学校学生代表还参加了北京艺术教育成果展及国际教育博览会……

近年来，学校落实"身心健康、人格健全、基础扎实、学有特长"的培养目标，学生参与各级各类比赛，佳绩频传，在国家、市、区级各类比赛中千余人次获奖。

二、茶文化特色课程，推动学校特色文化建设

学校文化是学校发展的源泉，为学校的发展提供持久的动力，校本课程作为学校文化传达的重要载体，特色课程的开发凸显着学校特色，亦应成为学校文化构建的过程。

（一）以茶文化理念为线索，梳理、确立了"和雅"办学理念

中华传统文化是中华民族的灵魂，是中华民族的精神所在。文化自信，首先是文化认同，增强文化自信，要增强对中国传统文化、传统思想价值体系的认同。茶，起源于中国，流传于世界，与其并存的茶文化融合诸家思想，其历

史悠久、内涵丰富。传播茶文化,学习茶文化,对师生人文素质养成既是主动的陶冶又是被动的熏陶。

学校结合自身的办学渊源和茶文化特色课程,经过广泛与教师、学生、家长多次调研,在课程专家多方策划下,历时一年的时间,将学校的办学理念与茶文化中"清、美、和、雅"的茶德精神结合,鲜明地提出了"和雅"的办学理念。

"和雅"根植于学校的历史、愿景与学校的未来。和雅教育其核心价值观是:和而不同,雅而有致。"和"是和谐,"不同"是个性,"和而不同"是共性与个性的统一;"雅"是文雅、儒雅,是内在涵养与外在气质的统一。旨在使全体师生在"和雅"的环境中共同经历与成长,成为内涵丰富、气质优雅的人。

在"和雅"办学思想引领下,学校提出了办学总目标:培养有才能的文雅学生;塑造有才华的儒雅教师;创建有声望的和雅校园。学校将办学总目标进行具体分解为(见图1)

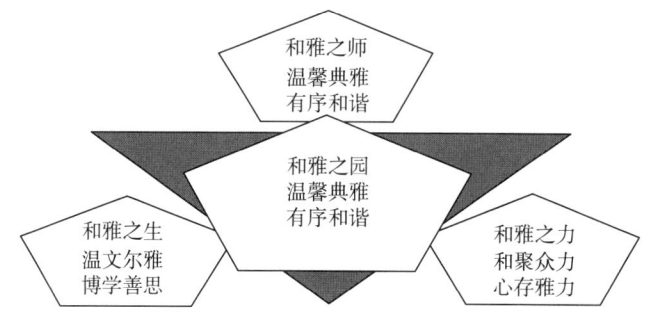

图1 "和雅"办学目标分解

学校把"和雅"作为校园文化建设的核心,从其根本上讲就是要建立一个师生之间关系和谐友爱、和睦互助的人文校园;而"和雅精神"延展开来,便是人与人之间,人与环境之间的和谐。

我们秉承提取特色茶文化课程精髓"和雅",确定办学思想与目标—通过课程设置、管理、环境、教师、学生团队打造,践行学校办学目标—形成学校文化氛围这样的思路来不断推动学校文化建设。

（二）以"和雅"为核心，构建课程文化

以"和而不同、雅而有致"为理念，构建"开智、养正、兴艺、健体"课程体系。学校将体系融入国家义务课程、地方课程、校本课程构建和实施中（见图2）。

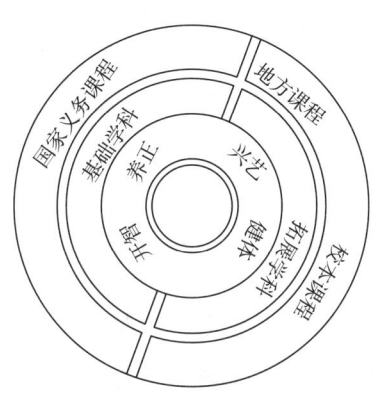

图2 "和雅"三级课程结构图

开智：即开启智慧。我们始终秉承开展"构建学生自主学习为目标的绿色教育"，倡导学生在自主学习的乐园中学习知识、提升技能，开启智慧。

养正：即涵养正道。弘扬传统文化，开拓茶艺、武术、诵读等相关校本课程，涵养学生的人文气质。

兴艺：即盛行艺术。以茶艺、诵读、形体、美术、舞蹈、音乐等艺术教学为主线，大力推进学校的艺术教育，促进学生全面发展，培养学生的一技之长。

健体：即强健体魄。以武术进校园为主线，以轮滑为特色，大力开展学校的阳光体育运动，使学生有强健的体魄。

学校坚持基础性课程和拓展性课程相结合，课堂学习与课外学习相结合，学校学习和家庭学习相结合的原则，综合开发"德育主题、茶文化拓展、经典诵读、阳光体育"等校本课程，为学生提供德育教育、各学科整合、综合实践、体育四大类多元课程体系，满足不同水平、不同特长、不同兴趣学生发展的需求。

（三）以"和雅"为核心，创建校园环境文化

学校做好校园的"绿化、美化、净化"的整体规划工作，我们以"和雅"

文化为主题追求，对学校墙壁和道路赋予文化内涵，达到学校处处显现育人功能，体现人文精神。我们将楼道文化分为四个主题：一楼是"和雅之风"，主要是学校茶文化，以及围绕"和雅"校园，创建的富有时代气息的标语、口号、校徽、校歌、班徽、班规、名称等融入学校的文化概念体系和标识系统；二楼是"艺术之花"，主要是专业教室以及茶艺教室的布置与宣传；三楼是"文化之韵"，主要展现的是学生学科创作作品；四楼是"创新之美"，主要是学生综合实践活动的作品展示，给学生搭建展示的舞台，打造学校的和雅校园环境。

（四）以"和雅"为核心，打造儒雅教师文化

学校以"和雅"的管理理念，实施"以人为本、平等对话、民主参与、真诚沟通"的管理机制，凝聚人心，挖掘个人潜力，学校以打造敬业、和谐的儒雅教师团队为目标，创设"全员育人"的氛围，树立"人人都是德育工作者"意识，引导教师行为示范，做出表率。强化"六雅素养"的学习与提升，即：践雅行，举止优雅；说雅言，谈吐文雅；读雅文，内涵博雅；养雅志，气质贤雅；炼雅德，品德儒雅；成雅才，学识慧雅。

学校把"六雅"素养渗透在教师的日常活动之中，开展粉笔字、钢笔字、毛笔字三字练习，从传统的书法艺术中传承、积淀"和雅"素养。开展健身运动、读书活动，把教育讲坛、好书推介、师德宣讲、艺术欣赏等融入常规会议之中，让常规会议变成教师专业打磨、拓展知识、提升学术的平台。

（五）以"和雅"为核心，培养文雅学生文化

学校结合"和雅"办学目标，制定培养"文雅"学生的策略，力求打造优秀、高雅的文雅少年，营造文雅学生文化氛围。

首先，明确文雅好少年的评比条件，确立"雅言"——语言文明、表达流畅；"雅行"——行为文雅、气质优雅；"雅品"——情趣高雅、才识博雅。指导学生正确实施礼仪规范、每月进行一次考评，通过班级板报和学校"文雅少年榜"公开表彰和宣传文雅学生事迹。

其次，学校通过开展"习惯、责任、爱心、诚信、自信、感恩"为主要内容的系列教育活动；培养学生良好的做人习惯，用良好的校风、班风促进良好学风的形成，以实现"人人好习惯、个个重责任、事事有关爱、个个讲诚信、天天有进步、生生知感恩"的教育目标。

再次，学校依托茶文化德育特色教育，通过"小茶人"技能系列活动将茶文化中"清、美、和、雅"的茶德精神与"践行北京精神"相融合，融入爱国、创新、包容、厚德等教育内容，促进学生各种习惯养成。

我们相信，"和雅"文化之花必定将在校园的每一个角落尽情绽放，培养有才能的文雅学生、造就有才华的儒雅教师、创建有声望的和雅学校的教育理想将在这里启程远航。让每一个孩子能够在阳光雨露下养成良好习惯，更健康、更快乐、更精彩！

学校通过对茶文化的独有的、绿色的、生命的探索，将学校的特色课程价值理念贯彻在学校的办学思想中，并且贯穿到学校工作的过程与始终，从校风、教风、学风等校园良好文化的建设着手，凝聚核心理念，构建文化体系，使学校的文化建设充满人文关怀，体现人文精神。

王　巍　北京市石景山区银河小学

参考文献

[1] 熊梅.综合实践活动的开发与设计[M].北京：高等教育出版社，2006.

[2] 廖哲勋.关于校本课程开发的理论思考[J].课程·教材·教法，2004（8）:11-18.

[3] 胡弗曼，海普.学习型学校的文化重构[M].北京.中国轻工业出版社，2006.

[4] 丁时辉.关于学校特色建设的思考[J].小学教学参考，2005（36）:6-7.

[5] 任显中，薛兆坤.校本课程的开发应遵循新课程改革标准[J].现代教育科学，2004（4）:35-36.

[6] 刘延金.开发校本课程　促进教师成长[J].湖南第一师范学报，2003（3）：57-59.

挖掘属地教育资源　　开展生态文明教育

内容摘要　党的十九大报告指出，要坚持推动构建人类命运共同体，构筑尊崇自然、绿色发展的生态体系，建设清洁美丽的世界。让学生和教师充分了解模式口地区的人文、历史、地质、动植物、环境等各方面知识，为课程的开发提供丰富的资源，通过颂模式口、写模式口、说模式口、探模式口、建模式口、画模式口、唱模式口等多种形式，找到课程与属地资源中的契合点，让学生把所学的知识应用到实际，做到学以致用，知行合一，树立正确的生态价值观。

关键词　生态文明；课程；实践活动；教育资源

挖掘属地教育资源目的就是开展有"生活"的教育，构建生活与教育之间的联系，搭建学校与社会之间的桥梁，让生活和教育互相渗透。教育资源包含的内容往往是多元的，学校开展属地文化活动，就是将当地的一些社会现象、自然环境、风土人情、历史文物等进行探究与研讨，延伸到各个学科和领域。这对学生学习方法和能力的提升，对教师教育和教学观念的转变，对家校社三方的沟通和协作进一步加强会起到很大的促进作用。

学校位于石景山区西北部模式口地区，模式口是京西古老的文化村落，原名磨石口，历史久远，文化深厚。2002 年，模式口村被北京市人民政府确定为第二批"历史文化保护区"。模式口自古就是京畿重地,也是京西古道关卡要段,既有儒释道的传统文化留痕,也有新民主主义革命和社会主义革命、社会主义建设、现代化文明的足迹;既存有珍贵历史文物古迹,也有极具保护和传承价值的非物质文化遗产,更有红色文化遗迹。目前,学校70%以上的学生居住在模式口地区,是土生土长的石景山人。生态文明教育强调人与自然和谐发展,在这上面模式口地区有着得天独厚的教育资源,根据各年龄段学生的身心特点,开发校本课程,以综合实践课程的组织形式开展来不断丰富学校课程的内容,完善"石景山"课程结构体系,培养学生的节约意识、环保意识和生物多样化意识。

一、因陋就简,创设生态文明教育的校园环境

一个曾经到过学校的专家说过,没想到北京城区还有条件这么差的学校。近几年,学校整体设计校园环境,与社区的老干部、老战士、非遗传承人等座谈,集思广益,充分利用友邻单位闲置的资源,优化空间功能,彰显学校的办学特色。目前,学校的整体布局体现绿色、可持续发展理念,走廊文化墙、楼层宣传栏和班级板报渗透生态文明教育思想。中校区东楼梯设置主题为"从远古走来"的地质历史长廊,大厅东侧展示矿石标本"探大地宝藏",西侧体现"建生态家园",厅顶呈现"遨浩瀚宇宙";西楼梯设置主题为"寻祖辈文明"和"解民俗文化"民俗文化长廊,四层民俗文化体验室以实物为内容,展现"祖辈们渐行渐远的生活"。西校区楼道设置主题为"驼铃古道",重点体现模式口地区的人文特色。学校尝试建设学生劳动实践基地——"百草园",师生把模式口地区常见的中草药和特色植物移植到校园。环境的整体设计为生态文明和生物多样化教育的实施提供了物质基础和硬件保障。

二、因材施教，强化学科教学中的生态文明教育

课程是育人的重要载体，课程教学的过程是彰显办学特色的过程。结合属地资源把生态文明教育渗透到各学科教学之中，根据各学科特点和学科教学结构，有计划地开发学科教学与环保教育相结合的渗透点，在学科教学中有意识、有计划地进行生态文明教育，采取课堂认知、活动体验、自我内化、行动升华等有效策略，丰富实践育人的途径，增强生态环境育人的效果。

（一）分学科开展生态文明教育

语文：语文学科是综合性、实践性很强的学科，其涵盖的有关生态文明教育的内容非常丰富。例如，部编版八年级下册的第二单元和第五单元。第二单元注重大自然的物候现象和探索地球生命来源，第五单元从内容来讲是游历名山大川，作者的所见所闻所感。这些教学内容为语文教师课堂渗透生态文明教育提供前提条件。教师授课前带领学生到学校附近的冰川馆和红光山实践学习，授课过程中借助物候学、地质学、生态学等领域的知识来阐释事理，既学到相关知识，又学习到科学家求真、严谨的精神。

生物：生物学科涉及生物与环境、动物的运动与行为、生物多样性等与生态环境息息相关的教学内容。教师带领学生开展雌雄异株植物早期鉴定的实践研究，通过探究实验、体验活动、讨论分析等方式开展学习活动，学校从2017年秋季开始上地方文化课、中草药课，在调查植物资源时，发现漆树科黄连木（模式口居委会院后）只有单株，经过和八大处黄连木对比，发现模式口的黄连木是雄性的。解决好栽培植物幼苗性别的鉴定特征，在学术上是一个进步，对正在开展的生物多样化研究具备实际意义。

地理：地理不但涉及物理学、化学及社会性，同时也涉及环保学。地理重在研究地球内外、气候变化等内容，解释地球所发生的各种现象，关注如何让人与自然友好相处。学校背靠红光山，紧邻中国第四纪冰川遗迹陈列馆，对开

展地理和生态教育有着独特的资源。1957年10月28日，模式口冰川擦痕被北京市政府公布为第一批文物保护单位；1999年，中国第四纪冰川遗迹陈列馆被命名为北京市科普教育基地和北京市爱国主义教育基地；2010年，中国第四纪冰川遗迹陈列馆被评为全国科普教育基地。

历史：在历史学科中积极渗透生态文明教育，培养学生的生态文明思维。如：在百家争鸣的教学中，点赞道家思想主张中的"天人合一、顺其自然"，蕴涵着人和自然和谐相处的生态文明理念。模式口文保区域内有法海寺、承恩寺、田义墓、慈善寺等多个古迹，对学生了解地区历史、了解古迹建筑特色、正确保护文物等有很大帮助。历史是一面镜子，城市化进程加快，在模式口古街改造过程中，如何做到节能环保和避免污染的事件发生也是师生共同研究的内容。

（二）统一开展生态文明教育（垃圾分类）

生态文明教育示例

相关学科	主要内容
语文和思想品德	"垃圾分类"故事征文、课前演讲和哲学思想渗透
数学	分析统计垃圾分类数据，从数学上认识垃圾分类
物理化学生物	从垃圾的可回收利用、生物降解等角度，开展研究性学习
英语	了解其他国家的垃圾分类做法，拓展学生的国际视野
小学科学	整理垃圾分类知识问答，开展竞赛
信息技术	引导学生查找资料，制作垃圾分类宣传电子报刊
美术	从环保和垃圾分类角度设计并制作手抄报、科幻画、手绘宣传物等
音乐	学唱环保歌曲，用艺术感染学生，帮助他们养成生态意识
德育	主题班队会、演讲比赛
团队	志愿者服务

三、因地制宜，开发生态文明教育校本课程

学校挖掘校园、社区和社会资源，以开发校本课程的方式，利用现代信息

技术多角度丰富课程资源，作为教师在学科教学中的补充材料，让学生在班会、团队会、社团活动和学科实践活动中使用。《京西古道之旅》系列课程是依托模式口悠久的历史文化，立足于"思想道德""人文底蕴""科技创新""艺术审美""身心健康"五个维度，用以点串线，以线汇面的方式编写的一套兼具知识性和科学性的特色校本课程。根据不同年龄段的接受能力，在课程的难易程度上分别有所侧重。一、二年级卷设置"绘制一幅驼铃古道手抄报""制作古树身份卡"等任务；三、四年级卷设置"驼铃古道上的垃圾清理方案""制作一幅中医常见的药材展示板"等任务；五、六年级卷设置"设计一幅驼铃古道的旅游地图""制作模式口矿产资源展示板"等任务；七、八年级卷设置"完成一份《冰川对史前动物的影响》报告""绘制一张水力发电的原理图"等任务，课程设计的每个环节，都在有意识地引导学生进行思考，并努力做到讲练结合，学思并重。让学生在学习过程中不仅能够得到知识上的科普，还能感受到文化的熏陶，在阅读和书写的过程中将模式口文化融入自己的骨血，真正有所收获，真正有所继承。

四、因势利导，开展丰富多彩的生态文明教育实践活动

学校组织学生到中国第四纪冰川遗迹陈列馆、八大处公园、北京规划馆、首钢工业园区等社会资源单位参加实践活动。活动的开展既开阔了学生的眼界，同时也加深了学生对书本知识的理解，培养了学生科学探究的意识，增强保护生态环境的意识。

学校围绕《爱我家乡模式口》这一课程主题，先后开设剪纸、毛猴、工笔画、话剧、VR建模等课外活动，其中话剧《军号嘹亮》荣获石景山区艺术节展演一等奖；学生设计并完成《驼铃声声忆古道》VR作品，得到北京师范大学项目组专家的肯定；还举办了以"年轻飞扬新时代 革命植根在胸怀"为主题的教育活动；每学期由模式口村非遗传承人带领学生们走访模式

口的老人，聆听他们讲述这里的历史，实践考察红光山、翠微山的地质地貌，种植和识别当地中草药，体验磨刀石的制作工艺，探寻驼铃古道、民俗院落、法海寺、承恩寺、田义墓等文保单位。力求结合丰富的地域资源，将课程根植于地域文化之中，积极调动资源，协调各方，努力培养学生实践能力和创新精神，同时引领学生更加了解自己的家乡，了解身边曾经发生的故事，从而更好地培育和践行社会主义核心价值观。

学校将生态文明理念融入教育教学全过程，一方面加强生态课程研发，对各学段应包含的教学内容和教育目标作出明晰的梳理。同时加强师资培养，为学校生态教育注入活力。另一方面研究生态教育对其他课程的指导意义，加强生态文明理念在教育过程中的融入，从发展狭义的生态学科扩展到发展广义的可持续发展的教育事业。

让学生走出课堂，融入社会，全面了解自己的每天所生活的社区，对学生的思维方式、学习方法、生活方式、处事态度等方面产生了积极的影响。熟悉的环境能让学生很好地融入其中，对家乡今昔变化的对比和人文景观的深入了解，更能激发学生的爱国爱党爱家乡的情怀，让爱国从爱家乡开始。教育需要实践来检验，让教师走出课堂，施展自己的才华，展现学生的个性，挖掘学生的天赋，把教学课堂变为生活舞台，才能为教育教学更好地服务。

韩福强　北京市石景山区石景山学校

参考文献

[1] 张国新，黄雄. 地域文化与科学探究的"比翼齐飞"——以江西师大附中"传承赣文化"为例谈 [M]. 江西教育，2015（Z1），63-64.

[2] 肖庆顺. 生态文明教育的课程体系建设 [M]. 天津教育，2018（3）:18-21.

构建"劳动 +"课程
培养学生创新能力的实践研究

内容摘要 基于劳动的育人价值，学校立足学生终身发展，从三级课程整体推进，融合家庭、区域教育资源，建立多元化劳动教育课程体系，并依托"模拟政协"、小课题研究、学科联动、研究型学习课程等途径将劳动教育融入教育教学全过程，促进和发展学生的创新能力和科学精神，为学生成长为时代新人奠基。

关键词 "劳动 +"课程；育人模式；创新能力

《国家中长期教育改革和发展规划纲要（2010—2020 年）》指出：要满足不同潜质学生的发展需要，探索发现和培养创新人才的途径。要以学生为主体，以教师为主导，充分发挥学生的主动性，努力培养造就数以亿计的高素质劳动者、数以万计的专门人才和一大批拔尖创新人才。

要努力构建德智体美劳全面培养的教育体系，在学生中弘扬劳动精神，教育引导学生崇尚劳动、尊重劳动，懂得劳动最光荣、劳动最崇高、劳动最伟大、劳动最美丽的道理，长大后能够辛勤劳动、诚实劳动、创造性劳动。2019年初，中共中央办公厅、国务院办公厅印发了《加快推进教育现代化实施方案（2018—2022 年）》，明确提到了要大力加强体育美育劳动教育。加强劳动和实践育人，构建学科教学和校园文化相融合、家庭和社会相衔接的综合劳动、实践育人机制。这显示出在当今时代，劳动教育的重要意义和重要价值。

马克思在《资本论》中明确提出，劳动教育不仅是提高社会生产的一种方法，而且是造就全面发展的人的唯一方法。我国著名教育家陶行知曾经说过，在劳心上劳力，是一切发明创造之母，事事在劳力上劳心，便可得事物之真理。

在劳动的育人价值上来看，一方面中华优秀传统文化蕴藏着丰厚的劳动精神和价值观念，是我们在新时代进行劳动教育的重要精神养分。尤其是在价值多元化的今天，在劳动教育中融入和贯穿传统文化，让"劳模精神""工匠精神""进取精神""勤俭精神"等传统文化中的劳动精神特质进校园、进课堂，加强文化认同，树立文化自信。另一方面，劳动教育本身是一个动态的发展过程，新时代呼唤新的认识，数字时代的劳动教育应不断活化劳动教育形式，整合劳动教育资源，突破传统认识，与创造性劳动、虚拟劳动、创客思维、大数据、云计算服务等进行新的结合。从劳动作为教化的方式来看，新时代的劳动教育是教人如何做人、如何做事的有机统一整体。基于此，学校依托劳动教育，创新课程育人模式，引导学生在劳动实践中不仅掌握关键能力，更为重要的是关注学生的创造性思维能力、问题解决能力和科学精神的培养。

一、构建"劳动+"课程群，创新课程育人模式

学校基于学生一生的发展需要通过学科教学、校内外活动及家庭教育三个角度，整体建构学校"劳动+"课程群，以操作性、体验性的活动为主要形式，鼓励学生积极参与、主动探索，促进学生的整体发展，融入学生的教育教学全过程。

学校积极探索并创新"劳动+学科""劳动+家校协同""劳动+校区联动"育人模式（见图1）。横向构建家庭、学校、社区三位一体育人机制，推进家、校、社三方劳动基地的衔接、联动，形成协同育人的立体化劳动教育课程

实践阵地,将劳动教育全天候地融入学生的学习和生活之中。纵向打通三级课程将劳动教育融入课程全过程之中。基础型课程,我们一方面通过国家课程中的劳动技术课普及劳动基本技能;另一方面,国家课程中的其他学科,教师结合教学内容有机渗透劳动教育,培养学生劳动意识,感受到劳动是光荣的。这部分学科主要承载任务是有机融入,教师梳理国家课程教学内容,找出契合点,有序推进以劳动教育为主线的教学实践研究,制定明确的学科与劳动教育融合的教学目标,形成学科教学框架体系。

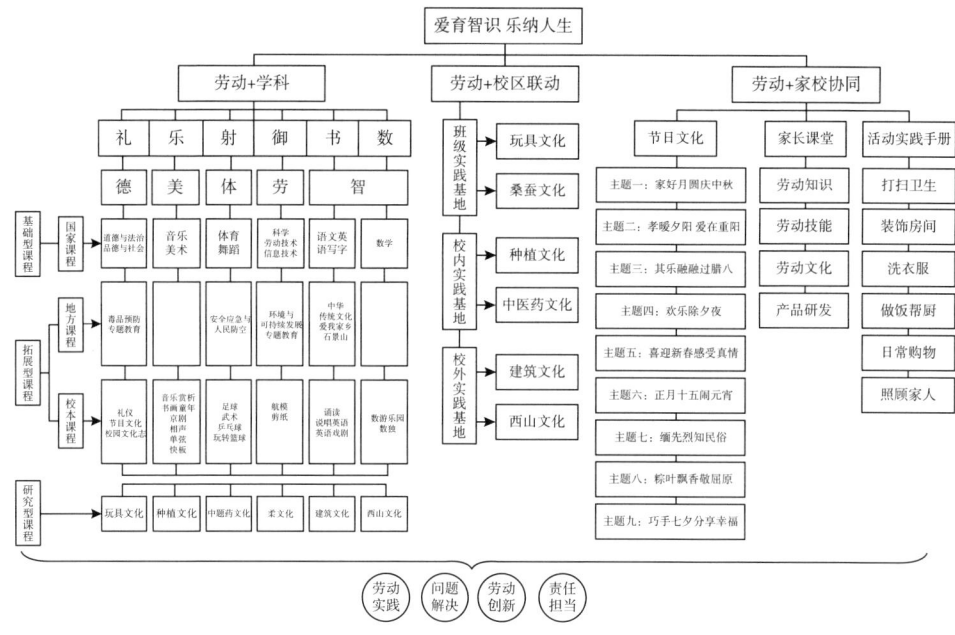

图1 "劳动+"课程体系结构图

拓展型课程则是将地方课程、校本课程与国家课程的内容有机整合实施教学,并在其中融入劳动中的传统文化知识,进一步增强学生的劳动意识,感受到人类在长期的劳动实践中创造出了美好的生活与文明。

研究型课程则通过"幸福人生"动手实践课程的文化册学习,引导学生在具体的实践中去进一步感受劳动中的智慧,丰厚学生文化底蕴;感受劳动价值,体会劳动创造美好生活。

在"劳动+"课程的推进中培养学生具有新时代劳动意识、创新精神、劳动实践能力、责任担当意识，引导学生掌握劳动关键能力、涵养德行、正确认识自我，促进学生在劳动中完善自身，切身体会通过劳动过幸福生活，从而创造生活的价值。

二、依托"劳动+"课程，培养学生创新思维的有效途径

（一）参与"模拟政协"活动，培养学生创新精神和解决问题的能力

劳动教育不仅是劳动实践、劳动过程、劳动方法和技能操作的体验性教育，更为重要的是关注学生创造性思维能力、问题解决能力和科学精神的培养。"模拟政协"活动是引导学生在参与模拟政协的提案形成过程、模拟和体验人民政协的组织形式，从而了解和体会中国特色的民主协商政治制度，提升学生的"四个自信"，增强学生的社会主义意识、社会责任意识、实践意识和创新意识，提高发现问题、解决问题、分析问题的能力。由此可见学校的"劳动+"课程目标与"模拟政协"活动的育人目标不谋而合，于是学校基于劳动教育的价值，依托"模拟政协"实践基地，组织学生积极参与劳动实践，发现生活中关于环境生态、生命科学、古建保护、民俗传承等社会问题，引导学生经历提出问题、取证分析、确认问题根源的过程，学生先后提出"倡导家庭餐饮节约　实现餐厨零减排""设计冬奥井盖文化　点亮市政设施"等提案，同时不断深入探究问题的根源，研究合理化的解决办法，论证实施办法的可行性，撰写提案报告，并向有关部门提出合理化建议，在参事议事的过程中学生的创新精神和解决问题能力得以提升，也增强了学生的使命感和责任感。

（二）推进多学科联动教学模式，帮助学生构建多元立体思维

依据劳动教育跨学科的特征，学校探索学科联动教学模式，各学科以同一劳动内容为载体，进行学科间的联动，打破学科边界，引导学生多角度进行知识建构，从而呈现多元、立体的思维模式，构建多元课堂。培养学生从多角度建构知识之间的联系，全面性思考问题的能力。

桑蚕文化"丝绸之路"

教学中语文、英语、美术学科教师通过课程整合引导学生围绕"丝绸之路"展开桑蚕文化教学。

语文老师从文学的角度引领学生从情与景、意象与意境、"韵外之致"与"韵外之旨"角度走进"丝绸之路"，通过解读鉴赏、品味古诗文，感受丝绸之路在中国文明发展史上的重要意义与作用。

美术老师和学生一起通过观察、比较、欣赏、动手操作完成设计丝巾图案的活动，感受丝绸的魅力。英语老师让孩子们担当中国文化小使者向外国友人介绍桑蚕文化和蚕丝制品，锻炼口语表达能力，激发学生的民族自豪感。最后学生运用诗配画、设计丝巾图案、为丝巾设计英语标识等形式将中国文化融入其中，展示自己的学习成果。

在学习的过程中，各学科教师以"丝绸之路"为载体，梳理出本学科的教学内容与"丝绸之路"的衔接点，纵向打通三级课程壁垒，将国家课程、地方课程、校本课程的教学内容、知识结构、价值观等进行调整，横向突破学科界限将知识、技能、方法等相关要素进行融合，打通学科之间的联系，激发学生在课堂上主动参与、深度体验、有效合作、大胆创新，引导学生认识到"丝绸之路"对于中国发展起到的作用，从而激发学生的国家认同感和自豪感。

（三）开发完善"研究型学习课程"，提升学生探究意识和科学精神

学校基于师生实践，将"衣、食、住、行、玩"中需要掌握的劳动技能和

蕴含的传统文化融入其中，形成"玩具文化""种植文化""中医药文化""桑蚕文化""建筑文化"和"西山文化"系列动手实践课程，每套教材分为文化册和实践册，文化册将学习范围延伸至与之相关的其他领域，渗透传统文化教育，丰厚学生的文化底蕴。实践册重实践，为学生提供劳动实践机会，强化劳动教育，从而促进劳动意识、勇于探究、技术应用、问题解决等核心素养的落实，提升学生动手操作、善于发现、勇于质疑、实践创新的能力。

（四）开展小课题研究，提升学生问题意识和科学素养

当教育回归到实际的劳动实践，在学生亲自参与中医药、农作物的种植，榫卯结构的搭建，传统食物制作等与生活密切相关而又力所能及的劳动过程中，学生的成长也就与生活紧密地联系起来，他们的探究欲望被激活，他们的创新能力和科学精神被唤醒。

小课题研究：柞蚕丝与桑蚕丝柔韧度比较

学生在生活中发现很多蚕丝织品柔软、顺滑、保暖，但是价格昂贵，引发学生用其他丝织品代替的想法，于是进行了"柞蚕和桑蚕进行缫丝后比较韧度"的实验。学生将蚕茧在碱性溶液中浸泡后，手工进行缫丝，将缫好的丝缠绕在线轴上。实验时取桑蚕丝和柞蚕丝各1米，由两名同学各拽一头，1名同学分别往丝上挂砝码，通过实践最终发现柞蚕丝较硬、易断，而桑蚕丝不仅柔软而且柔韧性强，适合做成丝织品，解决了学生心中的疑问。

在小课题研究中发挥劳动实践过程中学生创造性思维，提升发现问题、解决问题的能力，通过小课题研究、科学实验等活动让学生自主探究，合作研究，提升科学探究意识。

劳动实践也给学生们提供了施展才华、科学创新的广阔空间，学生在养蚕、种植、建筑等劳动实践中去发现问题、探寻原因、分析问题、撰写研究报告。学校还基于学生在养蚕中解决不了的问题，带着学生通过走访专家、查阅文献资料等方式，从遗传学的角度发现二代畸形蚕的形成原因，激发学生深入研究的兴趣，通过进一步查阅资料，学生从基因优化的角度从不同地

域购买蚕籽进行繁殖,培育出优质的二代蚕宝宝,学生在小课题研究中不仅掌握了相关知识,并运用所学知识解决劳动中的实际问题,提升了学生创新思维。学生在《种植文化》实践中,播种后观察不同农作物生长过程,观察不同条件下种子的生长情况的实践研究,在《中医药文化》实践中,开展"药食同源"的课题研究,了解食物对人的药理作用,在《建筑文化》实践中,学生开展了"北京四合院的建筑结构""建筑中的数字意义""光照与房屋建造的关系"的课题研究。研究过程中师生共同梳理出小课题研究流程,指导课题研究的开展(见图2)。

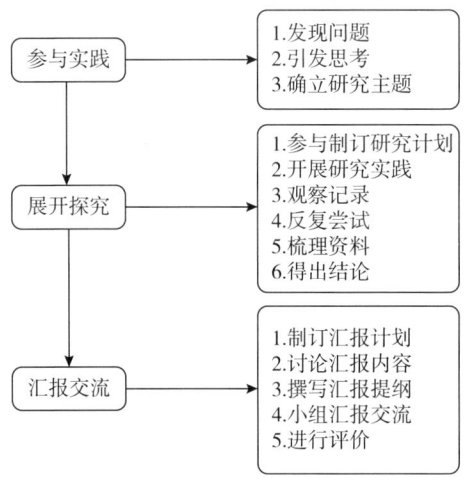

图2 学生小课题研究流程图

基于学生的研究性学习,学校每学期召开"小课题研究成果汇报会",学生在研究性学习的课题汇报方面思路越来越清晰、越来越有研究的深度,这也是创设学科实践活动的初衷,希望这个平台不仅能开阔学生的视野,更关键的是能培养学生综合运用知识解决问题的能力和不断探究实践的科学精神。

(五)依托校园周边社会联动优势,推进学生创新成果的实施

学校充分挖掘周边资源进行教育资源的整合,开发学校劳动实践基地、周边科学公园、民俗文化基地、区政协等社区资源,发挥基地校优势。

与集团校区、兄弟学校联动，走进莲石湖公园、首钢、植物园开展探究型实践活动，发现生活中关于环境生态、生命科学、古建保护、民俗传承等社会问题，引导学生经历提出问题、取证分析、确认问题根源、撰写提案、探索解决的途径和策略的过程。

与区政协联动，学习政协参事议事的流程，基于学生撰写的议案，引导探究问题的根源，研究合理化的解决办法，论证办法的可行性，撰写雏鹰建言，区域内发起倡议。提升学生参事议事的意识，增强学生的家国情怀和责任感，促进学生科学创新能力的整体发展。

基于学生终身发展，学校秉承着劳动育人理念，促进学生全面而有个性的发展，为学生成长为时代新人奠基。

张　洁　北京市石景山区爱乐实验小学

参考文献

徐海娇.重构劳动教育的价值空间[J].中国教育学刊，2019（6）：51-56.

冰雪运动特色学校创建路径

内容摘要 中小学校是普及发展青少年冰雪运动的第一阵地，在中小学开展冰雪教学活动，对于冰雪运动的普及和发展起到至关重要的作用。推进冰雪运动进校园是教育部深化学校体育改革的重要内容，也是推进教育现代化建设的重要举措。学校依托冰雪运动特色学校创建，建设冰雪运动场地，完善冰雪运动器械，构建冰雪运动课程，组建冰雪运动队伍，旨在全面培养学生冰雪运动素养，为终身体育意识的形成打下基础。

关键词 冰雪运动；特色学校；创建探索

提升冰雪运动的发展水平，需要加强政策引导和扶持，鼓励更多的青少年参与冰雪运动，带动更多群众走向冰场、走进雪场，使人们通过参与冰雪运动来感受冰雪的魅力，提升自身的身体素质。同时，《北京市人民政府关于加快冰雪运动发展的意见（2016—2022年）》也提出：要努力扩大青少年冰雪运动覆盖面，广泛普及冰雪运动知识和技能，积极开展青少年冰雪活动，培育冰雪运动特色学校。

中小学校是普及发展青少年冰雪运动的第一阵地，在中小学校开展冰雪教学活动，对于冰雪运动的普及和发展起到至关重要的作用。"冰雪进校园"有力地在广大青少年中普及了校园冰雪运动，促进青少年对冬奥会和冬残奥会项目知识的了解和兴趣的培养，更丰富了体育教学活动内容，助力中小学体育课程的多样化，有助于构建具有中国特色的冰雪运动教学、训练、竞赛和条件保障体系，传播积极健康的生活方式和包容性发展理念，夯实冬季运动青少年基础，增强青少年体质。为促进冰雪运动在学生中普及开展，让更多的学生体验并掌握冰雪运动技能。学校率先行动，首批申报和创建了北京市石景山区冰雪运动特色学校。

一、把脉学校资源，找到实施突破口

（一）资源优势

1. 场地情况

学校是一所 2015 年投入使用的 12 年制新建校，校内体育运动场地总面积 21296 平方米，田径场、篮球场、足球场、室内篮球馆、游泳馆一应俱全。

2. 师资队伍

学校现有体育教师 8 人，均为体育专业本科及以上学历，1 人为研究生学历。在专业能力上，国家级足球运动健将 1 人，国家一级田径运动员 2 人，国家二级田径运动员 3 人，国家二级足球运动员 1 人，国家二级羽毛球运动员 1 人。学校拥有一支高学历、高素质、体育竞技能力较高的体育教师队伍。也为冰雪运动特色学校的创建提供坚实的基础。

3. 学生情况

学校现有小、初、高教学班级 33 个，在校学生 900 人，三个学段的学生也为学校梯度开展冰雪运动创造了有利条件。同时，通过问卷调查了解到，学校各学段 70% 左右的学生接触过旱冰，家中都备有旱冰鞋；其中，30% 左右的学生接触过旱冰学习的专业指导，5% 左右的学生接触过上冰练习。另外，还有 10% 左右的学生寒假期间在家长陪同下进行了冬季滑雪体验。

4. 课程建设

从建校伊始，学校就非常注重学生个性的成长，组建了篮球、足球、田径、羽毛球等各类社团，促使学生全面发展。特别是在体育工作上，篮球、足球等社团活动已经形成联赛化，每学年进行一次全校性的大型田径运动会。各类小型班级赛，年级赛也是丰富多彩。结合冬季运动项目，学校开展了旱地滑冰（轮滑），旱地曲棍球等冰雪体育特色课程，并结合学校实际开展了多样的冰雪知识竞赛，一起画冬奥等主题教育活动。

（二）资源不足

1. 冰雪运动场地不足

学校虽然有着充足的体育运动场地，但多为塑胶材质，在此基础上开展陆地冰雪运动项目，学生的体验感、速度感都会大打折扣，学生的学习兴趣也会受到影响。

2. 冰雪运动资金不足

其一是校内运动资金。陆地冰雪项目不同于实冰练习，运动伤害风险高。因此，其防护装备标准要高于实冰防护装备，价格相对也较高。其二是校外运动资金。区域内可供学生活动的实冰场地数量有限，且单次训练冰时、教练、租用装备费用昂贵等诸多因素，制约着学校冰雪运动的持续开展。

3. 教师教学能力不足

其一是理论知识。学校体育教师对冰雪运动知识及冬奥相关知识的了解，多为网络、书籍学习，理解掌握不深。在对学生进行讲述时容易出现知识点讲解不清，冬奥文化内涵理解不足的情况。其二是运动技能。学校体育教师虽有很强的专业能力，但很多教师没有冰雪运动经历，对组织学生开展冰雪运动训练无法进行专业训练指导。

经过上述审慎分析和反复论证，基于学校实际，确立了建设冰雪运动场地、完善冰雪运动器械、构建冰雪运动课程、组建冰雪运动队伍等创建策略，并逐步加以实施。

二、宣传造势，培养师生的冰雪运动兴趣

（一）知识大讲堂活动

学校每周开展一次冬奥知识分享大讲堂活动，以年级为单位轮流进行，要求学生在课下搜集冬奥相关知识与精彩的竞赛故事，利用大讲堂时间进行冬奥知识介绍分享，同时，对积极发言的同学给予相应奖励。

（二）冬奥主题教育活动

其一是"我心中的冬季奥林匹克"主题活动，学校根据不同年级学生特点，设计冬奥知识创编童谣、手抄报、绘画、作文等实践活动，引导学生积极参与，对优秀作品进行校园展示，引导学生系统了解冬奥知识及冰雪项目。其二是板报主题宣传，学校要求班级板报每月更换一次，每次更换在完成学校板报主题设置的同时，单独留出1/3的版面，进行冬奥及冰雪运动知识宣传，便于学生学习。学校已形成浓厚的冬奥氛围，学生对冬奥知识的求知欲也更为强烈。

（三）开展教师通识培训

学校多次邀请市、区专家，走进学校进行专题讲座，从专业角度提升全体教师冰雪运动知识、冬奥知识等相关知识基础。

三、积极筹措资金，改造场地设施

知优势、知不足，才能对症下药，对学校创建工作进行全面完善。为解决上述不足问题，学校积极动脑筋、想方法，协调市、区资源，筹措专项资金，

确保冰雪运动的开展有效落地。

（一）完善运动场地

其一是校内场地，建造陆地滑冰专用人造冰场，用于校内滑冰课的开展及滑冰运动队的校内训练工作；其二是校外场地，区域内遴选冰场，用于学校开展实冰训练体验工作。

（二）配备训练器械

学校以班级为单位，为各班配备曲棍球装备、轮滑鞋等训练器械，由专人负责保管。同时，为师生配备个人防护用具安全头盔、护肘、护膝、护踝、防滑手套等，全力确保学生练习效果及安全。另外，学校出于学生安全考虑，单独为每一名师生购置冰雪运动练习意外伤害保险，最大限度地保障学生的身体健康。

四、完善相关管理，支持特色创建

（一）出台特色创建研发制度

为进一步拓展学校冰雪特色，学校在开展现有冰雪运动工作的同时，已初步组建研发团队，继续探索完善教学管理、课余训练和竞赛、运动安全防范、师资培训、检查督导等全方位工作。

（二）完善针对冰雪运动伤害突发事件应急处置预案

通过一段时间的开展，学生在滑冰过程中难免会有磕碰、摔伤等伤害发生，这些事件的处理虽然棘手，但也对学校突发事件应急处置预案进行一次又一次的检验完善。目前，针对冰雪运动伤害处理，学校已梳理出一套符合学校实际，可操作性强等突发事件应急处置预案；预案的完善，也对学校其他工作应急处置起到借鉴、提升的作用。

（三）强化冰雪项目师资培训

组织学校全体体育教师参加由北京市滑冰协会、北京体育职业学院培训中心合作联合推出的冰雪初级教练员培训，在冰上培训中提高体育教师对冰上项目的了解、认识，提升冰上运动技能，并有针对性地开展冰上教练员培训工作，全面提高教师运动水平及指导能力。此外，学校还积极组织体育教师参加区域内冰雪运动室内课教学基本功大赛等活动，全面提升教师冰雪运动的执教能力。

（四）优化校内作息时间，开展课后冰雪活动

随着"双减"政策的落地实施，学生课业负担的逐步减轻，课余时间便会不断增加。学校利用校内外课余时间，引导学生进行体育活动。组建校内社团，利用课后延时服务时间，开设轮滑基础、旱地曲棍球冰雪项目社团，对学生进行冰雪项目技能提升练习。

（五）倡导学科整合，打造冰雪特色

其一是体育教学，这也是和冰雪项目最贴近实施的学科，将体育教学与冰雪项目教学有机整合，在落实冰雪项目的同时，学生的体育技能也能够得到很好的锻炼和提升。如，冰雪韵律操，将冰雪项目动作与韵律操练习进行有机整合，依托体育课放松联合或作为课间操实施。又如，小学部在现有塑胶场地进行陆地滑冰动作教学，有针对性地进行学生下肢及踝关节力量练习，为上冰体验做好充足准备等。其二是其他学科教学，将冰雪项目知识、冬奥知识、冬奥音乐等素材融入音乐、美术、语文等学科教学之中，对激发学生学习兴趣，培养意志品质、爱国情感，落实五育并举等都有很好的促进作用。如，在

《团队力量大》班会课上,班主任老师在活动环节,以小组为单位设计了形式多样的闯关活动,引导学生利用已学知识相互合作完成闯关活动赢得积分,为团队获胜献计献策。又如,在高年级语文习作中,利用冬奥主题指导学生撰写故事,学生通过思考与表达,在习作中展现出自己的冬奥知识水平与自己的冬奥故事。

五、构建冰雪课程,打造学校特色

(一)知识课程

其一是冬奥知识,冬季奥林匹克运动会涵盖比赛项目种类繁多,冰雪运动的发展及演变过程更是知识面广泛。为此,学校以冰雪项目为单元,设置冰雪知识课程,项目包含冬季运动知识,冬季奥运会专题讲座,开展轮滑基础,旱地曲棍球等实践课程。其二是安全知识,未上冰,先防护,在每一项冰雪运动体验前,做好自身安全防护,免受他人伤害或避免伤害他人是必要的知识课程,这一点尤为重要。

(二)体验课程

冬奥知识的了解是为了激发学生学习冰雪运动的兴趣,但实践才是冰雪运动的真正核心。为此,学校结合实际,设置了校内、校外体验课程。校内体验课程包括:聘请优秀运动员、教练员到校进行专题讲座,指导训练。校外体验课程为上冰体验课程。体验课程内容也是遵循学生年龄特点及运动技能形成规律,有梯度地安排冰雪运动学练,每周开展两次。如,低年级学生侧重穿戴护具、常规热身、自我保护动作、直线滑行、自然转弯动作等;中年级学生侧重弯道压步、冰上双曲线滑行或葫芦步滑行动作;高年级学生侧重冰上滑行比赛,冰上前、后压步滑行与组合滑行动作。梯度的学练也能够更好地激发学生的学习兴趣。

（三）竞赛课程

其一是知识竞赛。每季度安排一场冬奥知识竞赛，下发冬奥知识竞赛题库，学生进行学习掌握。通过班级内选拔推荐—年级竞赛—学校竞赛的环节进行知识竞赛，更好地激发学生主动了解冬奥知识。其二是运动竞赛。先在班级内进行轮滑竞速—年级推选—学校内开展竞速赛。

六、预期与展望

学校现已将冰雪运动纳入学校整体发展规划和年度工作计划之中，冰雪进校园、冰雪进课程、冰雪入人心，统筹推进实施。立足研究创新，现已制定出冬奥教育课程框架，冬奥教育理论知识与冰雪实践课程的学业质量评价标准，形成自己独有的陆冰融合教学方法等。这些内容的制定与实施，能够更好地引领学生进行知识的学习、实践的体验，学练效果卓有成效。

通过校内陆地滑冰学习、训练，涌现出大批冰感强、力量好、协调性突出的冰雪运动项目优秀生，具有参加比赛的能力，为学校遴选竞技冰雪运动人才提供储备。通过区域内中小学生全员上冰体验活动，选拔组建了一支由小学四至六年级28名学生组成的花样滑冰（队列滑）运动队。参加了石景山区第一届、第二届冰雪运动会开幕式展演及速度滑冰项目比赛。

2022年北京冬季奥林匹克运动会圆满落幕，作为双奥之城，学校体育教学及体育相关工作应当借助奥运的温度继续延伸，继续传承奥运精神。通过冰雪运动特色学校的创建，将进一步使学生对冬奥、冰雪运动项目知识有了全面了解，对冰雪运动项目技能有了一定的掌握，学校也会在此基础上，全面培养学生终身参与冰雪运动的兴趣与爱好，使其获得冰雪运动所赋予的精神与力量，为终身体育意识的形成打下良好基础。

万　芳　北京市石景山区教育委员会综合事务管理中心

参考文献

[1] 教育部等四部门.关于加快推进全国青少年冰雪运动进校园的指导意[Z].2019-06-04.

[2] 国家体育总局,教育部.关于深化体教融合促进青少年健康发展的意见[Z].2020-08-31.

[3] 张智敏,王志强.冬奥会背景下冰雪运动进校园策略研究[J].青少年体育,2019,70(2):132-133.

"书香乐园"园本课程构建路径和内容初探

内容摘要 园本课程是园所文化的重要载体。"书香乐园"园所文化的建构和探索过程中,将"书香乐园"园本课程作为核心研究内容,在"书润生命、阅盈成长"核心价值观的引领下,构建以"有字之书——儿童绘本"与"无字之书——大自然和大社会"为核心内容的园本课程体系。"书香乐园"园本课程的实施关注幼儿生活经验,以绘本阅读支持深度学习,关注幼儿阅读兴趣,以绘本阅读扩展学习经验。

关键词 园本课程;儿童绘本;园所文化

一、"书香乐园"园本课程构建的背景

（一）"书润生命、阅盈成长",是书香乐园园本课程构建的起点

园本课程是园所文化的重要载体。在历时八年的"书香乐园"园所文化建构和探索过程中,幼儿园将"书香乐园"园本课程作为核心研究内容,在"书润生命、阅盈成长"核心价值观的引领下,构建以"有字之书——儿童绘本"与"无字之书——大自然和大社会"为核心内容的园本课程体系。

"书香乐园"核心价值观——"书润生命、阅盈成长",即以阅读滋润生命,以阅读丰盈幼儿和教职工的成长之路。"书香乐园"核心价值观是"书香乐园"园所文化的核心,更是"书香乐园"园本课程构建和实施的根本出发点,其课程目标、课程实施以及课程评价等必须立足于并最后回归于这一根本出发点。

(二)构建"书香乐园"园本课程内容,促进幼儿全面协调、可持续发展

构建以"有字之书""无字之书"为主要内容的"书香乐园"园本课程,设计和开展以绘本阅读、社会体验、自然探索、人际交往等方面的课程内容,能够促进幼儿在阅读习惯、阅读能力、人格品质、知识经验、情绪情感等方面的全面协调发展,为幼儿终身学习、可持续发展打下良好基础。

(三)完善"书香乐园"课程文化体系,打造具有特色的园本课程文化

自2013年建园以来,幼儿园在不断探索、实践,初步构建形成了"书香乐园"文化体系,确立了以培养幼儿阅读习惯及阅读能力、促进幼儿全面协调、可持续发展的课程理念,以"有字之书"——儿童绘本和"无字之书"——大自然和大社会为核心内容,现阶段,"书香乐园"园本课程仍有较大的完善空间,课程目标尚不明确、课程内容不够翔实,对课程内容中需要创建或者可利用的课程资源未进行全面考虑。因此,构建书香乐园的园本课程,能够完善书香乐园课程文化体系,也是园所办学特色的重要体现,对于园所保教质量的提升具有至关重要的意义,因此,亟须对"书香乐园"园本课程进行全方位思考、梳理与推进。

二、"书香乐园"园本课程的内涵

（一）"书香乐园"文化的内涵

"书香乐园"中的"书"包含有字之书和无字之书，有字之书——儿童绘本，无字之书——大自然、大社会；"香"是指具有书香特色的物质环境以及爱读、共读、共成长的书香氛围；"乐"是指在"书香乐园"文化浸润下幼儿乐学乐群、教师乐教乐群的优秀品质。

"书香乐园"文化定义为以师幼可持续发展为核心价值追求，营造幼儿、教师乐阅、共读、共成长的书香氛围，引导幼儿、教师在阅"无字之书"和读"有字之书"的过程中养成良好行为品质的特色园所文化。"书香乐园"文化由"书香乐园"精神文化、"书香乐园"课程文化、"书香乐园"物质文化、"书香乐园"制度文化、"书香乐园"行为文化、"书香乐园"班级文化共同组成的文化体系。

（二）"书香乐园"园本课程

"书香乐园"园本课程是"书香乐园"课程文化的重要内容，是"书香乐园"文化的实践载体，它以国家和地方课程政策为指导，立足于幼儿园之"本"，在"书香乐园"文化核心价值观——"书润生命、阅盈成长"的引领下，充分调动教师、家长、社会、课程专家等人员共同参与，全面开发和利用园内外书香资源，由课程目标、课程内容、课程实施途径、课程评价等方面构成的特色园本课程。

三、"书香乐园"园本课程的构建原则与策略

（一）"书香乐园"园本课程的构建原则

1. 尊重生命

"书香乐园"园本课程关注人的全面发展，把生命和生命价值放在教育发展

的第一位，强调尊重生命，关注幼儿的情感体验。尊重、理解与关怀每一个生命个体，以师幼的持续、全面发展为核心，通过课程的建设、实施，提升课程整体建设和教学质量，深化课程教学改革，激发师幼的心理和精神能量、内在潜力以及智慧和知识带来的能量，如健康力、情感力和认知力等，促进每一个幼儿健康成长的同时，也促进教师实现自己的生命价值。

2. 尊重规律

"书香乐园"园本课程强调尊重规律，注重儿童的全面发展，强调和谐均衡；顺应儿童的自然天性，强调天人合一。幼儿园尊重幼儿的天性，顺应其发展规律，关注儿童的身心健康与实践体验，注意教育目标、教育内容、教育方法等与幼儿兴趣、需要、经验的融合，倡导寓教于乐的自主探究式学习，倡导使幼儿通过真实而有意义的活动生动、活泼、主动地学习，获得完整的经验，追求儿童成长过程的愉快与欢乐，追求幼儿成长的生态平衡。

3. 尊重差异

"书香乐园"园本课程积极倡导育人标准的多元化，努力为幼儿的个性、特长充分、自由的发展开辟空间和舞台。幼儿园在课程设置中要充分理解和尊重幼儿在发展水平、已有经验、学习速度与风格等方面的个体差异，允许幼儿以自己的方式学习，并给予必要的支持与帮助，引导他们从原有水平向更高水平发展，按照自身的速度和方式到达《指南》《纲要》所呈现的发展"阶梯"。

（二）"书香乐园"园本课程的构建策略

1. 整合课程目标

在实施"书香乐园"课程中，倡导课程目标的整合与渗透，注重知识能力、人文素养与情感态度的整合发展。同时，以培养幼儿"爱阅自信"为目标的园本课程活动可以更好地提升书香乐园园本课程的理念，实现对园本课程的深化、拓展，以及对园本课程的创新和突破，还能更好地整合教育资源。

2. 综合领域内容

"书香乐园"园本课程以"有字之书"——儿童绘本、"无字之书"——大自然与大社会为主要内容,以"有字之书"书香主题活动、"无字之书"社会实践活动开展为主要实施路径,以幼儿、教师、家长、社会共同参与构建为主要组织形式。强调领域内容的综合,倡导五大领域相互交叉融合,互通互补,生成一种有机融合的纬度。可以从一领域切入,兼及其他领域的方法,也可以通过"多领域综合"(大综合)的方式来具体实施。

3. 衔接成长过程

一是活动的衔接,倡导活动的各个环节要环环相扣,相互交叉、渗透;二是学段的衔接,小、中、大班之间能够有效过渡,幼小有效衔接;三是成长的衔接,课程实施既要关注幼儿当下,又要关注幼儿一生的成长。做好衔接教育,促进幼儿全面和谐成长。

图 1 "书香乐园"园本课程实施策略图

如图 1 所示以读、听、看、画、说、做、玩、编、唱、演等多种形式,拓宽"有字之书"系列课程的维度,丰富"无字之书"的实施途径,渗透五大领域,调动幼儿眼、耳、脑、口、手多种感官参与学习,充分发挥幼儿的主动性、积极性,能够使幼儿想学、爱学、乐学,逐步达到会学。

四、"书香乐园"课程总目标

以《幼儿园教育指导纲要（试行）》《3~6岁幼儿学习与发展指南》为指导，以"书香乐园"园所文化核心价值观——"书润生命、阅盈成长"为引领，确定了"书香乐园"课程总目标——"通过书香乐园园本课程的实施，旨在促进幼儿成为爱阅自信、乐群健康的幼儿"（见图2）。

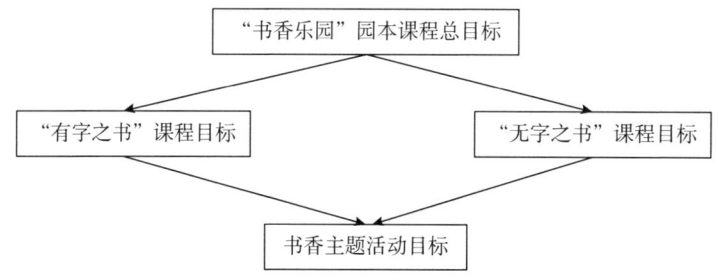

图2 "书香乐园"园本课程目标层次图

（一）"书香乐园"有字之书课程目标

"有字之书"课程以绘本为载体，挖掘绘本中五大领域的教育资源，以主题绘本活动的形式开展教育活动，发展幼儿爱读、会读、勤读三种阅读品质和阅读能力（见图3）。

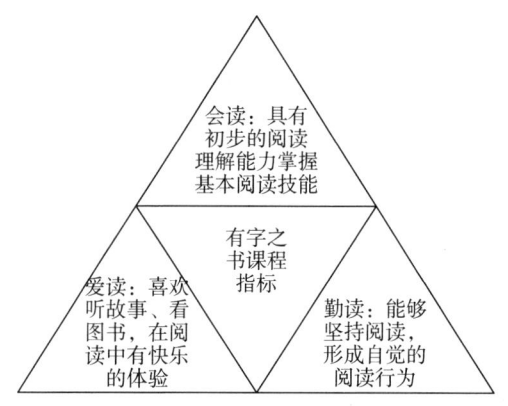

图3 "书香乐园"有字之书课程目标图

（二）"书香乐园"无字之书课程目标

"无字之书"课程是"有字之书"向大自然、大社会的延伸，在充分挖掘、利用自然环境、社会环境中贴近幼儿生活、适于幼儿探究的教育资源的基础上，通过传统节日活动、园所特色活动等形式开展相关教育实践活动。"无字之书"课程的目标是让幼儿在走进"大自然""大社会"的过程中发展四种良好习惯、五种能力素养。

四种良好习惯：生活卫生习惯、行为礼仪习惯、学习探究习惯、阅读思考习惯。

五种能力素养：表达能力、沟通能力、探究能力、创造能力、合作能力。

五、"书香乐园"课程内容

立足于幼儿身心发展特点、阅读兴趣与生活经验，以《幼儿园教育指导纲要》《3~6岁儿童学习与发展指南》为指导，以"书香乐园"课程目标为出发点，"书香乐园"课程内容从"有字之书"——儿童绘本、"无字之书"——大自然和大社会两个方面进行构建。

（一）"有字之书"——儿童绘本

儿童绘本作为"书香乐园"课程的重要课程资源，是"有字之书"课程的核心载体。"有字之书"课程内容既包含由幼儿生活经验引发的绘本主题活动，也包含由绘本阅读引发的绘本主题活动，虽然内容来源不同，但绘本在"有字之书"课程中对于幼儿持续、深入的学习和探究均发挥了不可替代的作用。在"有字之书"课程内容挖掘主要包括两种途径：

1. 关注幼儿生活经验，以绘本阅读支持深度学习

"书香乐园"课程注重课程内容的生成性。教师在一日生活中注意了解幼儿的生活经验，从中挖掘教育价值点，并以此为中心搜集和挖掘适宜的绘本资源，通过绘本阅读以及由绘本引发和拓展的游戏活动、集体教学活动和家园共育活动等多种途径和形式有效地支持幼儿从已有的经验出发深入地探究和学习。

例如，在中班主题活动"大树的秘密"中，教师由幼儿与家长共同制作的"树叶粘贴画"捕捉到幼儿对于落叶的兴趣，由此，根据幼儿的年龄特点利用《大树，告诉我》《树叶先生》《落叶跳舞》等绘本支持幼儿在充分欣赏的基础上大胆利用树叶创作不同形式的艺术作品，同时利用知识类图画书支持幼儿在直接感知、实际操作的过程中了解和探究树叶，从而培养幼儿喜欢探究的兴趣以及初步的探究能力。在活动中，不同树木的树叶引起了幼儿的好奇心和兴趣，孩子们通过阅读绘本初步了解到：柳树的树叶是长长的，冬青的树叶是圆圆的，银杏树的叶子像扇子……户外活动的时候，他们也喜欢指着操场的大树讨论或者比较树叶的大小、形状、颜色等。孩子们在讨论时提到的"树叶上的线是什么""树叶的把儿叫什么""树叶的边儿有的带齿儿有的不带"等问题，这些问题被老师捕捉到，并生成了"树叶的构成""树叶对比"等探究活动，孩子们走出教室，和老师走到操场、和爸爸妈妈走进公园，把捡到的树叶看一看、摸一摸、撕一撕、比一比，又通过《大树，告诉我》的阅读发现：每一片都由叶柄、叶脉和叶片组成。在此基础上，教师激发幼儿制作"我喜欢的树叶"标本。在每天的"树叶标本展出"活动中，孩子们大胆地介绍自己喜欢的树叶的样子。为了更好地帮助幼儿更全面地介绍自己的树叶标本，教师设计了"树叶标本介绍表"，帮助幼儿借助表格更清晰地、全面地介绍树叶的特点。此外，鼓励幼儿在自然角中将自己的树叶标本与同伴的树叶标本进行对比，对比时引导幼儿根据树叶外形特点的维度进行针对性对比，帮助幼儿在对比中进一步发现、了解树叶的不同特点（见表1）。

表1 树叶标本介绍表

姓名 （树叶标本） 树叶名称：_____	内容 颜色 形状 大小 ……	

2. 关注幼儿阅读兴趣，以绘本阅读扩展学习经验

"书香乐园"课程的课程内容也具有一定的预成性。针对幼儿的年龄特点，教师在班级针对性地投放绘本，如大班幼儿喜爱的恐龙主题、上小学主题、西游记主题等系列绘本，中班幼儿喜爱的汽车主题，以及小班幼儿喜爱的动物主题、食物主题等系列绘本，能更有效地激发幼儿的阅读兴趣。教师捕捉到幼儿的阅读兴趣后，应及时针对幼儿感兴趣的绘本进行深入的读本分析，从绘本的图画、文字以及图文关系中挖掘适宜生成主题活动内容资源，并补充其他适宜的绘本资源支持主题活动持续、深入地开展。例如，大班幼儿表现出对恐龙系列绘本颇感兴趣后，教师借助故事的开放性结尾引导幼儿在充分理解故事情节的基础上进行故事续编，发展了幼儿的想象力、阅读理解能力以及语言表达能力，进而引发幼儿表演故事的情节，继而激发了幼儿认识、学习和探究不同类型恐龙的兴趣。

如前文所述，教师对于绘本的读本分析，是充分挖掘绘本中适宜的教育内容以及教育价值并有效利用其支持幼儿学习和探究的重要步骤。绘本特点分析可从四个角度进行：体裁、题材、图画和文字，其中体裁包括故事、散文、诗歌、说明文等，题材可从人物特点、情节、寓意等方面进行分析，图画可从风格、构图、色彩、图画细节等方面进行分析，此外，在分析以上四个方面还用结合五大领域的核心经验进行教育价值的判断和分析（见表2）。

表2　绘本特点及价值分析表格

绘本特点分析					绘本价值分析
体裁					
题材	故事情节				
	开始	经过	高潮	结尾	
图画					
文字					

（二）"无字之书"——大自然和大社会

"无字之书"课程以大自然和大社会为主要课程内容，将传统节日、自然资源、社会资源贯穿其中，形成包括表演四季、节日四季、博物四季、健康四季、爱的四季在内的"五个四季"活动内容（见表3）。

表3　书香乐园"无字之书"课程内容资源表

课程类型	活动名称	活动目标	活动内容	资源绘本
节日四季	新年："庙会嘉年华，快乐书香行"	以"庙会嘉年华，快乐书香行"为主题开展新年亲子庙会，通过逛、赏、品、乐等形式的游园活动引导幼儿感受新年的喜庆氛围及传统文化气息	贺卡迎新年、做年画、做灯笼、水墨掠影、做皮影、国粹脸谱、糖葫芦、猜灯谜	《年》《欢欢喜喜过大年》《团圆》《灶王爷》
	端午："艾叶飘香 粽情端午"	引导幼儿感受端午节丰富的文化内涵，让幼儿在体验中了解端午习俗	包粽子、做香囊、编织五彩线	《端午节》《风风火火赛龙舟》《小艾的端午节》《端午节的故事》
	中秋："月明明 饼圆圆"	引导幼儿感受中秋节传统节日习俗，让幼儿在体验中了解中秋文化	"嫦娥奔月"戏剧表演、打月饼、讲故事、唱歌曲、说儿歌	《中秋节》《十四只老鼠赏月》《嫦娥奔月》
	重阳："九九重阳节，浓浓祖孙情"	引导幼儿在体验中了解重阳节习俗，体会尊老敬老的传统文化内涵	邀请爷爷奶奶来幼儿园、走进敬老院、重阳登高、学说童谣、朗诵诗词	《重阳节》《我爱爷爷奶奶》《会飞的抱抱》

续表

课程类型	活动名称	活动目标	活动内容	资源绘本
表演四季	戏剧大舞台	开展以"戏剧大舞台"为主题的戏剧表演系列活动，营造欢乐向上、书香满溢的文化氛围	1. "颂经典 悦童年"幼儿诗歌朗诵 2. 童话剧表演	
	铃铛花小剧场	以班级表演区为载体，以绘本故事为基础，在班级活动区中开展故事表演活动		
健康四季	春季亲子运动会	以定向拓展结合徒步爬山、体育锻炼、环保科普知识学习促进幼儿综合素质提升增进家长与园所之间的联系	1. 亲子游戏 2. 定向越野	《国王生病了》 《我们的运动会》 《森林运动会》
	冬季马拉松	走进大自然，体会"重在参与"的运动精神，发展耐力和意志力	1. 亲子马拉松长跑 2. 冬季晨练：跑到天安门、跑到动物园、跑到八达岭	

"书香乐园"园本课程将以"书香乐园"文化为根基，在《幼儿园教育指导纲要》《3~6岁儿童学习与发展指南》精神的引领下，继续以幼儿发展为本，充分挖掘绘本、社会及自然的教育价值，丰富"有字之书"与"无字之书"课程内容，让课程追随幼儿而丰盈、深刻，让每一个幼儿在"以人为本 以学定教"的理念关怀下健康成长。

李晓萍　北京师范大学石景山附属幼儿园

参考文献

[1] 上海市教育委员会教学研究室. 幼儿园课程图景课程实施方案编制指南. 上海：华东师范大学出版社，2016.

[2] 葛金国. 校园文化：理论意蕴与实践运作 [M]. 合肥：安徽大学出版社，2016.

[3] 赵艳红. 幼儿园文化的功能与路径 [J]. 学前教育研究，2012（7）：24.

第五章 优化评价管理

"1+1＞2"在提升教育集团核心竞争力中的应用
——北京景山远洋教育集团探究发展之路

内容摘要 优质共生是集团化办学的核心特征，也是探索集团化办学的根本目标。针对目前越来越多元化的构成现状，原有以核心校、名校为主体的管理模式已不能满足发展需求，甚至有可能阻碍提速。景山远洋教育集团认真分析自身现状，积极探究内涵式发展道路，从三个方面提出集团整体推进策略：共享成员单位特有资源，以一带全；发挥成员单位已有优势，延伸拓展；助力成员单位彰显特色，独树一帜。从而使简单的加法升级，打造"1+1＞2"的共赢局面，达成优质共生的根本目标。

关键词 集团化办学；资源；优势

优质共生是集团化办学的核心特征，也是探索集团化办学的根本目标。由集团校中的名校"一统天下"的管理模式固然可以将先进的教育管理理念植根于各成员校，但针对目前越来越多元化的构成现状，显然更需要各成员校之间资源互通、优势互补、形成合力。为此，景山远洋教育集团结合自身实际情况，在实践中进行了有益探索和尝试。

2018年7月，景山远洋教育集团成立。2020年10月，集团成员单位由8所扩大为23所，以北京景山学校远洋分校为优质资源辐射点，牵手石景山区东南部中小幼职教育集群，其中包括1所十二年一贯制学校、1所职高校、2所初中校、4所小学校和15所幼儿园,是石景山区八大教育集团版图中成员单位最多、学段跨度最大、唯一一个覆盖"中小幼职教育"的教育共同体。这样一艘教育航母如何实现优质共生?

成员单位从幼儿园到小学到初中、高中、职高,无论在教材、学科、学生心理发展等方面都存在差异,甚至大相径庭。如何在集团中找到归属感、在共同愿景下保持特色?

基于以上问题,景山远洋教育集团积极探究内涵发展策略,以资源共享、优势互补、彰显特色为切入点,进行了有益尝试,以期对景山远洋教育集团的整体发展以及预期目标的达成起到促进作用,让"1+1>2"成为现实。

一、资源共享,以一己之长带动协作,提振集团内驱力

集团内各成员单位由于规模不同、目标不同、教育对象不同、家长构成不同,各有优势,也逐步积累了各自的资源,有些是社会资源,有些是内部资源。允许各成员单位保持自身特色既是鼓励大家发展优势,更为集团内部强强联合、优势互补、资源共享提供了途径。通过有机整合,我们向外选取具有较强承载能力,以及较大需求的资源平台为各单位共同使用;向内挖掘教师资源、课题资源,集团参与者共同受益,极大提高了各集团单位的参与热情和协作意识,提振了整个集团的内驱力。

学校作为社会成分中不可或缺的一部分,既为社会提供教育资源,同时也需要借助社会力量提升依法治校、专业管理的水平。但是由于规模小,集团中一些成员单位社会资源不足,于是借用大校资源平台为集团服务,将带动整体水平的提升。

（一）统筹集团外部资源

引入外部成熟资源为集团所用，为各成员单位提供支持。

聘请集团法律顾问，提升整个集团依法治校的管理力度。事务所定期会在咨询交流群中发布与教师职业相关的法律知识，为集团成员单位合同文本、学生管理咨询等方面提供专业法律依据和服务保障。

集团与网络直播公司签订协议，集团各成员单位的活动均可进行直播，扩大了宣传口径、加强了家校沟通，也为校际间交流打开了一扇窗。在区教学大赛中，协助各学校完成微课的录制上传工作，为参赛教师保证了技术支持。

（二）挖潜集团内部资源平台

就集团内部而言，教师就是最大的资源，为教师搭建互访互助的平台，就是在激发整个集团的机体活力。

为了做好幼升小衔接工作，集团选派优秀小学教师走进幼儿园，给孩子们开设"到太空去旅行"美术课；利用腾讯会议为幼儿家长制作"家校沟通、共筑幼儿成长""我是幼小衔接的'小'"的线上讲座；聘请执行专家走进集团开展家庭教育专题的系列讲座；集团每年5~6月安排各幼儿园参观小学校园，提前了解行为习惯，体验上课感觉，为幼升小做好必要的准备。

未来，在贯彻落实"五育并举"的实践中，集团将发挥得天独厚的优势，利用石景山区唯一一所职业高中——黄庄职业高中的场地、师资，在集团内对学生开展丰富多彩、形式多样的生涯教育、劳动教育、军事教育。

（三）拓展课题研究资源平台

集团核心校——北京景山学校远洋分校秉承北京景山学校的优秀传统，将科研兴校作为学校发展基石，短短十几年，取得了丰硕的科研成果。如早在2017年开始，由区教委牵头与中国中医药大学共同开启了"中医药进校园"课题研究，近年来更是从中草药的认知到爱眼护眼形成了各有侧重的课题研究成果。

进一步推进石景山教委与石景山区卫健委共同打造的"闪亮双眼——为EYE行动"活动，学校的科研成果转变为集团针对学生的视力防控管理工作的明确规划，今后每年6月6日"爱眼日"，在集团内部将开展有关眼睛和视觉健康的一般性知识和有关近视防控的正确理念的宣教活动；推行可在校、在家进行的眼健康中医药防控干预手法，如：耳穴按摩操等；建立学生视力分段管理机制；等等，从而落实"每个人都是自己的健康责任人"和"中国健康行"工作精神，从小培养孩子健康的生活方式和生活习惯。

由此可见，集团内成员单位差异巨大，可能不利于集团的步调统一的管理和发展，但是亦可把差异转化为资源，从而提升集团协作力。

二、优势延伸，找准共同生长点，提高集团凝聚力

集团成员单位从幼儿园到高中，到底有哪些共通之处、共同需求，可以成为齐头并进的生长点呢？答案是：家长。

无论年龄大小，每个孩子背后都离不开家长的支持与鼓励；越在幼儿时期，家长的教育、引导作用就会越大。而随着年龄的增长，孩子们的自我意识会慢慢觉醒，与家长的相处模式由依赖走向、独立、甚至是叛逆。如果变化已经悄悄到来，而家长却浑然不知，就会对家庭教育带来阻力。因此，做好家长培训应该是从幼儿园到高中各学段家长的需求。正是看到了这一点，核心校将一直办有特色的家长学校优势延伸到了整个集团。

（一）举办家长系列讲座

毋庸置疑，现代家长对于如何进行家庭教育的需求是迫切的，对孩子成长的全过程都充满了焦虑，这种焦虑填充在生活的每一个环节，表现为对所谓专家的"言听计从"，甚至是对幼儿园、学校质疑。于是，集团把真专家、实干家带到家长面前，通过系列讲座帮助他们发现真问题、找到真策略。

讲座团队由市、区教育专家、心理专家和一线有经验的德育教师组成；讲座内容涵盖了幼、小、初、高四个学段，包括《爱，家庭教育的艺术与智慧》《责任与担当——家庭教育漫谈》《面对叛逆的孩子，我该怎么办》《青春期孩子的相处之道》《读懂孩子，做不焦虑的家长》《做自我情绪的主人》《面对挫折微笑生活》等内容；讲座对象为集团成员单位的所有家长。

一系列讲座帮助家长直面孩子的成长变化，特别是对孩子未来需求建立了预期，在应对孩子的新变化时，做到心中有数、手里有招，提高了家庭教育质量，密切了家校联系。

（二）成立家校成长课堂项目

在孩子的教育中，家校携手方能效果最佳。为此，集团成立了家校成长课程项目，即通过"线上+线下"的课堂形式，覆盖集团内所有中小学班主任教师、中小学家长，设立常态化同步课程和线上论坛。

常态化同步课程每周四直播，目前已推出36课时，根据教育热点话题和学校教育节点统筹规划，内容涉及班级管理建设、班会和活动组织、个体指导、教育合力、突发处理、职业发展、家长课堂等。

线上论坛每月一期，从家校关系与沟通策略、青年班主任的专业成长、班级活动、资源整合、教科研与教师专业发展、班级管理创新六个角度进行主题构建。每期邀请四位嘉宾进行线上交流研讨，时长为100分钟。

家校成长课堂使学校、教师和家长有机融为一体，大家的认知逐步统一，相互理解、相互包容，同成长、共进退，为家校教育一盘棋营造了良好氛围。

（三）开展教育集团背景下心理健康教育幼小初高纵向衔接一体化行动研究

得天独厚的优势——成员单位从幼儿园到高中，为开展全学段课题研究提供了可能。

以北京景山学校远洋分校为引领，开展教育集团背景下心理健康教育幼小初高纵向衔接一体化行动研究，最终目标：设计出符合现代学生身心发展特点，尤其关注衔接年级和毕业年级学生的校本读本和特色活动集，并推广至集团内其他成员单位使用。

集团广大教师通过学习、探究、反思，精准定位教育职能，将教育技巧与现代理念充分融合，提高实施效率与水平。各阶段教师再结合具体情况、家长个性化需求，将心理健康教育的理念、方法转化为家庭实施策略，帮助家长做好孩子心理健康疏导第一人，将孩子们的心理问题做到早发现、早干预、早化解。

家长学校是集团内部整体推进的一项有益尝试，取得了令人欣喜的效果——整个集团家校凝聚力得到提升。今后，集团还将借助在学生层面开展的德育系列化教育项目、体质提升项目，将一校优势延伸至整个集团，着力于每个生长点的培育，使各成员单位更加紧密团结在一起。

三、彰显特色，以"艺术+冰雪"特色项目为抓手，提升品牌力

全国教育大会之后，中共中央、国务院先后印发了一系列文件，提出了"五育并举"的教育方针，德智体美劳全面发展为集团全面发展提供了动力。

在艺术和体育方面，集团各成员单位都有自己的特色，有的已成规模，如：北京景山学校远洋分校、同文中学和银河小学都是北京市艺术特色学校；石景山区师范附属小学、北京景山学校远洋分校已经被授予北京市"冰雪特色校"称号等。

基于上述情况，集团以"中小幼发展特色项目"为主线，根据各成员单位特点进行梳理和整合，探索"艺术+冰雪"特色发展项目。

（一）促进学生全面发展，着力提升艺术素养

1. 艺术一体化培养互生互长，全面开花

银河小学基于直升同文中学的优势，使学生在艺术学习上可延续、可提升，因此在办学目标中凸显"文化艺术共生共长，成事成人相辅相成"的理念。两校有效衔接，共同打造九年一体化的民乐特长培养，促进学生可持续发展。

北京景山学校远洋分校发挥十二年一贯制的优势，全面发展打基础，发展个性育人才，致力于将艺术门类教育趋于均衡发展，同时突出特色。舞蹈、合唱、管乐、民乐、戏剧团在北京市艺术节中均获佳绩。

举办集团师生"笔墨绘丹青、共筑中国梦"书画展，近150件优秀作品在石景山区文化中心展出，将整个集团的艺术培养推上了全区平台，树立了良好的集团形象。

2. 举办《永远跟党走·成长在云端》戏剧专场演出

集团搭台、学校唱戏。2021年，集团举上下之力推出了《永远跟党走·成长在云端》戏剧专场演出，向建党百年献礼。这部时长100分钟的原创抗疫大戏，以景山远洋教育集团真人真事为创作原型，由23所集团成员单位的110名学生、20名教师参与演出，分四幕讲述了在新冠肺炎疫情背景下教育战线发生的抗疫故事。集团用讲好身边故事的形式，展示了艺术教育成果，坚定了师生矢志不渝地听党话、跟党走的决心。

（二）搭建"全学段、全过程、全方位"冰雪教育格局

在迎接2022年冬奥会的过程中，3亿人上冰雪的大背景与创建冰雪特色校的激情相融合，促使集团积极探索"全学段、全过程、全方位"的冰雪运动教育模式，提出了"人人有体验，班班有组织，校校有活动"的原则，鼓励成员校开展冰雪体验课程，开设校级冰雪社团，组织丰富的冰雪活动，着力培养学生的冰雪体育运动爱好、兴趣和技能。

石景山区师范附属小学是石景山区首批冰雪特色学校之一，学校为石景山区短道速滑专业队持续不断地输送人才。在培养方面，师附小发挥"轮转冰"

的独有优势，保持轮滑特色教学和训练水准在北京市的领先优势；这些学生在升入同文中学后，自动进入校队，可以继续开展专项训练；而在中考前，这些学生可以通过冰雪特长生申报北京景山学校远洋分校高中部。该校建有仿真冰场，为学生提供冰上运动为主的校本体育课程，帮助学生掌握基本技能，并在小学部和初中部成立了冰球队、花样滑冰队和冰壶队，冰雪运动教育根基更为牢固，为高中学生的专业化发展提供了更为优渥的条件。

正是由于集团内多校联手、一以贯之，才使学生得以坚持自己的梦想，使冰雪运动不会随着冬奥来，再随着冬奥走。

从幼儿到高中生的超长战线使整个集团面临了巨大的挑战，但是找准衔接点，就能转化为生长点，将简单的加法不断升级，创造出"1+1>2"的成果。

成立三年来，景山远洋教育集团依据"资源共享、优势互补、彰显特色"的管理策略，初步实现了"激活区域教育资源优势，扩大优质教育资源覆盖面，提升教育服务质量，办人民满意教育，促进石景山东部地区校际均衡发展，推动教育品牌升级"的宗旨，集团提高了凝聚力、提振了内驱力、提升了品牌力，增强了景山远洋教育集团核心竞争力。整个集团正犹如一艘巨轮，乘风破浪，继续远航！

白　灵　北京景山学校远洋分校

参考文献

[1] 抚顺市望花区教育局. 特色集团与"紧密联盟"模式下的集团化办学 [J]. 辽宁教育，2020（10）：26.

[2] 曹连喆，方晨晨. 我国基础教育集团化办学政策研究——基于17省市41份政策文本 [J]. 上海教育科研，2020（12）：5.

[3] 姜显臣，刘学智. 新时代基础教育集团化办学的困境及其优化 [J]. 延边大学学报（社会科学版），2020（6）：132.

[4] 刘玮. 学校治理视阈下集团化办学的困境与超越——基于紧密型教育集团的思考 [J]. 江苏教育，2020（50）：12.

有效化解初中生心理问题的家校沟通策略

内容提要 一个孩子的全面健康成长,需要家庭和学校的有效沟通和共同努力,需要形成教育合力。目前,家校沟通存在一些问题,家校双方角色定位不准确、信息不对称,新通信工具低频使用,导致沟通产生歧义。在面对学生的心理问题的时候,我们需要积极开展有效的家校沟通,具体策略包括:角色归位,摆正位置;恰当使用沟通工具,减少沟通中信息造成误解;因地制宜,优化沟通内容;建立评价机制,提升沟通自觉性效益。

关键词 家校沟通;心理问题;策略

教育是百年大计,关系国家的发展和民族的未来。蔡元培先生说:"家庭者,人生最初之学校也。"家庭是人生中的第一所学校,家长是孩子的第一位老师;而学校,则是孩子成长的阶梯和基地,是培养人和塑造人的主要场所。一个孩子的全面健康成长,需要家庭和学校的有效沟通和共同努力,需要形成教育合力。教育的效果取决于家庭教育和学校教育影响的一致性。初中阶段的学生正处于青春期,个别学生在成长过程中出现了或多或少的心理问题,如何通过良好的家庭沟通有效化解学生的心理问题,帮助学生顺利、有效、科学地处理成长中的各类困扰与挑战,成了我们更应该关注和值得思考的问题。

一、初中学生心理问题凸显

随着近年来青春期学生心理问题的逐步凸显，12~15岁青春期学生心理问题一直备受社会关注。尤其是新冠肺炎疫情以后，学生呈现的各类心理问题为校园安全带来了很大的隐患，也使学校的心理健康教育工作陷入被动。

例如，学生心理出现问题的情况近年来有一定增加。学生的心理问题主要有抑郁、重度抑郁、躁狂症、厌食症、自闭症、多动症等。有学生在课堂上突然对曾经为自己做心理咨询的医生破口大骂，情绪失控，造成课堂中断；学生课间突然消失，到教师卫生间门口失声痛哭，班主任找不到学生焦急万分；学生上洗手间期间爬上窗框，坐在非常危险的位置表示自己想纵身一跃；学生课上以想上洗手间为由，拿自备小刀，反复割伤自己的手腕……

虽然总体上存在心理问题的学生人数不多，但是心理问题对于个人的健康成长和全面发展影响还是比较巨大和深远的，值得我们每一位教育者高度关注，积极引导。

二、面对心理问题的初中家校沟通现状

家校沟通是信息、思想和情感在家庭和学校之间传递并达成共识的过程。有效沟通的四大要素包括输出者、接受者、信息和渠道。笔者认为目前针对学生心理问题的初中阶段家校沟通主要存在如下问题。

（一）角色定位不准确

从角色定位上看，应包括信息输出者和信息接受者。在针对学生心理问题的家校沟通中，家长与教师应该既是输出者又是接受者，但在实际沟通中往往受到沟通内容的影响，双方角色定位发生一边倒的现象。

中学生家校沟通现状调查报告显示，影响家校沟通的原因分析中41%的家长认为自己忙没时间与老师沟通，16.2%的家长认为老师忙没有时间与自己沟通，11%的家长认为自己害怕与老师沟通，7.5%的家长认为自己与老师沟通存在一定困难。数据结果表明，85.7%的家长存在角色定位不准确的现象。在实际工作中家校双方的角色定位还受到了沟通内容的影响。教师请家长到学校进行沟通的一项重要内容是个别学生的心理问题的状况反馈。在这样的情况下，非常容易形成教师是教育者、输出者，家长是服从者、配合者和接受者，而往往在这样的场景中，家校沟通也将变得尴尬，教师觉得孩子是家长的，家长应负主要责任，学校指出问题，家长应该配合学校做好学生教育；家长认为教师不能换位思考，不能给孩子客观公正的评价等。

（二）家校双方信息不对称

中学生不同于小学生，随着年龄的不断增长，其自主意识不断增强。初中生普遍认为自己有能力为自己的决定负责任，但从心智发育程度来看，其能力水平距离对自己的行为负责还有一定差距。青春期遇上心理问题，学生普遍会选择自己较为信任的教师吐露心声、表露自己内心的痛苦及一些真实的感受，寻求教师的关注和帮助。从其对家庭环境的多年认知，多数学生认为自己即便与父母表达，也不会得到理解，或者父母较为严厉，如果真实表达可能会引发家庭矛盾，进一步恶化自己的家庭关系，或者学生已经表达过相关想法却并未引起家长的足够重视，因此，造成了家校之间信息的明显不对称。

家校之间信息的不对称也导致家长知情后普遍比较茫然，多数认为孩子在家表现正常，并未有情绪波动、失眠、自我伤害、轻生想法等情况。而学校相对于家庭有着相对完备的管理体系，教师接收到学生轻生、情绪波动大、自我伤害等信息后将会逐级上报，并采取相应的预防措施。

（三）新通信工具低频使用，导致沟通产生歧义

有效沟通的一大要素是渠道。信息技术的飞速发展大大拓宽了家校沟通的

渠道。在高效、快节奏的时代需求面前，传统的沟通渠道受到人力、时间、精力等因素的影响，逐渐在家校日常沟通中淡化。

随着信息技术的发展，学校有自己宣传平台，学校通过微信公众号等渠道将家长信息进行推送，班级群里完成接龙回复显然既能节约纸张，又便捷、快速；对于个别学生问题，传统一对一、面对面的见面沟通需要教师与家长约定时间，选择地点，家长需要在路程上消耗一定精力，而新技术手段下，针对个别学生的问题教师完全可以通过电话、微信语音、微信视频等迅捷的途径进行沟通。

然后，沟通渠道的现代化也存在一些弊端和问题。首先，文字、语音等被广泛使用的沟通途径往往容易致使重要的非语言信息丢失，非语言信息的丢失极易引起误解。教育背景、成长环境的不同会使得人对语言、文字甚至标点符号、微信表情的理解存在巨大的差异，例如，微信中第一个微笑表情对于不同年龄段的人群有着不同的含义，年长的人将微笑表情仅仅理解为微笑，青年人对该表情的理解是"敷衍的微笑"，青少年对该表情的理解是"礼貌的微笑"；标点符号中叹号的含义有很多种理解，教师在群里的一句："请某某交作业！"中叹号的使用，在学生群里可以理解为宠溺、生气、警示或无奈。在家长群里可以理解为点名批评、警示或针对。其次，各类通信平台的交叠使用，致使信息接受者产生逆反、焦躁情绪。例如，各类微信小程序的使用均需花一定时间和手机空间操作，学校各学科教师及各部门教师一般情况没有统一协调过通信平台的类型，导致班主任、学科教师、行政部门均使用各自通信平台，很容易引起家长的负面感受，使沟通效果大打折扣。

三、化解学生心理问题的家校沟通改进策略

（一）摆正位置，角色归位

家庭与学校是学生教育的共同支持者，面对学生的心理问题，家庭与学校

是"命运共同体""同盟军",唯有家校之间建立稳定、和谐、相互理解、彼此支持的良好沟通关系,才能将教育效果最大化。

家庭教育在教育系统中居于基础性地位,家长对孩子的了解程度远高于学校,家庭具有对孩子进行育德、启智和培养兴趣爱好等方面的重要功能,对解决学生的心理问题也至关重要。许多"70后"家长均接受过系统的高等教育,其家庭的教育理念及方法是与时代要求相吻合的,所以,家庭教育完全可以自信起来,摆脱学校主导学生教育的传统教育观念,将学校教育客观的看作个体全面发展的一部分。

另外,学生心理问题的产生有多方面的综合因素,化解这些问题需要多方面综合着手。学校教育更注重学生个体的社会责任和义务,相较于家庭教育在培养学生健全人格方面具有独特优势。学校教育偏重给予,通过集体的教育的方式,让学生在同龄人之间形成了横向比较,在纵向上形成发展体系,让学生对自我有更清晰的认知。同时,学校教育还具有鲜明的时代特征,教育内容会随着时代发展而不断做出调整,为学生提供大量的社会化信息,其扮演着小社会的作用,促进青少年的社会化进程。

从两者的功能上来看,家庭教育和学校教育显然是相互联系,互补互利,相互统一的关系。因此,家校之间理应是秉持相互合作、互为同盟的理念,建立相互支持,共同促进学生成长的平等关系,以达到更高的沟通效果。

(二)恰用工具,减少误解

化解学生的心理问题,需要有效的沟通途径和恰当的沟通工具。从沟通途径的选择上来看,家校沟通可分为面对面沟通和非面对面沟通两种途径。家校沟通应视具体情况选择合适的沟通途径。面对面沟通具有可视化的独特优势,沟通心理学相关研究显示,信息传递的方式具有多样性,全部信息的传递35%来源于语言方式,其余65%来源于表情、姿态、交际距离、目光、语气、语速等非语言方式。因此,以疑难问题的解决、学生心理问题、学生阶段状况综合反馈等为内容的沟通，需要进行面对面沟通，以避免沟通期间产生误解，影响沟通效果。

非面对面沟通或多或少的会丢失非语言信息，但是其具有高效、便捷的明显优势。在实际工作中，家校沟通内容繁多，可以选择语音、电话、微信等沟通工具作为辅助。

同时，家校双方要建立良好的沟通关系。良好的关系是和谐沟通和解决学生心理问题的重要基础，在工作中从学校角度，应对关键人群进行沟通专题培训，指导教师提升自身沟通素养，学会规范表达，多元呈现。另外，化解学生心理问题的过程中，多数时候家校沟通均需要多渠道交叉混合进行，微信群、公众号、电话、家访、家长进校、家长会等途径各有其重要作用。微信群主要用于班级信息的公告，学生相关信息的统计。公众号可以对学校重要活动进行统一宣传，有利于家长及时了解学生在校期间的信息。电话是班主任老师与家长沟通的重要渠道，学生大部分情况都由班主任通过电话的形式向家长作出反馈。家访是班主任老师全面了解学生家庭情况的重要方式，这种方式更加直观，有利于打破其他方式的壁垒，有利于班主任老师更深入地开展家校沟通。家长进校是学校向家长介绍家庭教育教养方式方法的重要途径，同时也是对教育相关政策宣传的途径，有利于实现家校信息对等。家长会是以集体会议的方式由学校向家长集中反馈学生在校情况的重要渠道。我们可以通过多种途径的混合运用让家长了解学校的育人理念、班主任老师的带班育人理念，让学校了解家长的脾气性格、教育需求、家庭教育理念、教育环境等。

（三）集体研讨，提高效果

面对学生的心理问题，学校和家庭之间需要冷静面对，必要时可以召开专题研讨，汇聚家长和学校的所有教育者的集体智慧，共同帮助学生渡过难关，化解心理问题。

1. 班主任充分了解学生情况

班主任需对学生心理问题的各类表现进行全面梳理（其中包括向家长了解情况，向班级学生了解情况）上报年级组长。

2. 召开专题讨论会

年级组长要将上述情况上报德育处，德育处上报主管校长，而后德育副校长、德育主任、年级组长、年级教导员、班主任、心理教师召开个别学生问题专题讨论会。讨论会中我们要实现全体参会人员的信息对等、确定家校沟通具体流程、落实各流程责任、讨论具体解决策略、强调工作纪律（严格落实学生个人隐私的保护）等。

3. 面对面家校沟通

由德育处牵头召集学生家长、班主任老师、年级组长、心理教师、主管校长进行面对面家校沟通。主要沟通流程为班主任老师介绍学生总体情况，心理教师介绍学生情况，了解家庭环境、家长性格、家长态度、具体需求，给出具体解决策略，讨论家校配合策略等。需要强调的是，此类沟通每个家庭只沟通一次是不够的，因为家校在此类敏感问题上要建立充分、高度的信任，以至于能够让家长放下所有顾虑真正地面对问题是一个漫长的过程。

（四）档案追踪，痕迹管理

做好学生、家长信息登记及沟通记录。针对该类家校沟通，学校特制了专门的沟通记录表，表格内容包括学生、家长基本信息，沟通时间、时长，沟通内容，沟通所达成的共识，沟通的结果等，以上内容在沟通后均交给家长阅读，充分体现了不规避问题，不逃避责任，以事实为依据，这让每一次沟通都能充分引起家长的重视，都具有显著的实际效果。同时，学生个人档案信息的留存和及时记录，是学校追踪学生情况的重要途径，能够较为真实地反映学生教育过程，家校沟通情况及效果，目前该项举措已经成为特殊情况家校沟通的固定工作程序。

（五）优化流程，降低成本

明确超出工作时间的紧急问题处理流程。对于学生在教师工作时间外的紧急问题，我们明确了责任人为班主任老师，收到信号的其他教师应第一时间通知班主任老师，由班主任老师第一时间联系学生家长，明确告知家长学生情况，引起家长重视，引导家长做好学生看护。父母是学生的第一看护人，以上举措有利于家长及时了解学生不愿意告诉家长的隐蔽信息，帮助家长更好地履行家庭监护职责，全方位确保学生安全。另外，教师也需要调整心态，正常休息，以上措施也有利于保障教师合理合法的人身权益。

（六）建立评价，提升自觉

化解学生心理问题，良好的家校沟通非常重要，为了保障沟通效果，有必要建立评价机制，提升沟通自觉性和成果效益。沟通的目的是达到预期效果，因此，学校应制订家校协同教育工作实施方案，并依据方案逐年做好工作计划与总结，让家校协同育人工作目标清晰，目的明确，内容系统，效果可见。同时，学校应实施家校沟通记录制度，对每一次做好沟通记录，通过有痕的记录，可以对历次沟通进行对比和分析，在分析过程中建立与本学校实际情况相适应的沟通评价体系。体系的建立，一方面有利于科学的评价沟通效果，另一方面有利于科学的评价教育者的教育效果。

家庭和学校是初中生健康成长，全面发展的两大教育阵地，也是学生坚实的支持和后盾。解决学生的心理问题，需要学校和家庭之间的良好沟通和密切配合。良好的家校沟通对于学生、家长、教师有着积极的影响，对学校的日常管理更为高效，有着促进作用。化解学生心理问题，家校携手，共同育人，为学生选择未来奠基，我们一直在路上！

赵国芝　北京市石景山区实验中学

参考文献

[1] 黄姣. 新媒体环境下初中家校合作的策略研究 [D]. 西南大学 .2020：23-29，40-45.

[2] 王淑清. 家校合作如何走向"深度"？[J]. 中小学管理 .2019（12）：60.

[3] 丁晶. 家庭教育对青少年心理健康的影响研究 [J]. 黑龙江教师发展学院学报 .2022(1)：111-113.

班主任对初中生心理危机的预防性干预策略

内容摘要 初中阶段是学生身心急剧变化的不稳定时期，是从儿童逐渐成长和成熟的过渡期，学生容易出现心理危机。班主任是学生教育的中坚力量，也是学生安全健康成长的第一责任人。班主任心理危机意识不强、缺少心理专业知识，就会难以及时发现、及时疏导。本文通过系统化心理健康知识培训提高班主任心理危机意识和对初中生心理危机的理解，班主任在日常管理和教育工作中设计和实施预防措施，能够有效地预防学生心理危机产生。

关键词 初中生；班主任；心理危机；预防性干预

初中生遇到压力与困境时，有可能会陷入心理危机，这给班主任工作带来了巨大的挑战。班主任在日常管理和教育工作中，只有了解初中生的心理特点，理解学生可能遇到的问题与变化，才能有效预防学生心理危机的产生。

一、初中生心理危机的特点及表现

心理危机是指人在面临自然、社会或个人的重大事件时，由于无法通过自己的力量控制和调节自己的感知与体验，所出现的情绪与行为的严重失衡状态。初中阶段是个体身体发育的鼎盛时期及性成熟时期，生理上的成熟使得初中生在心理上产生成人感。他们渴望变换社会角色，但由于内心还不成熟，充满成长的矛盾。当学生遇到挫折和逆境，缺少阅历和经验使其难以应对时，可能会引发焦虑、抑郁、恐惧、行为障碍等心理失衡状态，从而产生心理危机。

通过问卷调查和访谈发现，初中生心理危机主要来自环境适应、学业压力、人际关系和情绪调节等方面。部分初中生在应对危机时，心理素质不稳定、缺少社会支持，甚至有自伤的念头和行为。

二、班主任预防初中生心理危机的必要性

心理危机干预，是指采取紧急应对的方法，帮助危机者从心理上解除迫在眉睫的危机，使其症状得到立刻缓解和持久消失，心理功能恢复到危机前的水平，并获得新的应对技能，以预防将来心理危机的发生。

心理危机干预从过程上来说，包括预防性干预、引导性干预、发展性干预。参考相关研究，将发展性干预纳入预防性干预。本文中预防性干预，是指在心理危机发生前，心理康复后，根据学生成长发展过程中的危机源，有目的、有计划地提升学生心理素质，促进学生健康发展，预防心理危机的发生。

研究表明，在初中生心理危机出现的早期，助人者给予危机者关怀和支持，能有效缓解危机，避免自伤或者伤人的极端行为，帮助危机者恢复心理平衡。初中生的心理危机问题越来越受到全社会的广泛关注，其中学校预防和干预的作用尤为明显。

班主任作为心理健康教育工作的主要承担者，对学生进行心理危机预防是重要的工作内容。实践证明，班主任在对学生心理危机预防和干预过程中，有广大的作为空间，有不可替代的作用。全面了解和分析初中生的身心发展特点和规律，能有效地帮助班主任识别和理解初中生可能面临哪些困难，进而采取相应措施进行预防性干预，帮助学生身心的和谐健康发展。

三、班主任对初中生心理危机的预防策略

在工作过程中,班主任可以从以下方面入手对学生进行心理危机预防性干预。

(一)培养积极的心理品质

积极心理学致力于充分挖掘人与生俱来的、潜在的、具有建设性的力量,促进个人和社会的发展,使人类走向幸福。班主任实施预防性心理危机干预主要是通过教育和引导提升学生的心理素质从而防患于未然。通过培养积极的心理品质,可以使学生了解自身资源,知道如何使用这些资源,从而面对困境时学生就有了一定的"免疫力"。

班主任在日常与学生互动中,要尊重和接纳学生,保持开放和好奇的心态,与学生一起发现其内在资源;关心学生,及时关注学生心理状态,及时发现和引导学生调节情绪;关注学生,客观理解和有效应对挫折、引导友善的人际交往。不把自己生活中的负面情绪带进工作中,多使用积极语言,多呈现微笑和积极的人生态度,潜移默化地影响学生。

班主任在学生教育方面,可以开展班会、团体辅导课程和班级多样的活动。如以生命、幸福、价值为议题,指导学生如何调动自身资源来应对可能发生的困境,培养学生好奇求知、乐观自信、友善感恩的积极心理品质。

例如,成功节是学校的品牌德育活动,每年4—5月将如期举行。成功节是一个全校师生的聚会,学生可以参与多方面的德育活动,并从中体验到个体成功的乐趣。班主任可以抓住这个契机,鼓励班级的学生积极参与,唤醒学生的潜能。学生通过自由选课参与体验,尽情展示自己的才华,并与跟自己志同道合的同学共同交流和学习,有机会融入属于自己的团队,过程中可以帮助学生形成积极乐观的心理品质。

五月底成功节的闭幕式是学生绽放的时刻。舞台上机灵睿智、欢乐活泼、诙谐幽默,台上台下融为一体,班级展示尽显风采。观众自发靠近舞台,自

发献花欢呼，欣赏每个表演。老师们也感慨学生精彩的呈现：传统的书法、彩绘的班徽、风格独特的歌曲串烧、创新的舞蹈、富有感染力的朗诵、有趣的情景剧表演以及精美的道具制作。老师们欣赏的是学生们的专注、喜悦与自信。家长、老师对学生的尊重和赏识会让学生多一份成功的体验与快乐，增强学生的信心。

系列的班级和学校活动有利于培养学生积极的心理品质，自强自立的内心可以给学生注入力量，从内心深处激发对成长的渴望，可以有效预防心理危机的产生。

（二）营造和谐的成长环境

班主任日常班级管理工作涉及的范围比较复杂，主要包括学生教育、班级建设和家校沟通三个方面。班主任实施预防性心理危机干预，还要为学生营造和谐的成长环境，主要是通过直接影响班级环境和间接影响家庭环境来实现的。

环境适应的危机，一般出现在新生入学阶段或班级调整阶段，或者学生自身、关系或环境发生较大变化时。班主任实施预防性干预措施，主要通过创造机会和搭建平台。过程中班主任帮助学生了解、接纳和熟悉，引导客观的评价，缓解消极情绪，促进社会支持系统的更新和完善，进而顺利适应。

例如，新建班初期，班主任可以召开班会，组织学生充分讨论自己向往的班级、理想的关系以及更好的自己，自发形成共识，最终形成具有特色的班级文化。在特色班级文化的引领下形成相应的班级制度，营造和谐班级物质环境和人文氛围。新加入班级的学生，在陌生的群体中会找到自己的"主人翁"地位，在表达自我认知的同时，也可以表达自己对班集体美好的愿景，有利于学生个体对集体的融入。从个体的角度来感受，可以帮助学生缓解在陌生群体内的压力，有效地预防环境适应危机。

在班级建设的过程中，班主任应引导学生在刚性要求范围之内充分、自由地讨论，让学生体验被倾听、被尊重的感觉。当学生个体的意见被采纳和认可的时候，学生会体验自主学会选择，逐渐建立对环境的信任。而且还能促进学生对自我的了解和内在资源的发掘，促进学生之间的彼此接纳与欣赏。这样可以在师生之间产生一定的共鸣，促进班级成员之间的相互接纳。这可以增强学生的心理安全感，也有利于班集体凝聚力的产生。

比如，学校某班级在班级活动的设计与组织时，给学生充分的空间。学习方面，学生组织"助教"团队替代传统的课代表，磨合团队的分工，逐渐清晰助教团队的目标；文娱宣传方面，学生进行竞争选定负责人，再由负责人选出合作伙伴，既保障了成果品质又形成了合作团队；学生们在参与的过程中积累方法和经验，感受自己的成长与改变，确认自己的内在资源与智慧。在此过程中，学生充分体验了平等、互助，对学业压力和人际困境都能有效减少。

（三）结合危机源突出着力点，提升预防效果

初中生心理危机的出现是一个非常复杂的过程，班主任要关注到每一个学生，从学生的内心需求出发，揣摩学生的心理。除了上文所提到的环境适应危机，初中生常见的心理危机还表现在以下几个方面。

1. 学业压力的危机

一般源于不良习惯和不合理期待。不良习惯导致自责和自卑，不合理期待导致自我怀疑和无望。初二是学生学业成绩出现分化的重要阶段，随着学习知识和难度的增加，有些学生学习成绩达不到内心理想的水平，并与班级的差距逐渐增大，就容易出现学业压力危机。针对在学习上遇到困难的学生，班主任首先要从多方面去了解学生遇到困难的原因。通过耐心的沟通，找到成绩困难的原因，并以此为突破口，选择正确有效的途径帮助学生。班主任可以通过学习习惯养成、了解自身学习风格和挖掘优势能力，联合学科教师改进评价方式，联合家长客观分析调整期待等方面，改变学生对学业的不合理认知和期待，帮助学生习惯养成，逐渐提升学生的自信心。并且以动态的评价去追踪，适时采用鼓励措施，提升学生对自我的认可度，有利于帮助学生预防学业压力的危机。

2. 人际关系危机

初中生较多来自同伴关系，也有一些是师生关系和亲子关系。班主任需要

帮助学生提高人际交往的技巧，通过课程、班会、活动等营造平等尊重的氛围基础，创造交流、竞争、合作的机会，在实践中学习和练习良好的人际互动模式，进而完善学生的社会支持系统。

再以学校的成功节为例，班主任可以利用学校活动期间，加强班级学生之间的互动性参与。成功节根据学生原有的特长和兴趣，学校积极联系社会资源，准备了丰富的内容等待学生的参与。有科技制作类、民乐类、思维开发类、体育运动类、生活礼仪类、心理拓展类、学科拓展类、实验研究类、社会实践类等。成功节涵盖的方面很多，也鼓励学生多创意的参与。在创意落实过程和活动推进过程，班主任可以充分发挥班集体的组织性，让学生与学生之间互相鼓励支持，打造团队合作的优势。增强师生合作和生生合作，不仅能让学生确认自身资源和在团队中的价值，并且促成了更好的合作和更加真实的自信，有效增加了积极情绪体验。学生体验着积极的情绪，形成积极的人格，形成了积极的班级，在和谐的氛围中持续体验着，形成了良性循环，促成健康成长，提升了"免疫力"，有利于帮助学生预防人际关系危机。

3. 情绪调节危机

主要是因为初中生情绪感受力高，但是情绪理解和调节不足。班主任老师在校园环境陪伴学生时间最多，首先需要提高自身情绪调节力，以身示范稳定的情绪状态。其次在班级中，营造接纳、包容的氛围，让学生有更好的安全感，提升学生对情绪的理解和调节方式，促进学生的积极心态。

比如，当学生出现情绪低落的时候，班主任老师应当多观察，积极地和学生进行沟通。在沟通过程中，要耐心地倾听，引导学生进行心理的倾诉，缓解情绪的压力。同时，班主任老师要为学生营造包容的氛围，与学生产生共情，并以此为情感基础，帮助一起度过情绪危机。

4. 建立合作互助的家校共同体

班主任通过家校沟通和家庭教育指导与学生家庭形成合作关系，共同关注学生的成长。初中生处于青春期，家庭亲子关系也会受到考验。让家校成为一股合力，是预防初中生心理危机的重要力量。从初中生心理危机预防的角度，班主任主要引导家长提升危机意识，关注学生心理健康状况，更新家庭教育理念，尽力营造和谐的家庭氛围。

日常家校沟通内容上，班主任与家长之间要加强学业成绩之外的沟通。比如，学生的近期生活事件、优秀表现、情绪行为、性格特点，基于班主任对学生细心的观察和了解，引导家长有意识地了解和关注孩子的方方面面。班主任和家长之间建立起默契的合作关系，也会给学生建立安全感，增强对家长和老师的信任。适当创造机会增进师生和亲子的交流和互动，增进彼此理解和信任。适时引导家长更新亲子互动模式，促进和谐家庭氛围。

班主任对家长要平等尊重，可以适时地向家长分享自己的带班和育人理念，引导家长有意识地更新理念调整对孩子的期待。沟通形式上，可以开展家长沙龙，创设轻松民主的沟通氛围。可以借助班级中优秀家长的力量，也可以借助家校沟通方面的专业人士和团体的力量，从专业方面促进家长在家庭教育方面的学习和提升。合作的家校关系是学生和谐成长环境的重要方面，为预防学生情绪危机的发生做好保障。

总之，在教育实践过程中，班主任难免会遇到面临心理危机或者已经遇到心理危机的学生，这往往也是班主任工作中最棘手的内容。我们希望学生都能够健康快乐地成长，度过人生中最重要的青春期，因此我们班主任一定要致力于做好学生心理危机的预防工作。

闫超宇　北京市同文中学

参考文献

[1] 白玉萍.学校心理危机干预的理念与实践[M].北京：北京科学技术出版社，2017.

[2] 吴波，黄希庭.我国心理健康预防性干预研究现状[J].中国临床心理学，2013（2）：339-343.

[3] 陈斌，刘轩.积极心理学视角下的大学生极端心理危机预防[M].南昌：江西人民出版社，2013.

学校后勤文化建设的实践与探索

内容摘要　学校后勤管理是学校整体运行的基础，后勤文化建设与学校德育工作、教育教学改革相互支撑，有利于学校育人功能的发挥。立德树人涉及学校管理的各领域、各方面、各环节，学校后勤工作的德育属性，表现在后勤人员良好温馨的服务、高效有序的管理、文明礼貌的工作态度、高效严谨的工作作风上，是学校后勤文化建设的主要内容。学校从责任文化、温暖文化、职业文化三方面实践探索后勤文化建设，为学校可持续发展提供坚实的保障。

关键词　后勤管理；文化建设；实践探索

新时代教育改革对学校后勤工作提出了更高更新要求。在学校后勤管理中加强文化建设，对于贯彻全员全过程全方位育人目标具有重要意义。当前学校后勤工作中存在难以适应新时代育人目标要求的问题，我们从责任文化、温暖文化、职业文化等方面着手，探讨如何激发后勤员工教育情怀，坚持育人导向，加强后勤文化建设，实现后勤管理服务的育人功能。

一、学校后勤文化建设的基础

北京市石景山区业余大学成立于1981年，是石景山区政府主办的独立设置成人高校。后勤文化建设紧紧围绕学校"责任、温暖、光华"的核心价值观展开，积极探索服务育人、环境育人、管理育人的有效途径。

责任：责任既体现为"想干事"的自觉，又体现为"能干事"的素养，更体现为"干成事""干好事"的担当。后勤部门从"主动服务、特色服务、优质服务"角度落实责任，以优质服务，履职尽责的工作成效践行"三全育人"。

温暖：创造温暖的学校环境，是后勤文化建设的重要内容。通过优美环境、整洁学校、温馨氛围、爱心传递，在外显形式和细节小事中传递真诚与关心，在隐形的人与人交往中展现彼此间的感恩与尊重。后勤人自带阳光，后勤事就有温度。心有感恩、行中有善、肩有担当，做一个有温度的人，把"相知相伴"的温暖向学生、向社区传播，展现百姓身边大学全方位育人的文化气质。

光华：是教职工和学生的价值实现，是对美好与价值的追求；是学习、是成长、是日新月异的自我超越和综合素养的提升；是每个人都受益终身的积极的心态、思维与习惯的养成。

二、学校后勤文化建设的探索

学校后勤部门"人少活儿多事杂"是普遍现象。例如石景山区业余大学现有教职员工91人。学校后勤事务管理中心负责建筑面积2万余平方米的三个独立校园的后勤保障和服务，工作内容有校园综合治理、安全保卫、公车管理、宿舍管理、维护维修等。后勤事务管理中心现有编制内及第三方公司员工40

人，平均年龄 60 岁左右，精力不够、文化素质较低的问题特别突出。基于现实的基础条件，后勤文化建设任重道远。

（一）规范制度建设，以责任文化为首

学校积极推进后勤体制机制改革，规范制度建设，探索管理与服务分离、委托与自管结合、内部与外援融合，落实岗位责任，加强监管，形成合力，强化后勤文化建设的组织保障。

1. 优化组织结构，理顺运行机制

新时代背景下的后勤管理面临诸多挑战，原来后勤全包全揽，自给自足的管理方式已远远落后于新时代的发展要求。本着"专业人干专业事"的思路，学校借助社会专业力量，从劳动密集型的保洁保安到专业型的消防维护，引入第三方机构参与学校后勤各项保障工作。学校行使监管责任，确保后勤工作有序开展。如图 1 所示后勤管理组织功能结构图，显示了当前学校后勤保障组织结构和基本运行机制。

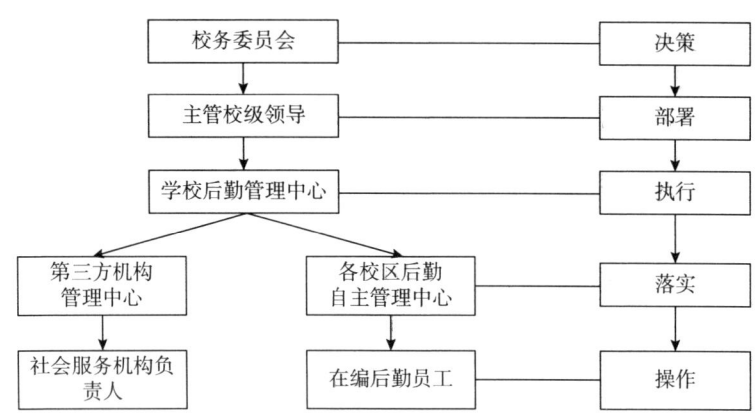

图 1　后勤管理组织功能结构图

基于学生和教职工的需求为出发点，学校不断完善修订规章制度和后勤管理服务标准、服务流程，公开服务承诺，进一步理顺后勤工作内容和职责体系，如表 1 所示，明确后勤自主管理项目和社会化管理项目分类。

表1 学校后勤管理项目分类

内部自主管理项目	外部社会化管理项目
车辆管理、资产管理、经费管理、人员管理、招投标管理、监督管理、激励考核、质量评估等	校园安保、电梯保养、消防运维、校园保洁、食堂餐饮、电器设备、水暖电气检修、校园绿化、基建项目等

同时对5大类后勤工作相应的管理制度进行梳理,如表2所示,修订完善流程,按职责进行监督考核。做到人人有实岗、事事有人做,责任有人担,服务高品质,最终赢得教职员工和学生的认可,达到良性循环的效果。

表2 学校后勤管理制度

项目	数量	内容
校园安全制度	18个	消防安全、食品安全、防疫安全、防汛管理、网络安全、交通安全、无烟校园、突发事件应急等
环境管理制度	5个	校园保洁、校园美化、校园绿化、垃圾分类、信息发布管理等
资产管理制度	5个	固定资产管理、采购管理、基建工作管理、低值易耗品管理等
经费管理制度	10个	经费支出、专项资金项目、公务卡结算、经济合同管理等
设备设施管理制度	7个	监控设备管理、实训室使用规定、宿舍管理、库房管理等

2.强化先勤理念,筑牢安全体系

安全无小事,事事做在前,学校平稳运行重在防患于未然。提前找到痛点并高效解决问题,避免停留在出现问题后被动应急处置状态。从这一点上讲,后勤就不完全是学校整体工作中最"后"的不太重要的一方面工作了,相反,后勤是先发性的、基础性的"先勤"。把后勤工作做在前,想在前,让教职员工、让学生因为享受到学校无微不至的后勤服务而感觉幸福,自然形成环境育人的氛围,同时展现出教育润物细无声的强大力量。

安全工作是后勤工作的重中之重。校园安全要求做到安全账目清、工作内容清、执行标准明。后勤管理者应该做好时间管理,统筹谋划,发挥每一位员工的主观能动性,让人人都是学校安全员,从具体"事"到未知"事",事事在心,井然有序。表2中18项校园安全管理制度不是只停留在纸面上,而是后勤员工应知应会的基本常识,通过培训、监督、考核,严格落实在日常工作中。

2020年突发的新冠肺炎疫情,加大了学校安全的责任,学校后勤保障工作被推到了前所未有的重要位置。学校编制内的4名老师平均年龄59岁，在新冠肺炎疫情防控期间，一直坚守在岗位上，默默守护着学校的每一个角落，他们以自己的实际行动践行着"疫情就是命令，防控就是责任"的誓言，4位自称"没多少文化"的老师没有豪言壮语，但他们成了老师们心目中有情怀、有担当的关键人物。辛苦中的成就感，更是激发了他们为校园安全无私奉献的主人翁责任感。这种特殊的实践体验比单纯的学习培训更能激发后勤员工作为一名"不上讲台的教育人"的教育情怀。

（二）加强环境建设，以温暖文化为魂

目标清晰、布置明确、执行到位，三个维度的后勤管理为学校发展保驾护航；在此基础上，加上后勤管理过程中人文的温暖滋润，进一步丰富后勤文化建设的内涵。

1. 创设氛围，营造自主文化

后勤人员年龄偏大，文化素质相对较低，创新能力不足，创新意识欠缺，是学校普遍存在的现象。但后勤员工人性中的勤劳、朴实、踏实肯干、经验丰富的特点却是从事后勤工作的优势。后勤人员渴望被重视、被尊重、被关注。学校积极营造氛围，通过有效激励，让后勤人员提升自己的心理预期，心甘情愿做学校"主人"，帮助他们发挥特长，主动去温暖人、关心人，让后勤的温暖之光照亮学校的各个角落。后勤工作人员的成就感增强，后勤的文化气息、后勤人的激情也会反馈到各项工作之中。

保洁公司的一位50多岁员工，她平时爱校如家的点滴行为时常感动着老师们，因此被学校老师尊称为"贾阿姨"。2021年石景山区教育系统建党百年"共绣一面党旗"的庆祝活动中，贾阿姨利用自己的休息时间，主动来到学校与全校党员一起，全神贯注、一针一线、满怀深情地绣了一整天的党旗。她这一朴实的举动，感染教育了许多人。

2. 立足人文，培养自尊文化

科学的现代化管理，归根到底都是以激励人的主观能动性为出发点。学校

领导对后勤人员注重温暖关注，激发后勤人员的主人翁意识及自我成就感。成人高校的学生都是在平日的下班后和周末到校上课，相应的成人高校的工作时间就是"5+2、白加黑"。第三方公司的服务时间相对于普通全日制学校就要增加至少一倍。学校按照合同标准要求第三方服务公司提供高品质的服务，同时也在政策允许范围内体现学校的人文关怀。比如，不定期组织座谈会，了解员工需求；逢年过节慰问一线工作人员；夏季高温季节发放防暑降温用品；等等。

学校大门的安全要依靠当班的保安个体尽职敬业来实现，保安员一时的疏忽大意，有可能会带来学校重大安全隐患。为更好激励保安员爱岗敬业，忠于职守，学校领导在工作中勤检查、勤督促的同时，在平时生活中也注重与保安员的沟通，关心到位，提供帮助，化解矛盾，如此的悉心友好关注，带来的是保安员尽心尽力的履职尽责。刚性管理的规范，加上柔性管理的渗透，有效促进了后勤保障工作的顺利开展。学校大门口的保安员发自内心的微笑就是学校的第一张名片，迎着精神抖擞、训练有素、满脸笑意的保安进入校门，会令每一个人倍感舒适。包容、关怀、阳光、规范，温暖的力量既激发了保安员的自尊，也让学员从踏入校门的一刻起，就感受了温暖的教育作用。

后勤人员良好温馨的后勤服务、文明礼貌的工作态度、高效严谨的工作作风都是展现后勤管理水平的重要因素。安全、卫生、整洁、有序、规范是对学校后勤工作的基本要求，在做好这些基础工作之外，将温暖文化的精髓贯穿于后勤基础工作之中，让温暖流淌于桌椅书柜、电灯电话、办公设施、基础建设之间，柔性管理激发出员工强烈的自尊感，为后勤文化建设增添温度。

（三）加强队伍建设，以职业文化为要

后勤团队员工育人意识的培养，积极向上的精神面貌、爱岗敬业的职业操守是后勤团队文化建设的重要内容，是提升后勤服务能力的有力保障。

1. 重视员工培训，提升团队素质

社会信息化的飞速发展，学校参与市场竞争的不足，一定程度上造成了学校后勤服务水平与社会发展不同步，不仅表现在后勤管理方式缺乏与时俱进，还表现在后勤人员信息技术应用能力的欠缺。例如，学校维护维修事务烦琐，大大小小的维修层出不穷，后勤员工不能合理统筹时间和项目，经常处于疲于奔命的"救火"状态。因为维修不及时，影响教育教学的现象时有发生。加强培养培训，提高人员业务能力和综合素质，是解决问题的有效方法。学校一方面开展专项培训，提升员工业务技能和信息技术应用能力；另一方面组织参观学习，交流研讨，学习项目管理、时间分配等管理知识，在实践中不断提升后勤员工的综合素质。学校采取校外专题培训与校内自主培训相结合的方式，鼓励后勤员工考取技术资格证书，例如帮助保安班长考取"中控管理员"资格证书。同时充分利用学校教学资源，组织后勤员工参加继续教育，实施学历提升计划。保安公司的一名员工，在学校工作 6 年期间，先后拿到了管理专业大专和本科文凭，业务能力和管理素质得到了提升，实现了自己的大学梦，创造了出彩的人生。

2. 加强廉政建设，打造廉洁团队

学校采取第三方服务的项目越来越多，廉洁风险也逐渐增大。后勤管理部门在学校"三重一大"纪律约束下，严格规范招标流程，事先做好校内需求调研，合理确定服务内容、形式、标准等，对外公开透明，严禁暗箱操作，切实引进优秀的第三方服务机构进入学校，加强督导检查及日常考核，为师生提供优质服务。校企双方密切配合，打造廉洁团队，共同推动学校办学水平的提高。

三、立足未来，发挥后勤文化的引领作用

学校后勤管理服务是一个动态发展不断升级的过程，无论是从内涵建设，还是外延拓展上，都在不断发展变化，质量标准要求也在不断更新和提高。学校只有主动适应社会新变化，从更宽领域、更高标准推进学校后勤管理服务，让教职工获得感、幸福感、安全感更加充实、更有保障、更可持续的同时，坚决贯彻立德树人宗旨，学校后勤文化建设需从以下三个方面加强设计。

（一）战略统筹，把握后勤文化建设总方向

学校后勤管理应有一个长期的规划布局，加强顶层设计，长期统筹，战略谋划。围绕立德树人的根本目标，坚持科学管理，整合资源，创新育人环境。统筹发展和安全，统筹内部和外部，统筹传统和非传统。紧扣平安学校、和谐学校、绿色学校建设，主动谋划、超前布局、扎实推进，让教职工和社会各界对学校更满意，让"百姓身边大学"的理念，"责任 温暖 光华"的价值观更加深入人心，以强化文化人的精神力量。

（二）人才培养，激发后勤文化建设内在活力

专业的后勤管理服务人才是保证学校长治久安，满足现代化学校后勤高质量发展的关键点。加强专业人才队伍建设，培养和选拔德才兼备的后勤管理工作者是后勤文化建设持续进行的基础。未来学校后勤管理服务既要充满活力，又要安定和谐，发挥好专业人才队伍作用，激发学校后勤管理服务的内生动力和活力，确保校园生机勃勃，井然有序。

（三）信息化应用，推进后勤文化建设新局面

实现线上管理线下服务，人防物防技防结合，长远一体的学校后勤管理服务新格局，需要以信息化技术为依托，创新探索实践新手段、新方法、新路径，不断提升学校后勤管理服务的实效。构建网络化、精细化、开放共享的后勤服务平台，做好事前事中事后全过程的管理。坚持专业化、智能化的方向，努力与时代发展同频共振。

一个学校的校园风貌体现着学校的人文气质和精神气质，发挥好学校后勤文化"以文化人，以文育人"特殊作用，推进学校后勤管理，从精神层面和物质层面为学校发展提供有力保障。

魏艳红　北京市石景山区业余大学

参考文献

[1] 李泰儒. 新时期高职院校后勤管理创新途径探讨[J]. 中国管理信息化，2021，24（14）：189-191.

[2] 陆金梅. 高校后勤管理中的精细化管理模式及实施策略[J]. 商业文化，2021（20）：140-141.

[3] 李先锋. 提升学校总务后勤精细化管理质量策略[J]. 学周刊，2020（13）：189-190.

[4] 郑龙，袁俊，高勇. 用行知精神引领高校后勤文化建设——以杭州科技职业技术学院为例[J]. 高校后勤研究，2020（5）：51-53.

[5] 李丹. 探析高校后勤服务工作新思路[J]. 高校后勤研究，2018（8）：29-30.

[6] 周萍. 立德树人视域下高校校园文化建设研究[J]. 思想教育研究，2020（6）：139-142.

[7] 林华坤. "三全育人"下的高校后勤服务育人体系探索[J]. 高校后勤研究，2021（3）：5-7.

微信群建立及运用促进家校协同助力学生成长 *

内容摘要 随着微信的普及，"班级微信群"逐渐成为家校协同育人的重要手段。如何用好"班级微信群"，建立良性的家校沟通渠道，打破工作时间、空间的制约和家校之间的界限，提高家校沟通的效率，实现家校联系的互联互通和无缝对接，让家校联系更紧密？我们从"班级微信群"的使用规则、管理要求、维护保障几个层面进行了探索，以期达到家校的最大合力，真正为学生的成长助力。

关键词 微信群；家校协同；助力成长

如今，随着微信逐渐流行，老师们与家长的沟通就变得便捷和直接。老师们纷纷创建班级微信群，希望家校合力，无缝对接，把家校合力的作用发挥到最大。

教师有义务指导、帮助家长通过微信群这个平台，争取家庭教育配合学校教育，形成教育合力，共促学生身心健康发展。用好微信群也是增强家庭教育与学校教育同向同步，实施素质教育、凝聚家校合力的重要环节。

如何将家校微信群的工作属性与社交属性最大限度发挥作用，并能够服务于家校协同工作中，是摆在教育人面前的重要课题；更多的学校也将家校合作技能列为教师的培训内容，所以这个问题值得我们用心去思考。

---

* 此篇文章为《借助互联网平台促进家校协同策略研究》SJS2020B43课题成果。

一、立意鲜明，规则先行

传统意义上的学校、教室、老师、课程意义正在悄然发生转变，未来的一切教与学可能都在互联网平台实现，线下的讲座、活动或将成为线上知识授课的补充与拓展。那么如何将互联网引入学校教育，尤其是家校协同教育发挥到最佳优势呢？如何规避网络环境的弊端，如何避免出现口不择言不负责任的"键盘侠"，阻碍家校协同的进程呢？

（一）达成共识是有效开展工作的前提

要达成家校协同为学生发展共同服务的共识：此群非彼群，要在建立群组的第一时间就在情感思想上达成共识，这是一个为学生终身发展服务的群组，请所有入群家长及教师都要遵循这个原则。此群不是大家个性意见随意发表、个性情感随意宣泄的"垃圾桶"。明确本群重要的工作属性和社交属性。

（二）落实有效信息，相互配合，达到最优

要利用群规保证家校群中有效信息的落实：群主要在固定时间进行群组发言的规则公示，不断提醒——比如如何处理群组内发布的信息，仔细阅读后根据说明进行回复，没有必要回复的不必回复，避免有效信息被无效回复刷屏等。只有这样协调运作、相互配合，才能保证微信群家校沟通的持续性和有效性。

二、分层管理，逐层落实

家校群的建立也是"家长学校"的重要组成部分，在群组分层建立与使用的过程中，也要发挥家长学校团队协作与建立"核心团队"的功能。

（一）分层建群，优化发言席

无论什么群组的建立目的都是有效沟通，不是杂乱无章的你一言我一语，所以分层建群很有必要。

1. 班级群组

班内所有家长入群，有利于通知的传达到位以及让家长对全班各项情况有效了解。

2. 班级家委会群

每学年根据家长的意愿及工作情况选出家长代表若干进入班级家委会群，在群内可以更加直接地将近期班内家长意见与建议反馈给教师，教师也可以对一些尚未实施正待落实的问题进行意见收集与建议收取。

3. 校级家委会群

集结每个年级的家长代表入群，在群内除了接收通知，还可以定期进行献言献策活动，让所有家长都以他们的代表为发言人，能够有一个有效的途径与学校进行有效的沟通；最后一个就是家校协同项目群：此群以项目为单位，群内可以有家长代表和教师代表，目的是为临时的某个项目建立，管理者可以是教师还可以是家长，为了一个项目的进行，核心人员集思广益，推动项目的进行，当项目结束后临时群可以解散，避免牵扯大家过多精力。

4. 专项主题群

专项主题群的建立有利于进行有针对性的专项指导。随着生活节奏的加快，社会新生事物的变革，衍生出了很多新的个性问题，可能通过常规的大众的方式不好解决的，针对这个现象，学校也通过建立项目群组进行有针对性的沟通与指导。比如"二孩""三孩"情况的家庭问题，很多孩子在心理上也衍生出一些新的心理问题，针对这个现象，学校将发现问题的家庭进行集结，通过群推送微课、文章、亲子游戏……着力家庭教育指导，并与学校教育结合，为家长在家庭中引导孩子正确认识这一社会现象，并珍视亲情，能够和谐与家人相处，从而形成健康积极的心态。

（二）筛选内容，有效提升教育功用

微信群在家校协作中绝不仅仅是信息公告的发布，教育者要善加利用，发挥微信群的最大功用。

方式一：家长课程大讲堂

可以通过微信群的方式定期分层为家长进行线上育儿指导课程的推送（见表1）。

表1 线上育儿指导课程表

年段	主题			
	健康心理	安全教育	习惯养成	强身健体
低年级	我是小学生	遵守交通规则	我身边的好榜样	游戏中的锻炼
中年级	正确认识自我	饮食安全	激发学习兴趣	力量与柔韧性
高年级	青春期教育	生存环境	良好的思维	矫正体态与机能发展
特殊需求	正确看待成绩	校园霸凌	与人交往	体育与心理健康

家长们可以根据自己育儿的需求，和自己孩子的身心发展特点进行自主选修，图文并茂生动易懂的家长课程有助于家长在繁忙的工作中利用片段时间"进修"为父为母的"专业知识"。学校会根据课程后家长调研问卷和意见进行有效的补充及修改。

方式二：学校微课程的推广

在有效落实"双减"政策的推动下，组织学校教师录制各个学科的微课，涵盖语文、数学、英语、美术、科学、书法、劳动等学科，既有新授知识讲解，更有单元巩固与复习；其中更增加了"班会微课"，微课中涉及指导学生居家安全、疫情防控、传统文化节日如何过、和家人一起锻炼等主题，从指导学生日常行为习惯，到传统文化爱国情感的培养，面面俱到。通过微信群的定期推介，家长可以克服时间和地点的障碍，随时和孩子一起进行学习。

方式三：心理健康主题群信息推介

这个主题助力学生健康心理环境创建。学校建立的微信群，是学校与家长链接的窗口，最终服务目标是学生，学生在成长发展过程中，健康心理不亚于学业提升，学校尝试通过微信群为学生营造在校、在家良好的健康心理环境。

（三）信息梳理 合理安排时间

家长们工作繁忙，如果信息一股脑地发给家长，他们会觉得堆积如山，压力很大。这时候统筹小组就该发挥其作用了。分时间、分内容、分人群推送信息绝对是一门学问。

1. 第一步——通过微信群采集信息与梳理问题

家校群应该是一个互通有无的途径，而不是学校单方面发布信息的手段，那就失去了家校协同意义。所以，学校可以利用微信群进行专项主题信息的采集。通过家长阐述家庭中发生的现象，梳理出影响学生健康心理的主要问题。

2. 第二步——根据梳理出的问题寻找相关课程内容进行编排

学校德育处联合心理教研处针对收集上来的家长意见进行梳理，整理出本校各个年龄层学生心理的重点关注点，进行"心语课堂"家校心理课堂的微课堂讲座。在微课中传递出积极乐观的生活态度，并教会学生和家长怎样从抵触情绪转化为接纳现实与变化，怎样把家庭与学校中遇到问题时的消极抱怨改变为积极应对寻找办法。

3. 第三步——统筹安排，合理推送

周六、周日推送一些亲子方面的内容；每天下班后推送一些育儿小妙招；工作时间推送一些孩子们在校的学习及生活……这样家长既有时间看，也对内容和数量欣然接受，便于更好地沟通及帮助孩子。

三、双向互动，协同有效

我们不能一味地要求家长配合学校工作，还要听听家长的心声，定期向他们征求意见，了解他们的真正所需。

（一）建立更加良好的网络氛围，能够找到家校协同的"沟壑"所在

互联网模式下为生生沟通、师生沟通及家校沟通建立了新的交往渠道，对于教育工作者更是一个有效引导的契机。如何建立有效的双向沟通新模式，首先提出了构建"5G家校协同新模式"（见图1）。

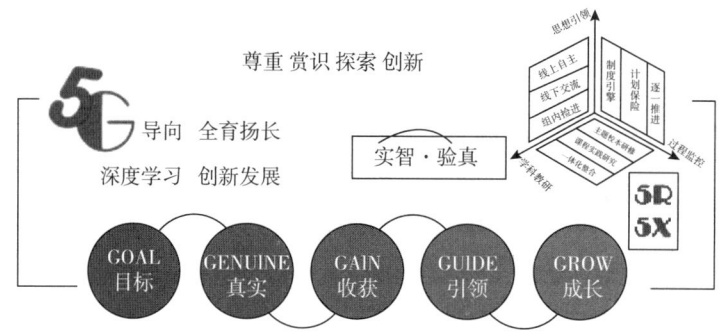

图1 5G时代打造学校"5G家校协同新模式"

G1——GOAL，目标，家校在沟通伊始建立共同目标，教师要尊重学生、倾听学生，找到学生的所需所求。

G2——GENUINE，真实，家校沟通需要保证坦诚相待，真诚呈现问题才能通过沟通解决真问题。

G3——GAIN，收获，关注学生实际获得是家校协同教育的重点。

G4——GUIDE，引领，以点带面，建立家校共育，目的是通过有效沟通引领学生扬长发展。

G5——GROW，成长，家校协同的最终目标就是助力学生身心健康成长，教师、家长的教育成长。

（二）打开沟通"壁垒"，利用各项专题活动进行线上线下结合

真正的家校协同需要充分调动起家长的积极性参与到学校的各项工作中，而微信群就可作为媒介，以学期为单位进行精心设计（见表2）。

表 2　家委会参与学校工作表

阶段	主题	参与形式
学期初	开学典礼	1. 微信群收集意见进行整体策划 2. 志愿者参与服务及环节
学期中	学生校服厂家选取 学生餐厂家选取与日常抽查 校门外街道拥堵梳理 其他临时性主题工作	1. 微信群收集整理建议 2. 群内接龙报名 3. 群内消息及结果内容反馈 4. 再次收集意见调整
学期末	家委会工作总结与表彰	征集意见与共同参与评比

（三）引导家长认识到自身具备的教育资源，群策群力

纵观英美日等发达国家的家校合作经验，引导家长足够重视与认清重点是发挥"三位一体"的重要因素。微信群更是应该发挥家长的主动性，拓展家校协同教育的方式与内容，改变传统的教育观念，引导家长认识到自身也是教育资源，自身的言传身教是教研中极其重要的一环。

1. 第一步——认识到位，自我审视

通过微信群课程的推送引导家长认识到：每位家长对于学生来说都具备学习的资源，自己也是家校协同中不可或缺的重要组成部分。

2. 第二步——"亲子大讲堂"助推家长走上线上"课堂"

根据学校德育教育整体规划，以不同主题征集家长志愿者报名，家长们发挥自身优势以不同主题进行"备课"，将"生涯教育""劳动教育""美育教育""生态教育"等内容进行微讲座，用家长的"术业有专攻"弥补校内教育资源的匮乏。

3. 第三步——家长资源再延展，有效落实

有教育资源的家长可以把资源推送到班级群中，和各位家长共同探讨教育的好方法与实效性，切实补给家长在家庭教育当中的空白处。当然也要定期请参与活动的家长进行反馈，以便于群内信息的与时俱进，应需而生。

家长教育资源进群一方面进行了校内教育的有效补充，另一方面调动家长

参与教育的积极性和主动性，更有效地落实家长参与教育的权利与义务。

借助"微信群"可以打破时间和空间的"壁垒"，将学校、家庭、社会进行有机的连接，随着网络进一步发展，家校协同教育可能还有更多更好可借助的方式，但是也会衍生出更多新问题。教师要不断推陈出新，引导学生和家长都将关注点聚焦到学生身心健康发展这一终身教育目的上来，形成教育经验与方法策略，并逐步形成内外部机制，既能够让家长更好地了解学校，懂得教育，又能够形成教育合力，打造出更适合时代发展的"家校共育"新模式，使教育合力发挥到最大，真正为学生的成长助力。

范　芳　北京市石景山区实验小学

参考文献

[1] 邱静文."互联网+"时代的家校合作教育及其优化路径研究[J].产业与科技论坛，2016（23）：146-147.

[2] 吴成峡，肖丽霞，李晨烨."互联网+"背景下高校与家庭协同育人探析[J].赤峰学院学报（哲学社会科学版），2016（10）：267-269.

[3] 武艳.高校学生教育开展家校协同方法的研究[J].泰州职业技术学院学报，2016（1）：16-18.

[4] 张硕.基于协同育人理念的高校辅导员家访工作思想政治教育创新[J].产业与科技论坛，2015（7）：161-162.

[5] 杨小斌，彭超，杨静.互联网时代的家校协同教育实践探析[J].基础教育研究，2016（23）：14-19.

抓"双减"机遇　促学校教育质量提升

内容摘要　学校要将"双减"当作一个重大政治任务抓紧抓好，实施"双减"提质增效，严格实施"五项管理"工作要求，始终以学校发展为本，履行立德树人的基本使命，扎实推动教育改革，充实中小学生课后服务供给，尽力协助父母缓解放学后接送中小学生的困难。学校将统筹细化任务，从学校层面、家长层面、学生层面开展工作，解析"双减"工作要求，制订多种工作方案，提升教育教学质量，充实课后服务内容，促使学生全面发展和成长，成为优秀的人才。

关键词　双减；作业；课后服务；提质增效

"双减"教育工作事关中小学生成长，事关广大人民群众切身权益，同时也是广大家长关注的热点问题。校园是中小学生健康发展的主要场地和进行教育教学活动的主阵地，为了满足教育教学多元化的需要，以保证中小学生在校园学会、学足、学好。学校要将"双减"当作一个重大政治任务抓紧抓好，实施"双减"提质增效，严格实施"五项管理"工作要求，积极实施党的教育方针，始终以学生健康发展为本，认真落实立德树人的根本任务，扎实推动教育改革，多措并举提升学校的育人质量，充实学生课后服务供给，不单是尽力协助父母缓解放学后接送学生的困难，也是育人的需要、学生个性化发展的需要。

一、统一思想提高站位

学校必须要成立书记、校长带队的"双减"工作小组，成员要包含教育教学、后勤保障等相关的干部、教师，积极引入专家对学校的"双减"工作进行指导，充分利用校内校外的各种资源，最大限度地提升教育教学质量及课后服务内容。

二、加强统筹细化任务

为继续加强学校的教学主战场功能，提升质量，学校要努力贯彻并落实有关文件精神，全面研究，仔细筹划"双减"教学工作实施方案，并组织老师认真学习有关文件精神，领会精髓，掌握教育变革的指导思路、努力工作的目标和重点任务。

面对教师、家长、学生对"双减"工作的困惑和怀疑，学校要增强与老师、家长、学生的沟通交流，确保工作的顺利推进。

（一）学校层面

要通过各级会议以及交流谈心等方式，在教师中进行双减工作的再次宣传、动员、研讨和沟通，让老师们心往一处想，劲往一处使，步调一致，协同推进，确保工作扎实落地。

（二）家长层面

针对教育"双减"所带来的社会改变，很可能不少父母对于到底该不该给小孩报补习班，以及父母需要做些什么等，都会有一定迷茫与彷徨。中小学校要主动利用家长会、调研问卷、家长信等方法进行教育"双减"的宣传推广工作，家校互动的协调、顺畅可以确保"双减"工作的顺利实施。

学校针对初一年级的学生召开了线下家长会，家长会上不仅介绍了学校针对"双减"的一些做法，也与家长们沟通了"双减"之下家长应该怎么做。

做孩子的习惯养成者，家长在家里要给孩子一个好的榜样，不能孩子在学习，家长在一边看手机，陪伴孩子要重视言传身教。

做孩子的阅读陪伴者，家长不要觉得每天工作很累，没有时间，孩子阅读的时候觉得自己可以休息了。有陪伴的阅读对孩子的教育作用是非常明显的，家长应该克服困难，每天都陪孩子读读书，并且和孩子分享阅读的心得。

作为孩子的家庭教育者，父母要回归传统家庭教育，并用心陪伴，不断支持孩子的茁壮成长。

做孩子的品格锻造者，父母就是孩子最大的榜样。

通过家长会上的真诚沟通，家长们也感受到了学校的用心，纷纷表示将全力配合学校，让"家校共育，共促成长"真正落地，让孩子在未来能成为更好的自己。

（三）学生层面

随着"双减"政策的落地，学生们的学习压力减轻了，但是学生们不应该因此而放松了学习，学校需要通过校级、年级、班级等不同层级的会议做好学生的政策解读，要细致讲解课后服务安排，通过不同的课程丰富课后服务内容，提高学生在校学习的热情。

学校通过周一的班会时间，主要针对初中的孩子开展了"双减"与"五项管理"的主题班会，各班主任组织学生们全面了解了"双减"和"五项管理"的具体内容，并根据本班学生学习生活的实际情况，组织学生充分讨论和理解"双减"及"五项管理"对于自身身心健康发展的重要意义，同时引导学生从五项管理出发合理制订学习计划，尊重科学学习规律，高效提升学习水平。

在老师的引导下，学生们纷纷参与讨论交流，分享观点。经过这些活动，大家都意识到要选用有益于身心的书籍，并加强身体锻炼，避免电子产品，保持正常睡眠，这么做才可以培养好的读书习惯和生活习惯，促进学生个体健康成长。

三、抓住关键提质增效

（一）多种方式减轻作业负担

作为学校降低学生课内负担的重要切入点，如何有效地减少过重的作业负担是各项工作中的重中之重。学校要从整合作业管理开始，严格限制教学作业数量，强化教学作业设计引导，把作业设计融入学校教学体系，系统设计适应中小学生的年龄特征和学习规律、彰显教育导向、涉及德智体美劳各方面的基础性教学作业，通过引导布置分层、弹性、个性化的教学作业，真正提升质量和针对性。

1. 统筹作业管理

学校必须要强化统筹，组建作业管理专班，校领导为组长，把握学校作业管理中的关键点，发挥学校教研组的力量，深入研究文件的精神，以学校作业管理课题的研究引导，通过作业类别、作业内容、作业布置等的调整和创新，科学、有效、合理设置相应时间内的各个学科作业数量与比重构成，并在学校每一次的课程作业规划中实施到位。要根据作业难易、不同学生学习差异，通过集体研究，合理预估每项作业平均完成时间。

2. 控制作业总量

严格控制书面作业时长，学校设立规章制度，不定期抽查、常规检查，反复核查的三查工作模式。一、二年级均不布置书面家庭作业，三至六年级书面作业完成时限不超出60分钟，七至九年级则不超出90分钟。建立作业检查、考核、评价等制度，所有已布置的作业必须做到全批全改，及时反馈作业中的问题，并根据问题实施针对性的指导，从而更好地进行教育。

3. 加强作业设计指导

要根据学生实际水平，从单元作业目标、作业类型、难度结构、完成时间、评价反馈等方面进行统筹，整体设计单元作业。

4. 分层个性化作业

要依据学生各种具体情况和学生现实学情，精选作业具体内容，科学合理地设定完成目标，满足不同学生的不同需要。充分考虑学生的兴趣偏好和优势特点，提供各种难度、各种类别的作业；面向各学段学科的特点，合理有效布置书面作业、科技探索、体育、艺术欣赏、劳动实践等各类教学作业。

（二）加强教学教研提质增效

学校要着力提高课堂教学效率，课堂教学一定要考虑全体学生的情况，要更加注重因材施教，满足学生个性化需求。要加强研究如何推进分类、分层教学改革，让每个学生都得到充分发展。

1. 强化备课

加强教师集中备课，由教研组长负责组织教师集中备课、个性化备课、学科分组备课等多种备课模式，在教师充分吃透课标、认真钻研、熟悉学生情况的基础上进行教师集中备课，对教学内容、学情、课程特点等开展共同研究，以努力提高课堂有效性。针对学校的现实需求，对学生所学课程的教学内容进行了相应的调节和增删，关注学生将来的发展潜力，以促进学生发展。

2. 提高课堂效率

合理分配课堂时间，把"教"的创造性交给老师，把"学"和"习"的主动性交给学生。老师在充分研究学生是怎样学习的基础上，针对问题解决实施教学。老师长于启迪，中小学生才能长于主动思考、快乐学习。关注学生的学习状态，课堂教学中借助互联网资源、小组合作、头脑风暴等方式了解学生的真实问题，切实提高学生核心素养。

以评比促提升，组织青年教师课堂大赛活动，紧紧围绕"提质增效，聚焦课堂"为主题，全体青年教师按学科参赛。学校组织优秀教师听课、评课，各学段教师通过交流、切磋诊断学科问题，互相促进、共同成长。加强了学校教师全员岗位练兵，发挥了教研团队集体智慧，对打造高质量、高效率的优秀课堂、提升课堂教学质量，落实双减工作精神产生了积极的促进作用。

3. 优化教学方式

针对学校实际状况，引导学生把握最合适自身的学习方式。比如：语文学科重视语言基本规范的培养，注重个性化体验感受、表达；数学学科则强调自主探索和协作沟通的相结合，注重逻辑思维训练与实际创新能力的结合训练；英语学科重口语交际能力的培养。

4. 加强教风学风监督

学校成立督导小组，每日进行教育教学综合巡查，每天将巡查的结果在校内进行反馈公示，督促教师重视教学规范、关注学生的学习习惯的养成和学习氛围的营造。

（三）提升课后服务质量

在"双减"政策下，越来越多的孩子开始回归校内，也对学校课后服务的质量提出了更高的要求。为了让学生享受更加全面优质的教育服务，学校要重点做好以下几点工作。

整体规划设计，丰富服务内涵。该校通过制订课后服务项目实施方案，认真研究，全面摸底教师的学科素质和特长，并根据学校整体教学资源，设置课后服务项目专组，统筹管理，创新课后服务项目，提高学生的健康成长水平，让广大人民群众拥有更多得到感和幸福感。

提出了菜单式的课后服务形式和内容，供学习者自主选用，以切实增强课后服务的吸引力。

体育锻炼：除体育课外，优化资源配置，统筹专业活动场所，加强体育专业教师供给，不断开展体育教研，进一步创新多种体育活动的课后内容，大力发展学校标志性体育运动，足球、篮球、乒乓球、羽毛球等。

劳动教学：为完善学校劳动教学，培养学生的劳动能力，每周进行一次劳动实践活动，学校建立学生集体扫除奖励机制、家校劳动宣传机制、学生社会服务反馈传导机制等，全面培养，处处落实，不断深化学生劳动意识。

社团活动课程：学院提供跳舞、绘画、电脑学习等社团活动，学员根据个人兴趣和发展的需要选择，参加活动。

积极开展丰富多彩的学生综合素质拓展类活动，与青少年活动中心形成

"手拉手"的方案，进一步提高学校校园课后服务优质资源供给，积极引导该校学生进一步改善课后服务，并积极充分发挥市青少年活动中心等校外活动场地在学校课后服务中的重要功能。

（四）严格落实各项安全规定

针对课后服务开展安全教育及防范工作，尤其是疫情防控。明确教师课后服务工作责任，强化责任心；完善学生活动场所的安全；建立和实施严格的考勤、监督、交接班制度和应急保障预案措施。

总之，"双减"政策的强势落地，带给各方的震撼是巨大的。"双减"其实并不只提出"减"的要求，教育体系的改革还有更多需要"增"的领域。对所有教育参与者而言，新的挑战才刚刚开始。学校仍以立足于学生健康成长、缓解社会压力为主要目标，逐步提升教学实力，通过开展丰富多彩的艺术、体育、科技、传统文化、劳动教育和学科实践教育等各类活动，充分发挥学校育人功能，培养学生在科技、体育、艺术等方面的兴趣和素养，提高学生体质健康的水平。

王　伟　北京市石景山区第二实验学校

参考文献

[1] 顾明远. 新时代教育发展的指导思想——学习习近平总书记在全国教育大会上的讲话 [A]. 北京师范大学学报（社会科学版），2019（1）：6-10.

[2] 张英. 落实"双减"办"好教育"的学校行动策略 [J]. 基础教育论坛，2021（26）：10-11.

[3] 杨培明. "双减"助力新时代基础教育高质量发展 [A]. 江苏教育，2021（62）：35-38.

[4] 李荣华，田友谊. "双减"，让教育回归育人本质 [J]. 教育家，2021（36）：21-22.

[5] 胡茜茹. "双减"让教育回归校园主阵地 [J]. 中国教育报，2021（9）：88.

第六章

精细行为活动

小学生行为习惯养成 多元化评价的实践研究

内容摘要 学校的教育过程中,如何加强对学生行为习惯养成教育成为当今教育中关注的话题,加强评价,特别是多元化评价促进小学生行为习惯养成,关注更多日常行为习惯中的评价要素,促进小学生行为习惯养成中能够起到积极的促进作用。

关键词 小学生;行为习惯;多元化评价

学校要发展离不开评价,学生行为习惯养成更离不开评价。怎样发挥好评价育人的功能,怎样通过评价实现学校的育人目标,怎样才能让评价融入学校各项各个方面助力学校发展。这些问题一直困扰着学校。因此,找到适合的突破点和助力点就尤为重要。根据《北京市小学生综合素质评价方案(试行)》,从思想道德、学业成就、身心健康、审美素养、个性发展等五大方面对小学生的综合素质进行评价的基本要求,结合学校办学理念和发展目标,开展了小学生行为习惯养成多元化评价的实践研究。

北京市石景山外语实验小学分校,原名北京师范大学励耘实验学校,是由区教委与北京师范大学合作共建的一所集小学、初中、高中为一体的十二年一贯制公办学校。2010年7月建校,小学部是2011年9月迁入西山枫林新建校区。2015年7月,学校改制,小学与中学分离,并更名为北京市石景山外语实验小学分校。

学校以"办适合学生成长的精品学校"为办学理念,以"全面健康发展,凸显人文素养;培养国际视野,彰显英语特长"为育人目标,致力于推进孩子终生发展的综合素质教育。

学校把"要我做",变成"我要做",以"办适合学生成长的精品学校"为目标。在学校工作中,尝试将德育、智育、体育、美育、实践活动有机结合,促进学生全面、有个性发展的同时促进教师发展。在教育教学及学生日常活动中,发挥评价的功能,把综合评价工作扎实落实在学校各项工作中,进一步规范教育教学行为,逐步形成学校特色,促进学校全面、可持续发展。

在评价实施的设计中,从小学生行为习惯养成入手,积极开展多元化评价的研究与实践。学校深入学习了《北京市小学生综合素质评价方案(试行)》,围绕学校的办学理念,多角度了解现在学生的特点,把评价工作与学校办学理念、育人目标、学生身心发展规律、社会主义核心价值观与学生核心素养的相关作为抓手,遵循小学生身心发展规律和教育教学规律,促进学生全面发展,逐步构建学校的多元化评价体系。

一、关注评价多元化,建立评价体系

(一)关注评价内容多元化设计

学校的评价体系分为七个维度:品德行为、环境卫生、合作学习、综合实践、志愿服务、体质健康、审美艺术。着力引导培养道德品德高尚、科学素养与人文素养兼备、身心健康的现代公民,在评价要素中,选择每个领域的核心素养,并细化到低中高三个不同学段。同时把学生有无掌握一项艺术特长、有无参加实践活动、有无掌握一项体育技能等作为评价指标,突出评价体系可供观察、可操作的特点。这些维度的设计和《北京市小学生综合素质评价方案(试行)》中的综合评价要点基本能够吻合,把方案中的要求与学生年龄、心理等特点相结合,更便于评价的落实与实施。

表 1 评价指标

一、思想道德	道德品质	学生在爱国情感、孝敬父母、尊敬师长、文明礼貌、自尊自信、自律自强、热爱劳动、勤俭节约等方面的认知和行为表现
	公民素养	学生在遵纪守法、诚实守信、关心集体、团结友善、维护公德、环境保护、珍爱生命、社会责任感等方面的认知和行为表现
二、学业成就	知识技能	学生掌握各学科基础知识和基本技能水平,在相关学科和实际生活中表现出的应用水平
	学习能力	学生综合应用知识分析和解决问题能力、实践能力、合作学习能力、信息素养等方面发展水平
	学业情感	学生在学习过程中表现出来的学习态度、学习兴趣、学习习惯、创新意识等方面的认知和行为表现
三、身心健康	体育锻炼与卫生保健	学生掌握体育锻炼方法和技能、卫生知识和保健方法,养成良好的体育锻炼习惯和卫生保健习惯的情况
	体质健康	学生的身体形态、身体机能、身体素质等达到《国家学生体质健康标准》的情况
	自我认识与调控	学生认识自我,熟悉自己的情绪,调控自己行为的能力;关心、尊重他人,学会与教师、同学和家长沟通与交往的情况
	适应环境的能力	学生应对和克服学习、生活困难,适应学习环境、社会环境的能力
四、审美素养	感受美	学生感知、识别生活、自然、艺术中美的能力
	欣赏美	学生的审美情趣和赏析美的能力
	表现美	学生在生活中展示美、表达美的能力
五、个性发展	兴趣爱好	学生在学习生活中对某些事物或者事情专注和喜好的表现
	特长	学生在学科素质以及科学、艺术、体育技能等方面的突出表现

表 1 是《北京市小学生综合素质评价方案(试行)》中北京市小学生综合素质评价指标设计。

以下是低年级段的综合素质评价体系,从 7 个方面详细说明了关键表现提示。

表2 低年级段综合素质评价体系

维度	要素	关键表现提示
品德行为	爱国情感	1. 认识国旗、国徽、会唱国歌。 2. 认真参加升旗仪式，学会在升国旗时肃立，行注目礼，少先队员行队礼。 3. 初步了解中华民族传统节日和风俗习惯
	诚实守信	1. 不说谎话，有错就改。 2. 不随便拿别人的东西，借东西及时归还
	关心集体	1. 能积极参加集体活动，知道自己是集体中的一员。 2. 认真完成集体交给的任务
	尊重他人	1. 听从长辈的教育。外出或回家时主动向长辈打招呼。 2. 能主动帮助有困难的同学。 3. 不随意翻动他人的物品，不随意打扰别人的谈话和休息
	文明守纪	1. 知道常用的文明礼貌用语。主动问好打招呼。会使用基本的礼节，如握手、鞠躬、招手、敬队礼。 2. 按时上学，不迟到、不早退。有事有病先请假。 3. 在公共场所遵守规定。不追跑，不喧哗
卫生安全	环保卫生	1. 积极参加班级值日，学会打扫卫生。 2. 生活能自理，饭前便后洗手，勤剪指甲勤洗澡。仪表整洁。 3. 水龙头随手关紧。不用灯时随手熄灭，用餐不剩饭和菜。 4. 垃圾扔到垃圾桶内
	安全自护	1. 自觉地遵守基本的交通规则。过马路走人行横道。 2. 记住家庭住址、电话以及父母的姓名、工作单位。 3. 知道火警（119）、匪警（110）和急救（120）电话。 4. 放学不和陌生人走
	学习合作	1. 课堂上能集中注意力，认真听讲，大胆发言。 2. 按时独立完成作业，字迹端正，书写整洁。 3. 遇到问题能主动大胆请教他人
	学会学习	1. 学科的成绩能达到优良标准。 2. 善于观察，乐于思考，爱提问题。 3. 积极参加学科实践学习
	合作学习	1. 喜欢与同伴一起探讨学习内容。 2. 愿意和同伴分享学习方法
综合实践	参与实践	1. 积极参加学校组织的各类综合实践活动。 2. 活动结束能将所见所闻所感用自己喜欢的方式表达
	创新实践	1. 能发现自己感兴趣的问题，在实践中寻找答案。 2. 有创意地进行实践体验，让实践活动更优越

续表

维度	要素	关键表现提示
志愿服务	志愿参与	1. 初步了解社会：学会承担必要的班级劳动。 2. 活动中能认真参与
	服务精神	尝试体验公益劳动，了解志愿者和志愿精神的内容
体质健康	健康体魄	1. 认真上好体育课，做好眼保健操和课间操。 2. 坐立行姿正确，体质测评成绩优良。 3. 乐于参与体育活动，不怕吃苦
审美艺术	审美情趣	1. 喜欢美的事物，能认真上好音、体、美课。 2. 衣着整洁
	艺术表现	1. 积极参加艺术活动。 2. 有简单的艺术作品

通过表2不难看出，学校的评价设计更加多元化、更加分层、更加具体，更利于学校教师、学生家长操作。

（二）关注评价多元化整体设计

通过学校先锋卡评价机制落实立德树人的根本任务。先锋卡是根据学生在校、在家全天各方面的优秀表现而发放的奖励性卡片。关注学生平时的过程性评价，长期、多次、鼓励学生发展；关注评价手段的多样，坚持强化引导，尊重学生的差异性等，体现了全员、全方位、全过程评价，明确评价的目的不是选拔，更多的是寻找闪光点，促进学生、教师全面而有个性地发展，为学生终身发展奠定坚实基础。学校定期对学生的先锋卡进行统计，推选校园先锋好少年，实施评价奖励。

（三）关注评价方式多元化

为了使学生更快地养成良好的行为习惯，促进学生全面健康的发展，提高学生综合素质，实现学校校训"我是努力的，我是自信的，我是快乐的"与行为习惯相结合的评价激励导行目标，结合本校自身实际情况建立了"先锋岗"监督机制和"先锋卡"奖励机制。

"先锋岗"是学校为学生提供参与管理学校和班级的岗位，以达到增强学生对学校、对他人的责任感和提高自身素质的目标。通过岗位的招聘、培训、上岗，使学生的自律能力和管理能力得到锻炼，在锻炼中得到提高。先锋岗的监督员每两周总结全校各个班级的纪律、卫生、用餐、上操等情况，并根据各班的表现评选"先锋班级"，得到先锋班级优秀称号的班集体又将得到全班学生都能获得的先锋卡（百变卡）的奖励……通过这种循环的方式来激励每个班级、每名同学不断取得进步。

同学们在"先锋岗"监督下，自我努力的目标更加清晰，行动更加积极、心态更加阳光、言行更加自律，通过自主努力争卡、他人评价导行，印证了每个学生个体和班级群体在努力获得快乐，在快乐中增长自信的成功体验与快乐。

为了使孩子更好地在先锋卡中规范行为，我们不断改进先锋卡评价方式。例如，我们将进一步明确和细化发放标准：在各科教学中推出"学科卡"，每个学科一种卡；在行为习惯养成方面发放"行为习惯卡"；在学校活动中推出"活动卡"；在社区和校外活动中推出"志愿服务卡"，学生需要在所有学科和活动中都获得先锋卡，每周的班会中，学生会结合不同颜色的先锋卡数量，进行自我总结，集齐"套卡"又可以获得"七色光卡"，这种卡的孩子可以根据数量得到学校奖励的先锋卡一日游活动和其他奖励。这个集齐"套卡"的过程就是学生动态化自我认知，不断自我提升、自我进步的过程。在这个过程中，学生、教师自评、互评，学校、家庭、社会信任、融洽，让外语实验小学分校的每个人都更加精彩。

二、实施校园先锋卡机制的评价效果

（一）综合素质教育评价成果

自 2015 年建校以来，共发放先锋卡 4 万余张。并根据学生的表现情况开设了"先锋卡超市""先锋卡电影院""先锋卡体验嘉年华""先锋卡一日游"等，用来鼓励和激励学生。

通过开展综合素质评价，学校学生取得了一定的成绩，在 2016 年年底台湾街印象馆的展览中，由学校承办的"每个人都精彩"学生作品展受到了一致好评。本次作品展是基于学校在全体学生中开展的艺术实践课，学生们利用实践课的时间学习、制作的精美的作品。孩子们利用丰富的想象，把手中的彩泥、陶泥等制作成了栩栩如生的一件件手工艺品，孩子们通过多样的表现形式，表达着自己眼中的美妙世界。在活动中，每一名同学都享受着艺术创作带来的欣喜、挑战与乐趣。

2021 年 6 月在石景山文化馆举办了北京市石景山外语实验小学分校印象石景山学生艺术实践成果展活动，受到社会广泛好评，学生作品被收入到展馆中永久展示。学校的综合评价工作在 2018 年荣获北京市综合素质评价先进单位。

（二）开展素质教育评价形成了一种良性循环

素质教育评价有利于教育和促进学生的全面发展，是学生成长的动力和源泉。

综合素质评价不仅关注"认知""结果"校内表现的评价，同时重视"行为""过程"的评价。改变单一评价主体现状，加强自评、互评、他评，使评价成为老师、学生共同积极参与的交互活动。由于评价日常化，它可以清晰、全面地记录个体的成长；同时配合恰当、积极的反馈方式，让评价主体对自身建立更为客观、全面的认识，促进其进一步发展。个性化地关注学生的成长过程，让学生体验成功，并在这一过程中不断发现自己的长处和不足，及时改正，取长补短，完善自己。同时这种评价方式，还培养和锻炼了学生与人交往能力、自我管理能力、评价能力、合作意识、主体意识、创新意识，建立良好的反思与总结习惯，等等，有利于学生的可持续发展。

（三）为学校提供管理学生的新手段

过去的学校管理主要是依靠各项规章制度进行刚性地约束，学生只是被动地执行，学校评价体系的设立，导向学生主动地追求目标的实现，使得追求目标的过程成为自我约束的过程，实现了从被动约束到自觉遵守的转变，使得管理变得更容易。目前，达到"我是努力的，我是自信的，我是快乐的"的育人目标，与《北京市小学生综合素质评价方案（试行）》五个指标全面接轨，这也为推行综合素质多元评价提供了非常有利的平台。

（四）促进了学生互评、自我评价、家校更加融合

自从将学校和班级管理纳入评价体系以来，监督岗的建立促使学生在管理他人的同时加强了自我约束，实现了自我管理，并能够较为客观和公平地进行评价他人与自我评价。

家长们对于学校的评价体系给予了认可和支持。通过家长给学校的反馈，我们看到了学生在家里的表现和变化，学生有了进步，家长跟学校沟通会更加顺畅，也会更加理解和支持学校工作。通过这种良性循环，家校联系会越来越紧密，关系更为融洽。

三、改进措施和方向

（一）先锋卡评价体系的优势与不足

随着先锋卡评价体系在学校开展以来，优势与不足日益明显，优势是孩子们在这个过程中行为习惯逐渐养成、学习成绩有所提高，学生比以前更加努力、快乐、自信了。但是，只有一种卡片，形式单一，不能满足教师和学生的评价需求；每位教师的评价标准不同，有待统一；还要考虑怎样能让先锋卡的推进与实施更具有时代性。

（二）改进措施和方向

1. 开展德育课题研究

学校先锋卡评价的科研课题管理队伍，申报德育课题，积极开展研究与实

践。围绕"立德树人",加强学生德智体美劳全面发展的培养目标评价内容的进一步细化、明确评价标准。采取分年级、分学科、分内容的研究模式开展德育课题的研究与实践。

2. 丰富先锋卡的管理形式

设计先锋卡个人银行,可以将每个学期自己的先锋卡进行积攒后进行兑换;建立电子图章奖励机制等。

3. 创立更丰富的奖励、兑换平台

(1) 多元评价

增加代币制奖励层次和力度,加强各个学科奖励评价办法。对学生进行分层评价。对平时成绩优秀的学生可以设立单元免考(项目、科目等),把更多的自主权交给学生。

(2) 奖励机制

创造条件引导学生学有特长不断进步。加强对学生奖励的内容和范围。设立精神鼓励和自我选择的奖励办法。把对学生物质的奖励与学生实现自我满足的需要结合在一起,在学校设立精神奖励机制。如当一天校长助理、做一天的升旗手、选择听其他班级教师授课、做一天的小信使、主持班级班会等。

(3) 内外融合

在校外设计家务劳动、社区公益活动、为他人服务等方面的评价标准,做好校内外的融合教育,更加稳步地推进先锋卡奖励的深度和广度。

通过基于小学生行为习惯养成,多元化评价的研究引导我们从不同的视角、不同的层面去看待每个学生,善于发现学生各自的优势智能领域,并运用评价促进学生将其优势智能领域的优秀品质向其他智能领域迁移。从学校发展和学生发展的观点看,评价中的某项举措都不是孤立的,也不是独立于学校独立工作之外,而是融入各项教育教学育人工作之中。学校实施的评价工作的出发点和落脚点都落实人的发展上,评价的功能和价值体现在教育理念实施的活动中,通过人的发展促进学校特色的发展与形成。在成就学生的同时成就教师,促进学校的发展。在评价过程中，教师的评价观发生了改变，学生的学习观、价值观也发生了变化，得到更多家长的认同和称赞。

在今后的工作中，我们将重点关注评价工作的"综合性"和"实效性"，不断完善、创新评价体系，"让每个人都精彩"。这些实践与探索都对我们今后的研究提出了更高的要求。

王朝霞　北京市石景山外语实验小学分校

参考文献

《北京市教育委员会关于印发＜北京市小学生综合素质评价方案（试行）＞的通知》，京教基【2014】5号，http://www.jw.bdining.gov.cn.

如何实现校园活动价值最大化
——以S学校"跳蚤市场"系列活动为例

内容摘要 体验式是学校常用的活动方式,为了让学生自愿奉献爱心,体会奉献爱心的意义,学校将传统的"捐款"活动转变为"义卖捐赠",目的是要让道德教育能够以师生喜欢、自愿参与的方式进行。

关键词 跳蚤市场;义卖捐赠

一、案例

"我捐的那些钱,都去哪儿了?""我们捐的每一笔款项,是否真正帮助到了那些有需要的人呢?"相信很多有爱心的人都被这两个问题困扰了很多年。

学校有位女老师在骨癌治疗中心当义工。治疗中心的患者中有一些是孩子,也就中小学生年纪和模样,但他们中很多人都与病魔抗争多年,他们的顽强精神意志,对生命的渴望和对美好生活的向往,对于学校这些正常的学生来说,是很难想象的。这位做义工的老师经常被这些患病的孩子的顽强精神打动。后来,在交流的时候,笔者发觉这是一个生命教育的很好的素材。当笔者想组织学生探望这些患者同时献上我们的爱心时,笔者犹豫了,因为中学生不挣钱,如果用家长的钱来捐赠就失去了教育意义。那如何能够既不让学生们花费太多父母的钱，又能够实现去探望骨癌患者的愿望呢？为了让学生体会到奉献爱心的意义，学校将以往做过的"师生捐款"活动，改为"义卖捐赠"活动，通过组织"校园跳蚤市场"，让学生将部分交易所得进行捐赠，然后走进医院，为患者献爱心，同时学习他们顽强与病魔斗争的精神和事迹。

校园活动是实施素质教育的重要途径之一，学生通过在校园活动中进行实践和体验，获得一定的经验和技能。目前，校园跳蚤市场在中小幼学段都非常普遍，但很多学校的跳蚤市场活动存在问题。第一是把教育活动游戏化，把这种具有丰富教育内涵的活动当成盛大的游戏，学生的狂欢，学生在活动中愉快体验"买"和"卖"的角色，但并没有思考如何"买卖"，为何"买卖"。第二是缺乏对跳蚤市场背后教育价值的探索，活动热闹一下就完了，没有抓住教育契机进行教育和引导。第三是没有明确的育人导向，活动重过程，而缺少以素养提升为目标的价值导向，缺少提升学生核心素养的思考。

为充分发挥义卖捐赠的最大教育价值，我们进行创设情境、精心策划、细心组织，认真实施各项环节，确保活动顺利进行。为了让校园跳蚤市场更具真实性，学校让学生收集资料，到市场中去调查，向做买卖的家长讨教经验，让学生们体验零售商工作的环节与流程，同时学习一些销售与贩卖技巧，把"校园买卖"上升到"模拟经营"，杜绝游戏化，娱乐化。学校制订了《旧物循环用，捐款献爱心》——跳蚤市场活动方案，分析活动背景，确定活动目标，制订组织实施流程和日程安排，还动员老师们积极参与校园义卖捐赠活动，取得良好的实际效果。通过此次义卖活动，学校收到师生捐赠的数量可观的善款。然后学校带领部分班级学生代表去医院探望骨癌患者，在和小患者交流的过程中，在亲身经历的实践中，学生们体会到了保持健康对生命的意义。

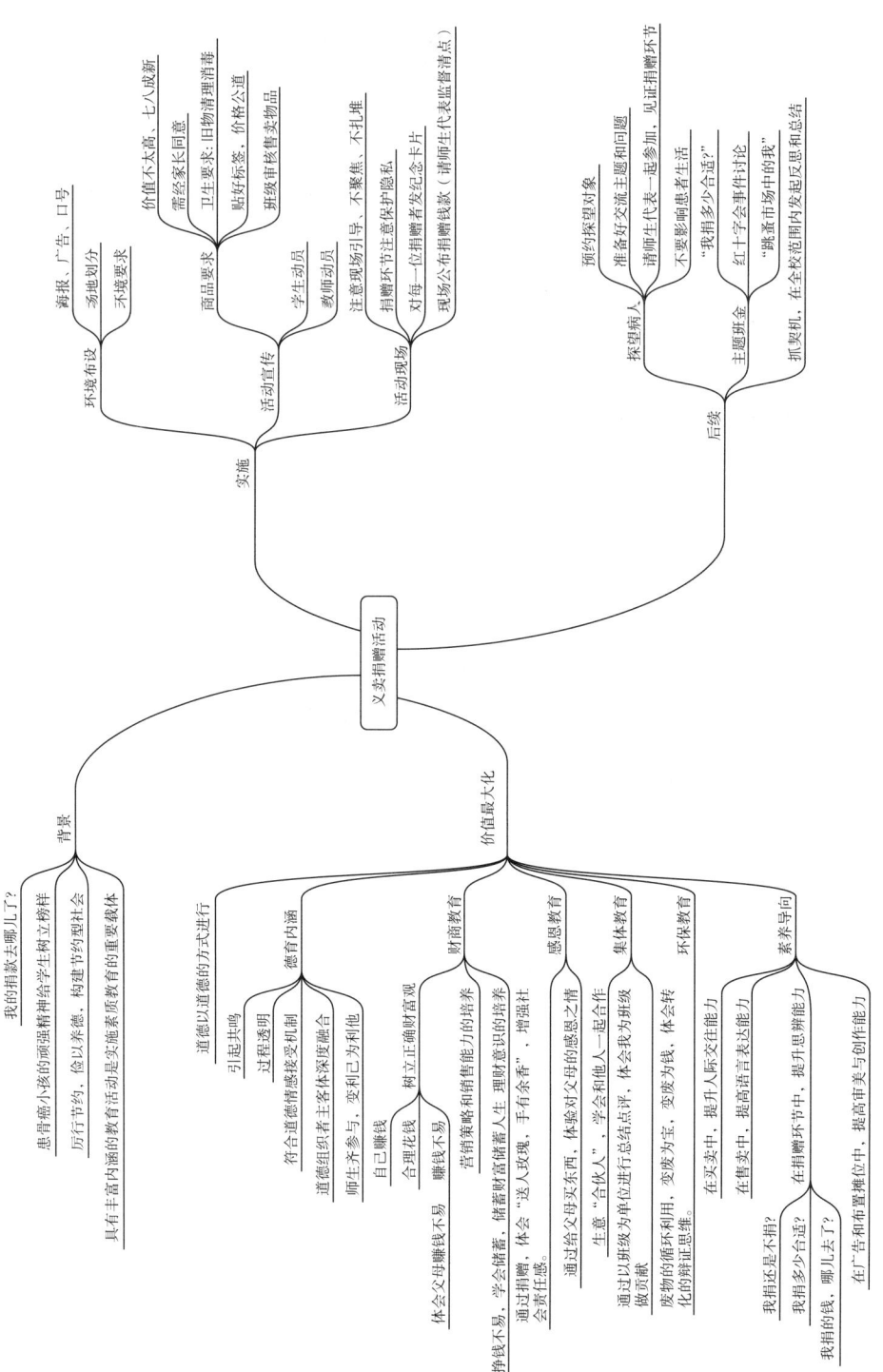

图1 义卖捐赠活动导图

二、评述

如何实现校园活动的价值的最大化？美国著名教育哲学家——内尔·诺丁斯——提出关怀道德教育理论，她指出：道德必须以符合道德的方式进行教学。体验式活动是广大教育工作者经常运用的方式，如果活动本身取得大家的认可，会形成"众人拾柴火焰高"局面，反之，若活动的方式不能得到参与者的认同，则很难实现活动本身的教育目的。学校将"捐款"活动转变为"义卖捐赠"就是要让道德教育能够以师生喜欢、自愿参与的方式（道德的方式）进行。本次义卖捐赠活动，原本以学生为主，教师为辅，但是在活动中，老师们积极参与购买和捐赠，虽然教师人数不多，但捐款数量可观，为学生树立了榜样，为本次活动顺利完成起到推波助澜的作用。本次系列校园活动之所以取得师生一致认同的效果，笔者认为是遵循了以下教育规律：

（一）遵循德育规律，把握德育内涵

义卖捐赠之所以成功，与其说是调动了大家的积极性，不如说是遵循了师生的心理接受规律。

1.本活动容易让参与师生产生共鸣

深受骨癌困扰的小患者，用他顽强与病魔抗争的精神打动了广大师生，引起大家的同情心理，大家打从心眼里，愿意奉献自己的爱心。

2.本活动捐赠过程透明

从当场打开捐赠箱现场清点捐赠钱数，到后续探望活动中选派师生代表监督，全过程公开透明，得到大家的认可，也回应了"我捐的钱去哪儿了"的心理质疑。

3.本活动符合道德情感的接受机制

献爱心的活动从"义务捐款"转变为"义卖捐赠"，通过活动的宣传和评价，将道德准则转化为学生个体可接受的道德意志，并最终转化为大家献爱心

的道德行为，符合道德规律。

4.本活动实现了道德组织者主客体的深度融合

即师生在活动中都是主体，每一个人既是教育者也是被教育者，通过商品买卖的角色体验，将"人人为我，我为人人"的道德要求从无意认知自动转化为有意认知。

5.师生齐参与的活动方式，激活了大家内心中的善意

在义卖过程中，售卖者把赚钱的利己行为转化为奉献利他的行为，除了喜欢活动本身的形式以外，更重要的是大家知道义卖是为了帮助他人，正所谓"只要人人都献出一点爱，世界将变成美好的人间"，个人内心中的善意的激发是本次活动成功的重要因素。

德育活动是一个整体，只有活动的要求、内容、原则、主题、客体、方式的有机统一，才能发挥立德树人真正的作用。发挥活动教育价值的最大化，就要准确定位活动目标，精心组织实施各环节。

（二）精准育人定位，培养核心素养

核心素养的提出意味着我国正在逐渐确立一条以学生核心素养发展为本的教育改革之路。简单地说，核心素养培养的校本化就是新一轮国家课程的校本化与校本课程系列化。义卖捐赠作为主题教育活动，同样以学生发展核心素养为育人导向，在活动中，关注学生的学习体验、动手实践和创新意识的培养，注重学生人际交往能力、语言表达能力、思辨能力以及审美与创作能力的培养和提升。在准备过程中，各班通过市场调查，让学生参与社会实践，体验售卖者的语言表达。"砍价"表面上是语言的交流，实质是人与人之间心理的"博弈"，在"卖与不卖""买与不买"之中，学生的人际交往能力、语言表达能力都得到一定的提升和锻炼。在广告海报制作和制定销售口号的过程中，学生要亲历"观察——思考——创作"的过程，在欣赏他人的海报中，提高自己的审美情趣。在活动后续的主题班会中，在学生们对"我捐还是不捐？""我捐多少合适？""我捐的钱，哪儿去了？""郭美美与红十字会"等问题的讨论中，学会了"两分法"和"一分为二"的思维方式，辩证地思考问题，思辨能力得到进一步提升。

（三）理论联系实践，挖掘教育价值

1. 财商教育

学生在跳蚤市场的经营行为中不知不觉树立起正确的财富观。人的成长离不开正确的价值观的树立，财富观正是价值观的一个重要的分支。学生通过自己赚钱的经历，享受到自己赚钱的乐趣，了解了父母辛苦工作挣钱的不易，在以后的生活中就不会无理地向父母要钱，也不会胡乱花钱。学生在跳蚤市场上赚的每一分钱对于他们来说都是一笔宝贵财富，因此，他们会小心翼翼地清点并储存起来，细心的同学还会用笔记本记录每次的入账。有赚钱意识就会有理财意识，对于来之不易的财富，他们也会合理使用，理性消费本身也是一种理财行为，这是建立理财意识不可或缺的一步。学会储蓄财富，也就学会了储蓄人生的道理，再迁移到知识的储蓄上，学生自然就明白了学习的意义。在跳蚤市场中，很多同学卖起东西来，都是无师自通，结合调查和访谈的点滴知识，模仿售卖者的行为，探索销售的秘诀。为了卖出自己的商品，有的同学制作精美的宣传海报，有的"买二送一"捆绑式销售，有的打感情牌——卖给自己亲近的老师、朋友，还有的同学低买高卖，做起转卖生意；竟然还有同学卖塑料袋（1元钱1个），因为他们预想到在活动中，有的同学买的东西比较多，不容易拿走，高价售卖塑料袋，让大家"咒骂"的同时，也感叹这些同学的机灵之处。

2. 感恩教育

师生在捐赠的时候，本身是一种善意的表达。本次活动中，有一件让我印象深刻的小事儿。在售卖摊位中，有一个是教师捐赠的售卖物品，其中有很多女老师捐赠的手环、毛衣项链等首饰，我发现很多同学对这个摊位感兴趣，还有男同学买了首饰。我好奇地问他原因。"我想买这个礼物送给我妈妈。"这个男同学说。我们旁边的几个老师听了都非常感动。原来，孩子们在活动中，已经不知不觉地学会感恩，默默成长了。

3. 集体教育

学校以前组织师生进行过捐赠活动，但师生普遍热情不高，一个原因是捐赠的对象看不见、摸不着，没有直观感受；另一个原因是受以往一些事件的负面影响。以往的捐赠，学校采用表扬捐钱多的班集体方式，很多同学不以为然，认为是"摊派"，是为了班级"面子"捐款。本次活动，虽然学校仍然采用了点评集体的形式，对捐赠较多的几个班级和个人进行公开表扬，但并没有引起同学的反感，反而在校内树立起献爱心的光辉形象。通过集体表扬，在集体的捐赠活动中，为了集体的荣誉，进行了正向道德引导，取得良好的效果。另外，以前有一些爱说负面言论的同学，这次活动中也没有任何不当言论。

（四）反馈总结及时，活动价值提升

义卖捐赠活动，总体来说，遵循师生心理规律，赢得大家内心的认同，取得了良好的效果，但有一些案例也值得我们反思。第一个案例，活动刚开始，大家还没有开始买卖时，就有一个同学"大方"地捐了一百块钱。这个孩子我的印象比较深刻，是家里比较富裕的学生，早晨值班时我经常能看到他父母开着豪车送他上学。他虽然平时挺淘气，但这次活动却很慷慨。后来在活动总结时，针对这个孩子，我点评了两点：一是在全校大会上，感谢这个同学的慷慨捐赠；二是号召学生尽量用自己卖旧物的钱进行捐赠，而不是用父母给的钱，表达善意要用自己力所能及的方式进行。第二个案例，市场关闭时，学校统计学生的收获，有一个同学卖出 300 多元，全校最高。但是在清点捐赠名单的时候，我发现这个同学没有捐一分钱。学校捐赠的号召是：捐一块不少，捐一百不多，废物利用，温暖人心。但是像这个同学这样，只是在跳蚤市场上"大赚"一笔，不思奉献，也不是本次活动想要引导的结果。后来，我安排他的班主任私下里找他谈心，给他讲舍得的道理——舍得既是一种处世的哲学，也是一种做人做事的艺术。有舍有得，不舍不得；大舍大得，小舍小得。正所谓：送人玫瑰，手有余香。

娄　魁　北京市石景山区第二实验学校

参考文献

[1] 盛莉. 面向实是的深度学习——从"跳蚤市场"到"双 11 校园购物节"的实践反思 [J]. 江苏教育，2019（2）：26-27.

[2] 檀传宝. 子诺子言——诺丁斯教授北京行记 [J]. 人民教育，2012（2）：11-15.

[3] [英] 亚当·斯密. 道德情操论 [M]. 蒋自强等译. 北京商务印书馆，2014：107.

[4] 张日华，胡永健. 由"捐款"到"义卖"引发的德育思考 [J]. 中学政治教学参考，2017（10）：71-72.

[5] 关珍. 透过"跳蚤市场"看大主题数学教学 [J]. 小学教学研究，2017（1）：65-66.

[6] 于凡. 关于跳蚤市场对学生培养财商的意义研究 [J]. 科技经济导刊，2018（34）.

"双减"背景下学生行为习惯培养的机遇

内容摘要 "双减"背景下,第一,学校教育教学质量和服务水平要进一步提升,教师给学生布置的作业要更合理;第二,学校课后服务要满足学生的需要,让家长满意,使学生学习更好回归校园;第三,校外培训机构全面规范。"双减"政策对学生产生很大影响,首先是学生在学校的时间变长了,其次学生可以在学校利用课后服务时间来进行学习、锻炼和培养自己艺术和爱好特长,第三是教师可以有更多时间对学生进行一对一辅导。面对"双减"政策带来的影响,学校培养学生行为习惯就显得更加重要了,引导培养学生好的行为习惯(以下简称"导行"),更有利于学生学习和提升综合能力,才会使得学生有更多的收获和提高。因此,"导行"管理是"双减"背景下学生行为习惯培养的机遇,也是德育管理工作的重要方法与途径之一。

关键词 "双减"政策;培养好习惯;"导行"

坚持立德树人,德育为先,把社会主义核心价值体系融入教育全过程。加强公民意识教育、中华民族优秀传统文化教育和革命传统教育。有人认为学生在上小学时就应该已经养成良好的行为习惯了,但是,从教育的本质来讲,一个人在成长的过程中初中阶段是养成好习惯的关键时期,这个时期的好习惯养成才会真正走入学生的内心深处,学生才会真心明白好习惯为自己和他人带来的好处。

一、"双减"背景下"导行"教育的机遇

尤其是"双减"政策背景下,学校初一至初三所有学生,周一至周五五天,每天课后服务时间为 16:00~18:00。根据学生与家长意愿,目前课后服务时间有三个时间段:17:00、17:30、18:00。利用课后服务时间设计实施内容丰富多彩的活动,可供学生选择的艺术体育科技类活动:如书法、民乐、声乐、武术、羽毛球、军事模型制作、学唱英文歌曲等。还有体育活动:当天没有体育课,课后服务先安排体育活动,有跳绳、篮球、足球、排球、羽毛球、单杠、仰卧起坐、基础训练等活动;还有武术,主要有武术搏击、一路长拳以及进行灵敏、柔韧、力量等素质训练。主题教育:"庆建党百年 创文明校园""好习惯成就美好人生""阳光运动强国梦 建党百年献贺礼"等。还有课业辅导、扫除等活动。

"双减"背景下,培养学生好的行为习惯对德育管理工作来讲再次提出了新的机遇与挑战。因此,夯实学校教育主渠道,把德育"导行"渗透到教学实践和课后服务的各个环节,融入校园文化的各个方面。拓展社会教育大平台,建好用好中小学社会大课堂。建立高素质的班主任队伍,切实提高育人水平。德育工作要想做到实效性,就要从经验走向专业,而将"导行"作为德育工作的基础,可以切实提升德育教育工作者的德育专业能力,才会真正将立德树人教育的根本任务落到实处。

"双减"背景下,将"导行"作为德育管理工作的重点。为做到有效落实"双减"政策,开学第一个月的"导行"教育工作开展,全校师生都积极参与,组织全体教师培训,落实双减政策,抓好五项管理;做好课后服务,提高教育质量。有力推动了学校学生规范文明行为的养成。对提高学生综合文明程度,营造和谐校园氛围,有效推进素质教育,有着深远的影响。同时,学校充分发挥团员和学生会的职能作用,以建设"文明校园、文明班级""文明学生"为主题,营造了浓郁的宣传教育氛围。学校以文明礼貌活动月为教育契机,在全体学生中进行了文明礼貌习惯的养成教育、卫生习惯的养成教育、遵规守纪习惯的养成教育和学生在家中的好习惯等。并坚持每天对学生的文明礼貌习惯、清

洁卫生习惯、安全纪律及日常行为等进行了引导、监督和检查。学校结合班级、学生实际情况开展了讨论会、板报宣传、主题班会，为"双减"政策落地对学生培养好习惯起到了很好的促进作用。

二、"双减"背景下"导行"教育的策略

在课后服务时间，学校就各项工作进行了具体安排，并将德育处工作进行了具体分工，其中，课后服务中提出了"敬、竞、静、净"，结合常规教育一同开展。

（一）"讲明白"良好行为习惯规范要求

1. 开学前学校安排"双减"背景下"导行"讲座

开学前由主管校长对学生进行集中培训，结合图片逐条讲解学校校园一日良好行为习惯和课堂学习习惯的规范要求。

2. 规范月养成教育，落实"双减"政策

利用行为习惯养成教育月，尤其是利用每日的课后服务时间，结合校园广播利用3周的时间对学生进行系列教育。每天早晨和下午五点后，伴随着熟悉的旋律，学校的校园之声广播便开始了，课堂常规、唱好国歌、礼仪教育、爱护环境、学会感恩……每天一个主题，由德育处先讲，再由班主任老师根据各班情况对学生进行教育和引导。每天还有对学生的进、退场和广播操的训练。最让我们难忘的是：在"做文明学生，建和谐校园"的广播之后，许多班级纷纷根据本班情况举行了"校园文明我先行"的签名活动。学生们签名时还进行了许多设计，有的把班级学生的签名放在一条船上，预示在新学期里班级要扬帆远航，有的班级设计了一颗红心，预示班级学生心往一处想，团结和睦……一系列的教育活动，深深地感染着每一个学生，以下是前三周"导行"教育的做法（见表1）。

表 1　前三周"导行"教育

开学第一周	明德讲堂：开学典礼《养成良好行为习惯我先行》
	新学期开始，上好每一节课《天才出于勤奋》
	学习教育——竞篇
	纪律教育——静篇
	卫生教育——净篇
	礼貌教育——敬篇
第二周	教师节节前教育（以实际行动尊敬老师，回报老师）
	感恩教育；中秋节的介绍
	中学生良好习惯教育——班主任针对各班情况进行教育
	一日行为规范、中学生守则——各班班主任对学生物品摆放、楼道行走进行训练
第三周	校园文明我先行倡议书
	各班制定班规
	班会、校会进一步强化教育

3. 榜样示范强深化

经过前三周时间的培养，学生初步养成了良好的校园一日良好行为习惯，为了进一步固化成果，向全体师生展示优秀班级和优秀学生在学校的成果，并将"导行"管理工作方法坚持下去。

（二）"练到位"良好行为习惯训练要点

我们认为良好行为习惯的养成教育可以遵循"操作技能"的形成规律进行训练，即操作定向—操作模仿—操作整合—操作熟练。

1. 操作定向——学校组织练

在学生了解了校园一日良好行为习惯的规范要求后，首先采取学校统一训练的方式将规范变为行动。如在操场上训练如何排队、做操；在楼道内训练如何排队走路；在礼堂里训练如何入座听讲；在食堂训练如何有序打饭；在每日的课后服务时间进行学生的自习、教师一对一辅导和体育艺术科技活动等。将校园一日良好行为习惯的规范要求在各种实地场景中进行训练。

2. 操作模仿——榜样示范练

清晰正确的示范对学生形成良好的习惯起到助推作用。学校首先挑选出良好行为习惯示范班,组织其他班级的学生参观学习。

3. 操作整合——班级强化练

通过学校统一训练和观摩学习,再由各班级组织学生逐一训练。如每日离校做到人走椅子插回课桌下,预备铃响后做到书本放在课桌右上角(大本在下小本在上),文具盒放在课桌中间偏上的位置,安静地等候上课等。

(三)激励评价

科学的评价具有导向和激励功能。学校采取生评、师评、干评等方式,有效激励学生养成良好的行为习惯。

1. 学生会监督评价

学生会纪检部成立课间纪律小督察,每节课间由小督察们在各年级站岗,监督同学们的课间情况,起到示范、维持和考核的作用。

2. 德育处检查评价

由德育处教师和学科教师组成教师评价团队,通过巡视检查、课堂观察等,边指导,边评价。

(四)主题班会

通过主题班会让学生近一步体会良好行为习惯的规范要求,通过情景再现、讨论等多种体验形式使学生进一步接受教育,从而有效落实"双减"政策。学校要求初一至初三年级每学期至少召开一次校级主题班会,而初一年级的主题班会都是围绕学生的"行为习惯"。

(五)板报和手抄报

利用后黑板报9月和10月以"规范""习惯"为主题,11月和12月以"责任""诚信"为主题等;学校组织评比各班的板报。利用各班侧墙板布置各班的班规、班训,并结合本班行为习惯培养特色布置班级文化。

(六)全员育人

关于校园一日良好行为习惯(包括课后服务)由谁来培养,学校提出了点、线、面、体的全员育人模式。点,即以班主任为核心的点状育人队伍;线,即三个年级组组成线状育人队伍;面,即德育处统领下班主任、年级组共同组成的面状育人队伍;体,即学校德育处、教学处和总务处等各部门组成的育人队伍(见图1)。

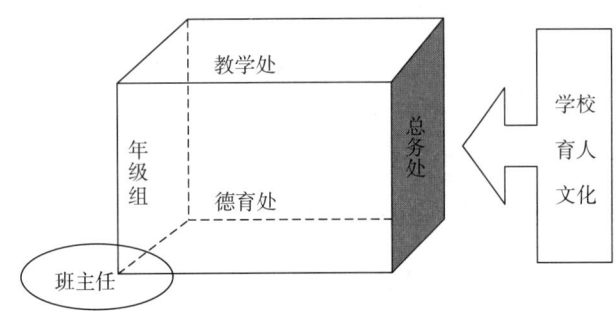

图1 全员育人模式

全校老师牢固树立和实践"人人都是德育工作者",以班主任牵头,科任老师和家委会负责人等组成班主任联盟,负责每个班级的具体组织、实施和评价。将每一项工作都落实到位,以"双减"政策落地为平台提升每一位老师的育人能力,并与学生家庭形成"导行"合力,共同营造良好的育人环境,提升育人效果。

三、"双减"背景下"导行"教育融入主题活动

(一)课后服务与学校课外活动相结合

推进课后服务是支撑实现"双减"工作目标的重要举措,是彰显学校办学

特色、促进学生全面发展的重要途径。课后服务保障时间"5+2",丰富主题活动内容,提高服务水平,吸引学生广泛参与。学校课后服务要充分挖掘教师潜力,既要为学有困难的学生答疑辅导、指导完成作业,又要开展丰富多彩的文艺、体育、劳动、阅读、兴趣小组及社团活动,拓展学生学习空间,努力满足学生不同学习需求,切实增强课后服务的吸引力和有效性。

要加强对家长和学生的宣传引导,促进学生更好地自愿选择回归校园参加课后服务。体育、艺术和科技课后服务课程,开设了软笔书法、声乐、古琴、葫芦丝、拉丁、航模、魔方、电子设计、演讲与主持、足球、篮球、羽毛球、乒乓球等体育、艺术和科技课程,通过课程的设计与实施,能够实现师生齐参与,同成长,共进步,并把学生参加课后服务的情况纳入教育学校质量评价体系。

(二)利用教师节和中国传统节日对学生进行感恩教育

各班开展了"从上好一天课到上好每一天课"主题教育活动、感恩宣传报等不同形式的主题教育,让学生懂得教师的辛苦,从而更加尊敬老师,努力学习。

(三)大课堂实践活动和学科开放性实践活动

将"导行"取得的好的行为习惯贯穿其中,无论学生走到社会大课堂单位还是到其他学校,都会受到单位领导和老师的一致好评。同时,学生们取得了丰硕的学习成果。

(四)课后服务时间设计以下活动

各班利用课后服务时间进行以文明礼貌、好习惯养成教育为主题的教育活动。组织学生观看涵盖传统文化、优秀人物、红色经典、历史地理、科普知识等题材,涉及动画片、故事片、纪录片等优秀影片。学生们通过观看电影,培养积极向上的情感和健康的审美情趣,感悟中华优秀传统文化和中华民族的悠久历史,了解世界文化和科技发展历史,学习英雄人物和先进人物的感人事迹,理解体会社会主义核心价值观的深刻内涵,自觉践行社会主义核心价值观!

（五）将法制教育纳入德育课程

为"双减"政策背景下，引导学生养成好习惯，学校开设的教育内容，要将学生学会做人放在首位，将法制教育纳入德育课程当中，利用课后服务时间组织学生参与法制讲座、法制论坛、模拟法庭等活动。

四、"双减"背景下"导行"教育的成效

（一）师生关系更和谐

学生在学校时间增长，课后服务过程中，教师与学生的接触增多，培养了师生之间的情感。通过主题活动引导学生从内心来尊重教师，学会感恩，并通过实际行动表达对老师的敬意。学校德育处利用校园之声向全校学生发出倡议。以"把爱送给您——老师"为主题举行一系列尊师活动。初一年级以《老师，我爱您》为主题制作一张手抄报或向老师递交一份《老师，我能行》的新学年行动计划书，表示新学期的决心；初二年级以"我的老师"为主题开展征文竞赛；初三年级开展"尊师心语"优秀短信征集活动。倡议书宣读后，同学们都积极行动了起来，希望用自己点滴行动献上他们对老师的真诚祝福和衷心感谢！同时教师们也积极行动起来，从生活中更加关心学生、学业上帮助学生、心理上疏导学生等。良好的师生关系在温馨和谐中建立起来，校园中渐渐地营造着尊师重教的校园文化气息。

（二）被评为首都文明校园

在"双减"政策背景下，学校通过"导行"工作的开展与实施，每个学生都更加深刻认识到：良好的行为习惯会给社会、他人带来愉快、和谐，也能营造充满爱心的环境，给自己和他人带来快乐，带来温馨。"双减"背景下，"导

行"养成教育对学校德育管理工作来讲既是机遇也是挑战。通过落实"双减"政策，我们更加明确了"导行"是一项长期的工作，每个学期都要坚持开展文明礼貌月活动，促使校园文明之风逐步盛行，学生行为习惯都会明显好转。经过全校师生共同努力，学校被评为首都文明校园。

在落实"双减"政策过程中，学生精神面貌焕然一新，学生可以选择自己喜爱的体育、艺术和科技活动，促进了学生的学习兴趣，并将"导行"贯穿其中，课后服务的相关课程和活动更显得井然有序。"双减"政策背景下，学校"导行"彰显育人智慧，是德育管理工作的机遇，在全员育人工作中，每位教师都向着智慧型教师努力着。我们会将"导行"养成教育与课后服务相结合，培养学生好的行为习惯，让好习惯与文明之风常驻校园。

张东山　北京市高井中学

参考文献

[1] 吴开华. 中小学热点法律问题研究与典型案例评析 [J]. 天津：天津教育出版社，2012.

[2] 李雪颖. 新时代背景下中学德育教育的创新研究 [D]. 河南大学，2013.

[3] 杨敏. 民办学校小学生德育教育研究 [N]. 西南财经大学，2013.

[4] 高超. 中学德育教育存在的问题、原因及对策研究 [D]. 重庆师范大学，2011.

[5] 马鼎鑫. 高校"知行合一"的德育教育研究 [J]. 中北大学，2014.

[6] 王志超. 和谐社会建设下中职德育教育存在的问题及对策研究 [D]. 山西师范大学，2014.

[7] 班建武. 校长如何抓德育 [J]. 北京师范大学，2019.

创新思维训练激发学生成长动力
——古城中学改革德育工作的实践探索

内容摘要 北京市"十四五"时期教育改革和发展规划（2021—2025年）提出高中教育更加多样化有特色，确立全面而有个性发展的育人方式，学生自主学习和发展的能力显著增强。但目前我国学生成长动力总体现状显示，中学生普遍存在对学习目标的不明确和对学习意义的感受缺失，学习比较被动，缺少学习兴趣。关注创新思维培养的学习方式，让学生在一种可以激发创新灵感的环境中学习实践，点燃学生的学习火趣，在实践中体验成就感，从而逐步确立未来人生的目标，最终达到激发学生成长动力的目的。

关键词 创新思维培养；学生成长动力

一、学生成长动力与创新思维

（一）学生成长动力现状

申继亮在《养其根，俟其实——教育高质量发展与育人方式变革》中提出，我国中小学生生活满意度呈下降趋势，学习动力与未来生活职业目标不匹配，中小学各年级学生对学习的积极情感体验也呈逐年下降趋势。与此同时，中小学各年级学生对学习的消极情感体验却逐年上升。

从古城中学学生成长动力现状看，教师普遍感到学生成长动力明显不足。通过对师生的访谈、问卷了解，学校学生成长动力现状是：发展的目标感缺失、学习的兴趣缺失、学习的意义感缺失。其中，对学生学习兴趣和学习目标进行摸底调查，结果显示，当问及学生"我对学习非常感兴趣"，仅有13%的学生表示基本符合，问到"在学习中，我有自己的目标"，也仅有24%的学生表示基本符合。由此可见，学生缺乏学习兴趣的内在动力，缺少目标感，难以激发自身学习潜力。

（二）成长动力体系

王元元、曲振国的《高中生成长动力来源及关系研究》一文中提出，学生成长动力包括内源性动力和外源性动力：内源性动力包括认知动力、情感动力、意志动力和行为动力；外源性动力包括家庭氛围、社会期待和学校环境。对高中生成长动力影响最大的因素是社会期待，其次是认知动力。结合我国学生在成长动力方面表现出的问题和学校调查结果显示的学生成长动力缺失的表现，运用北京市名校长领航工程对学生动力体系的研究成果，目标旨在激发学生成长动力的学生成长动力体系如图1所示。

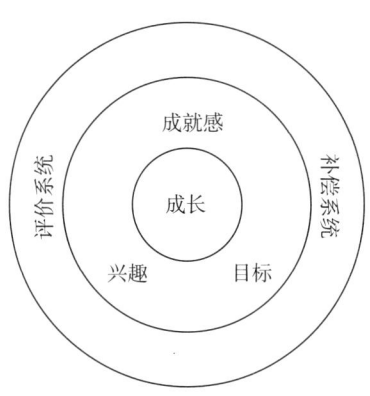

图1 学生成长动力体系

本文讨论的学生成长动力体系是以激发学生成长内动力，即通过创新思维训练帮助学生明确学习目标、激发学习兴趣和体验成就感。学生成长动力系统中内动力包含三个要素：目标、兴趣、成就感，内动力是学生成长的根本动力。其中目标是动力的源泉；帮助学生树立理想信念和发展愿景，明确近期和远期目标，形成相应的规划，从而实现自我成长。兴趣是动力的催化剂，通过有意思的各类课程和活动激发学生好奇心和学习兴趣。成就感是持续发展的推动力；成功是成功之母；通过设计符合学生最近发展区的挑战性任务，让学生不断体验成就感。

（三）创新思维培养

创造性思维（creative thinking）在学术界有不同的主张。有人认为创新型思维源于发现问题，运用新的方式解决问题的过程就是创新性思维形成和运用的过程，人类的发展就是人类利用创新性思维思考、活动、创新知识的过程。也有人认为创新性思维就是创造的具体表现，是人类个体高级的认知活动。在逻辑学视域中认为创新性思维是基于线性思维的不同思维方式的协调合作，是人类对原有思维和知识的综合加工。创新性思维的目的是以新颖独创的方法解决问题，创新性思维的特点是突破常规思维的界限，以超常规甚至反常规的方法、视角去思考问题，找到与众不同的解决方法，最终产生新颖独到、有意义的成果。创新性思维以问题出发点，具有强烈的"问题意识"，没有问题和解决问题的意识就无法创新，因此推动创新必须坚持问题导向，通过发现问题、筛选问题、研究问题、解决问题，不断形成思维过程，最终推动社会发展进步。

二、创新性思维培养激发成长动力

旨在培养创新性思维的学习活动有利于培养学生学习兴趣。学生在兴趣驱动中学习会感受愉快，愿意克服困难、付出努力从而实现自己思考创新的学习结果。同时，培养创新性思维的学习活动，其教学氛围会帮助学习者在学习中保持愉快和不紧张情绪，有利于发挥主动性和创造性，释放巨大的学习潜能。在这样的学习环境中，有助于实现师生间知识同步、思维和情感互动。

创新性思维培养的学习活动源于问题，用问题促进思考，用问题促进改进，以问题促进创新意识的培养，利于学生在克服困难，解决问题的过程中体验成就感。创新性思维鼓励学生向教师提问，教师要想办法让学生通过不同途径问问题，在问题解决过程中让学生获得喜悦、自信，从而对数学学习充满兴趣。好的问题具有必要性和实用性的两个特点，它能够激发认知需求；创新性思维的过程在于探索，而探索起步于问题又促进知识的深化；在创新性思维培养过程中，问题就是学习的出发点；最好为学生提供具体真实的情境，由学生根据情境自己发现问题，将发现问题的主动权交给学生，让学生展示问题的过程，因为对一个人的创新能力来讲，发现和提出问题的能力是至关重要的。同时，学习过程要充分交流，促进思维碰撞，将触发思维的因素进行显现，引导学生分析把握，为今后创新思维打下基础。

创新性思维的培养鼓励求异，促进学生对成长的理解，明确自己的发展目标。求异是创造思维发展的特点，是指跳出"思维的盒子"从不同角度思考问题，因此学习活动设计要鼓励学生去大胆尝试，充分相信学生，勇于探索，激发学生创新欲望。学生创新思维能力的培养和激发是实施以创新精神和实践能力为重点的素质教育的重要内容。

三、激发学生成长动力的创新思维训练营

古城中学依据学生发展现状和需求，进行教育教学改革过程中，将激发学生成长动力作为贯穿整个学校教育教学工作的主线只有撬动学生内心的发动机，学生才可能在学校指导下主动成长，蓬勃发展。学生成长内动力主要包括学生发展目标、兴趣和成就感三方面。内动力是学生成长的根本动力，其中目标是动力的源泉；帮助学生树立理想信念和发展愿景，明确近期和远期目标，形成相应的规划，从而实现自我成长。兴趣是动力的催化剂，通过有意思的各类课程和活动激发学生好奇心和学习兴趣。成就感是持续发展的推动力；成功是成

功之母；通过设计符合学生最近发展区的挑战性任务，让学生不断体验成就感。学校创新思维训练营是一系列旨在培养创新思维的实践课程，学生在一系列创新的活动中，不断发现自己的兴趣和潜力；在团队的创新实验中，在不断克服困难、纠偏纠错的过程中，最终体验成功；在不断的不同领域的体验学习中，逐渐清晰自己的发展目标，最终激发自己发展的内动力。

创新思维训练营在设计上是为了培养创新思维，最终也是为了激发学生成长内动力，训练营设计有三个要素：有意义、有意思、有可能。活动的意义指向学生发展目标，满足学生成长性高层级需求。活动的意义应符合学生年龄特点和心理特点，符合学生生活社会背景，具有真实性。"有意思"针对激发学生学习和参与兴趣。兴趣是学生成长动力的一个起点，兴趣是最好的老师，任何激励方式都不可能使学生拥有持续的成长持续，因此，在设计任务和活动时要考虑学生的群体和个体特点，满足学生真实需求。"有可能"是考虑学生学习的不同基础，不同的学习风格，设计不同层次的挑战性任务，完成任务的方式也可以不尽相同，让不同学生都能体验成功，体验成就感，满足自我发展的需求。

创新思维训练营设计三个要素和要解决的三个内动力缺乏的问题，在一个具体活动中往往是以一个要素为主，三者兼具，融合互促的。

创新思维训练营是引入社会资源，参访企业名校，立足底层创新思维建立和顶层使命愿景牵引的创新人才培养模式，帮助学生拓展视野、规划学业、进阶思维。课程主要包括四个环节：

环节一：企业定位

此环节目标是明确参访学习目标、启发好奇心。活动依据学校学生学业和职业兴趣，规划参访企业，设计课前思考题，做好课前信息和思维训练准备。

古城中学部分初二学生进入微软公司和开心麻花北京总部参访。微软公司满足对科技创新和数字技术有兴趣的学生，而开心麻花是耳熟能详的文创企业，可以满足对文创、娱乐以及社会交往技能感兴趣的学生。同时，初中阶段的学生对未来发展目标并不明确，因此"一文一理"的企业参访搭配，就是要鼓励学生走进现实社会，拓展学习涉猎，体验不同职业，理解不同领域的真实问题，初步形成对社会职业与生活的理解。以下二至四环节以微软公司为例。

环节二：企业参访

此环节目标是愿景牵引。学生在参访过程中从观察企业文化到思考企业使命。

学生走进微软，感受融入文化的创新氛围。开放的工作环境、风格迥异的办公设施、设计感十足的休闲沟通空间，以及弹性的工作时间，都会激起学生的兴奋与向往。在引导之下，学生会感受到企业文化对于企业发展的意义。随着参访的深入，学生的注意力从工作环境转向企业使命以及企业运作的奥秘。带着问题和认知的碰撞，带着对自身人生愿景的思考，学生进入思维训练环节，去探寻真正的微软。

环节三：思维训练

此环节旨在挖掘思维潜力，学会运用成熟的思维模型思考问题，培养审辨性思维，创新能力。

思维是可以培养的，在这个环节，学生通过观察环境——形成问题——头脑风暴——学习思维模型——给出思考脚手架——练习等几个步骤帮助学生初步了解一个成熟的思维模型，初步形成学生思考问题的底层思维。会议室中，根据参访经验，学生们首先头脑风暴讨论微软如何思考、如何决策。在这个过程中，学生应用学校社会技能课程中沟通的知识进行思维建模。之后，微软导师介绍"U"型思维工具，学生进行比对学习，理解企业运作的思考逻辑。最后，学生会利用"U"型思维工具对生活中热点问题或真实案例进行思考、分析、讨论，学生基本掌握这种思维工具，形成一种成熟的思考问题的思维模型。

环节四：创新 TALK

这一环节的目标是为学生搭建展示的平台，学会分享，学会欣赏，感受成就。

创新 TALK 安排在学生进行企业参访三个月之后。学生经过学习沉淀，由来自参访企业的一线导师团指导，高校教授点评。创新 TALK 不约束范围，内容来源于学生感兴趣的领域；整个活动目标就是要引领学生成长，以愿景牵引，帮助学生认清自我，明确自我发展的责任与意义；活动从开始到结束，学生都在或大或小的团队中学习，应用社会技能知识和企业参访学习的企业文化，相互支持，相互欣赏赞美，在每个阶段都有学校和企业导师的支持和鼓励，克服自我的畏难情绪，有收获、有成果，体验成就感，激发成长动力，感受成长。

张小萌　北京市古城中学

参考文献

[1] 申继亮. 养其根，俟其实——教育高质量发展与育人方式变革[J]. 基础教育课程，2021（21）：6-11.

[2] 王元元，曲振国. 高中生成长动力来源及关系研究[J], 当代教育科学，2014（24）：43-48.